Textos Básicos de Antropologia

Coleção Textos Básicos

Textos básicos de antropologia
Cem anos de tradição: Boas, Malinowski, Lévi-Strauss e outros
Celso Castro

Textos básicos de ética
De Platão a Foucault
Danilo Marcondes

Textos básicos de filosofia
Dos pré-socráticos a Wittgenstein
Danilo Marcondes

Textos básicos de filosofia do direito
De Platão a Frederick Schauer
Danilo Marcondes e Noel Struchiner

Textos básicos de filosofia e história das ciências
A revolução científica
Danilo Marcondes

Textos básicos de linguagem
De Platão a Foucault
Danilo Marcondes

Textos básicos de sociologia
De Karl Marx a Zygmunt Bauman
Celso Castro

Celso Castro

Textos Básicos de Antropologia

Cem anos de tradição: Boas, Malinowski, Lévi-Strauss e outros

4ª reimpressão

Copyright da organização e apresentação © 2016 by Celso Castro

Grafia atualizada segundo o Acordo Ortográfico da Língua Portuguesa de 1990, que entrou em vigor no Brasil em 2009.

Capa
Miriam Lerner

Imagens de capa
© Kate Haskova/Shutterstock.com; © iSam iSmile/Shutterstock.com;
© DEA/G DAGLI ORTI/Shutterstock.com

Preparação
Angela Ramalho Vianna

Revisão
Carolina Sampaio
Eduardo Monteiro

CIP-Brasil. Catalogação na publicação
Sindicato Nacional dos Editores de Livros, RJ

	Castro, Celso	
C35t	Textos básicos de antropologia: cem anos de tradição: Boas, Malinowski, Lévi-Strauss e outros / Celso Castro. – 1ª ed. – Rio de Janeiro: Zahar, 2016.	
		(Textos básicos)
	Inclui bibliografia	
	ISBN 978-85-378-1585-4	
	1. Ciências sociais. 2. Antropologia. I. Título. II. Série.	
		CDD: 305
16-33952		CDU: 316.7

Todos os direitos desta edição reservados à
EDITORA SCHWARCZ S.A.
Praça Floriano, 19, sala 3001 – Cinelândia
20031-050 – Rio de Janeiro – RJ
Telefone: (21) 3993-7510
www.companhiadasletras.com.br
www.blogdacompanhia.com.br
facebook.com/editorazahar
instagram.com/editorazahar
twitter.com/editorazahar

Sumário

Apresentação   9

1. A evolução da sociedade humana, segundo Morgan   11

A sociedade antiga   12

Questões e temas para discussão   24
Leituras sugeridas   24

2. A "escola" difusionista   25

A difusão da cultura   26

Questões e temas para discussão   31
Leituras sugeridas   31

3. Franz Boas e o novo método da antropologia   32

As limitações do método comparativo da antropologia   33

Questões e temas para discussão   43
Leituras sugeridas   43

4. Durkheim e as formas elementares da vida social   44

Os ritos representativos ou comemorativos   45

Questões e temas para discussão   60
Leituras sugeridas   60

5. A função social dos costumes: Radcliffe-Brown e os ilhéus andamaneses 61

A interpretação dos costumes e crenças andamaneses 62

Questões e temas para discussão 81
Leituras sugeridas 81

6. Mauss, a dádiva e a obrigação de retribuí-la 82

Ensaio sobre a dádiva 83

Questões e temas para discussão 92
Leituras sugeridas 92

7. Malinowski e a mágica da pesquisa de campo antropológica 93

Argonautas do Pacífico ocidental 94
Confissões de ignorância e fracasso 123

Questões e temas para discussão 134
Leituras sugeridas 135

8. Ruth Benedict e os padrões de cultura 136

Configurações de cultura na América do Norte 137

Questões e temas para discussão 145
Leituras sugeridas 145

9. Bruxaria, lógica e racionalidade: Evans-Pritchard entre os Azande 146

A noção de bruxaria como explicação de infortúnios 147

Questões e temas para discussão 159
Leituras sugeridas 159

10. Raymond Firth: estrutura e organização social 160

O significado da antropologia social 161

Questões e temas para discussão 172
Leituras sugeridas 173

11. Lévi-Strauss e os princípios universais do parentesco   174

Os princípios do parentesco   175

Questões e temas para discussão   191
Leituras sugeridas   191

12. A universalidade da hierarquia, segundo Dumont   192

Homo hierarchicus   193

Questões e temas para discussão   203
Leituras sugeridas   203

13. Estrutura e communitas na obra de Victor Turner   204

Passagens, margens e pobreza: símbolos religiosos da communitas   205

Questões e temas para discussão   231
Leituras sugeridas   231

14. Geertz e a dimensão simbólica do poder   232

Negara: o Estado-teatro balinês no século XIX   233

Questões e temas para discussão   256
Leituras sugeridas   256

15. Cultura e razão prática, segundo Sahlins   257

La pensée bourgeoise: a sociedade ocidental enquanto cultura   258

Questões e temas para discussão   268
Leituras sugeridas   268

Referências dos textos e traduções   269

APRESENTAÇÃO

Este livro é um convite à aventura antropológica, que pode ser sintetizada pelo esforço de relativizar, estranhar, pôr em perspectiva – as expressões variam, mas a ideia geral é a mesma – o mundo que nos é "natural", isto é, fruto de nosso processo de socialização, em um tempo e espaço específicos. Desse modo, para além de um mero inventário de outras possibilidades de visões de mundo e de formas alternativas da vida social, busca-se alcançar, por contraste ou comparação, uma visão mais densa da cultura em que vivemos, do estar-no-mundo que nos é familiar.

Estão aqui reunidos autores e textos importantes da tradição clássica da antropologia. Em seu conjunto, fornecem uma visão abrangente (embora não exaustiva) de algumas das principais questões com as quais a disciplina tem lidado. Como qualquer seleção, contudo, é parcial e está sujeita a opções que devo claramente explicitar.

Primeiro, foram selecionados apenas textos originais, e não de comentadores ou resumos de segunda mão. Privilegiou-se, assim, o contato direto com o pensamento desses autores. Isso não desmerece, de forma alguma, toda a discussão e crítica a que foram submetidos por inúmeros leitores desde sua publicação original.

Privilegiei um conjunto de autores considerados "clássicos". Eles assumiram essa condição não apenas em função da qualidade intrínseca de seus textos, mas também pelo fato de terem se tornado referência obrigatória. Todos os que estão aqui reunidos nos legaram sem dúvida contribuições importantes. Fazem parte do cânone da disciplina e estão presentes, com variações, nas coletâneas, manuais e programas de história ou de teorias da antropologia.

Não há, no entanto, uma lista consensual de quais seriam os "clássicos", embora vários autores aqui presentes sem dúvida o sejam. Tive também que levar em consideração limitações de ordem editorial, pois nem todos os textos estavam disponíveis para serem reproduzidos.

Não busquei o texto "mais importante" de cada autor, até porque não haveria consenso a respeito de qual seria. Tive como objetivo reunir um conjunto que oferecesse uma visão geral sobre a perspectiva antropológica. Evitei também dividir o livro em diferentes "escolas" de pensamento, por mais que vários dos autores possam ser rotulados de tal ou qual forma. Mais do que conhecer a história do pensamento antropológico, espera-se que esta leitura estimule a reflexão crítica e desnaturalizadora a respeito de aspectos fundamentais do mundo em que vivemos. O contato com os textos deve levar também ao desenvolvimento da sensibilidade para melhor perceber a diversidade das formas da vida cultural.

Optei por um recorte cronológico correspondente a cem anos da disciplina, se tomarmos como marcos o primeiro texto (Morgan, 1877) e o último (Sahlins, 1976). À exceção de Sahlins, com 85 anos enquanto escrevo esta apresentação, todos já morreram. Há sem dúvida antropólogos e textos extremamente importantes nos últimos quarenta anos, embora não haja consenso sobre quais serão considerados "clássicos" daqui a quarenta anos.

Uma característica evidente do conjunto de autores aqui reunidos é que todos são britânicos, franceses ou americanos. Além disso, à exceção de Ruth Benedict, são todos homens. Não seria necessário evocar nem mesmo a mais elementar crítica pós-moderna e anticolonialista para mostrar as limitações dessa seleção. Podemos compreendê-la, contudo, como um reflexo das reais condições de poder no interior da antropologia, ao longo desses cem anos. Essa situação, felizmente, tem se modificado bastante nas últimas quatro décadas.

O público-alvo para o qual o livro foi pensado é o de estudantes universitários de graduação nas ciências sociais e humanidades, embora também possa ser útil ao público em geral interessado na antropologia. Ele está estruturado da seguinte forma: no início de cada capítulo, faço uma brevíssima apresentação da vida e obra do autor e comento as principais questões levantadas pelo texto que será lido; no final, sugiro questões e temas para discussão a partir da leitura, indicando ainda alguma bibliografia adicional, às vezes vídeos.

Foram suprimidas a maioria das notas originais, por não as considerar essenciais para uma primeira leitura dos textos. Introduzi, no entanto, várias notas explicativas, quando julguei necessário, para facilitar a compreensão. Foram também feitas algumas poucas e pequenas supressões ou modificações com o objetivo de dar maior fluidez à leitura.

Este livro e seus textos são, sem dúvida, informativos; mas pretendo, também, que eles sejam formativos – isto é, que desenvolvam o gosto pela perspectiva antropológica e por aquilo que ela tem a nos oferecer para uma melhor compreensão do mundo em que vivemos.

CELSO CASTRO

1. A evolução da sociedade humana, segundo Morgan

O pensamento evolucionista na antropologia foi inspirado pelo impacto que a ideia de *evolução* teve na biologia (através da obra de Darwin) e na filosofia (em autores como Herbert Spencer). Entre o período que vai de 1870 até a Primeira Guerra Mundial, foi a corrente hegemônica em antropologia, através de autores como Lewis Henry Morgan (1818-1881), Edward Burnett Tylor (1832-1917) e James George Frazer (1854-1941).

O evolucionismo na antropologia deu uma resposta clara à antiga questão de como se poderia compreender a enorme diversidade cultural humana: as diferenças culturais passavam a ser reduzidas a estágios históricos de um mesmo caminho evolutivo. Dois postulados básicos eram: o da unidade psíquica de toda a espécie humana, responsável pela uniformidade de seu pensamento; e o de que, em todas as partes do mundo, a sociedade humana teria se desenvolvido em estágios sucessivos e obrigatórios, numa trajetória basicamente unilinear e ascendente, seguindo uma direção que ia do mais simples ao mais complexo, do mais indiferenciado ao mais diferenciado.

Como decorrência da visão de um único caminho evolutivo humano, os povos "não ocidentais", "selvagens" ou "tradicionais" existentes no mundo contemporâneo eram vistos como uma espécie de "museu vivo" da história humana – representantes de etapas anteriores da trajetória universal do homem rumo à condição dos povos mais "avançados"; como exemplos vivos daquilo "que já fomos um dia". Para preencher as "lacunas" do longo período "primitivo" de evolução cultural humana a antropologia deveria utilizar o *método comparativo*, aplicando-o ao grande número de sociedades "selvagens" existentes contemporaneamente.

O norte-americano Lewis Morgan publicou, em 1871, os resultados de sua monumental pesquisa sobre parentesco, com o título de *Systems of Consanguinity and Affinity of the Human Family* [Sistemas de consanguinidade e afinidade da família humana]. O tema do parentesco tornou-se, com seu livro, central na antropologia. É interessante observar que, oito décadas mais tarde, Lévi-Strauss dedicaria seu *As estruturas elementares do parentesco* (1949) à memória de Morgan.

O livro de maior impacto de Morgan, contudo, foi *Ancient Society* [A sociedade antiga], publicado em 1877, e do qual se podem ler a seguir trechos do prefácio e do primeiro capítulo. O título completo já é claro a respeito de sua visão: *A sociedade antiga ou investigações sobre as linhas do progresso humano desde a selvageria, através da barbárie, até a civilização*.

Nele, Morgan estudou os estágios de progresso da sociedade humana através da análise de cinco casos exemplares: os aborígines australianos, os índios iroqueses, os astecas, os gregos e os romanos. O desenvolvimento da ideia de propriedade teria sido, na interpretação de Morgan, o processo decisivo para o surgimento da civilização. As ideias de Morgan tiveram, por esse motivo, grande impacto sobre Karl Marx e Friedrich Engels, este, autor de *A origem da família, da propriedade privada e do Estado* (1884).

Os pressupostos evolucionistas foram muito criticados, nas duas primeiras décadas do século XX, por antropólogos que preferiam explicar a questão da diversidade cultural humana através da ideia de *difusão*, e não da de evolução, como veremos no capítulo seguinte. Mais importantes, contudo, serão as críticas ao método comparativo, desenvolvidas por Franz Boas, e da tradição de pesquisa de campo que tem em Bronislaw Malinowski seu mito de origem.

A SOCIEDADE ANTIGA

Lewis Henry Morgan

 **Prefácio**

A grande antiguidade da humanidade sobre a terra já foi conclusivamente determinada. Parece singular que as provas tenham sido descobertas tão recentemente, apenas nos últimos trinta anos, e que a atual geração seja a primeira chamada a reconhecer fato tão importante. ... Esse conhecimento muda substancialmente as ideias que prevaleceram a respeito das relações dos selvagens com os bárbaros e dos bárbaros com os homens civilizados. Pode-se afirmar agora, com base em convincente evidência, que a selvageria precedeu a barbárie em todas as tribos da humanidade, assim como se sabe que a barbárie precedeu a civilização. A história da raça humana é uma só – na fonte, na experiência, no progresso.

A evolução da sociedade humana, segundo Morgan

É tão natural quanto apropriado desejar saber, se possível, como todas essas eras após eras de tempos passados foram utilizadas pela humanidade; como os selvagens, avançando através de passos lentos, quase imperceptíveis, alcançaram a condição mais elevada de bárbaros; como os bárbaros, por um avanço progressivo semelhante, finalmente alcançaram a civilização; e por que outras tribos e nações foram deixadas para trás na corrida para o progresso – algumas na civilização, algumas na barbárie e outras na selvageria. Não é demais esperar que, em algum momento, essas diversas questões sejam respondidas.

Invenções e descobertas mantêm relações sequenciais ao longo das linhas do progresso humano e registram seus sucessivos estágios; por outro lado, as instituições sociais e civis, em virtude de sua conexão com perpétuos desejos humanos, desenvolveram-se a partir de uns poucos germes primários de pensamento. Elas exibem registros de progresso semelhantes. Essas instituições, invenções e descobertas incorporaram e preservaram os principais fatos que agora permanecem como ilustrativos dessa experiência. Quando organizadas e comparadas, tendem a mostrar a origem única da humanidade, a semelhança de desejos humanos em um mesmo estágio de avanço e a uniformidade das operações da mente humana em condições similares de sociedade.

Ao longo da última parte do período de selvageria e por todo o período de barbárie, a humanidade estava organizada, em geral, em *gentes*, fratrias e tribos.* Essas organizações prevaleceram, em todos os continentes, por todo o mundo antigo, e constituíam os meios através dos quais a sociedade antiga era organizada e mantida coesa. Sua estrutura e suas relações como membros de uma série orgânica, bem como os direitos, privilégios e obrigações dos membros das *gentes*, das fratrias e das tribos, ilustram o crescimento da ideia de governo na mente humana. As principais instituições da humanidade tiveram origem na selvageria, foram desenvolvidas na barbárie e estão amadurecendo na civilização.

---

* Optou-se por manter no original a palavra latina *gens* (plural, *gentes*) por não haver correspondente em português. Seu uso disseminou-se principalmente após a publicação, em 1864, de *A cidade antiga*, de Fustel de Coulanges. Esse autor buscou apresentar as características arcaicas da organização social grega e romana, estendendo-as também para os povos indo-europeus. Na *gens*: "Lar, túmulo, patrimônio, na origem tudo isso era indivisível. E a família também, consequentemente. O tempo não a desmembrava. Essa família indivisível, que se desenvolvia através das eras perpetuando o seu culto e o seu nome pelos séculos afora, foi a verdadeira *gens*. A *gens* era a família, porém a família que conservara a unidade ordenada pela sua religião e alcançara todo o desenvolvimento que o antigo direito privado lhe permitia atingir." (Rio de Janeiro, Ediouro, 2003, p.143) A evolução da sociedade teria levado à associação de *gentes* em fratrias ou cúrias, nas quais cada *gens* mantinha sua religião e governo domésticos, mas surgiam uma divindade e autoridades comuns. Segundo Coulanges, "a associação continuou crescendo naturalmente, segundo o mesmo sistema. Muitas cúrias ou fratrias agruparam-se e formaram uma tribo. Esse novo círculo também teve a sua religião; em cada tribo houve um altar e uma divindade protetora." (p.157) (N.O.)

Do mesmo modo, a família passou por formas sucessivas, e criou grandes sistemas de consanguinidade e afinidade que duram até os dias de hoje. Esses sistemas registram as relações existentes na família no período em que cada um, respectivamente, foi formado, e contêm um registro instrutivo da experiência da humanidade enquanto a família estava avançando da consanguinidade para a monogamia, passando por formas intermediárias.

A ideia de propriedade passou por um crescimento e um desenvolvimento semelhantes. Começando do zero, na selvageria, a paixão pela propriedade, como representando a subsistência acumulada, tornou-se agora dominante na mente humana nas raças civilizadas.

As quatro classes de fatos indicadas acima* se estendem em linhas paralelas ao longo dos caminhos percorridos pelo progresso humano, da selvageria à civilização, e constituem os principais temas de discussão deste volume. ...

Parte 1 – Desenvolvimento da inteligência através das invenções e descobertas

Cap.1 – Períodos étnicos

As mais recentes investigações a respeito das condições primitivas da raça humana estão tendendo à conclusão de que a humanidade começou sua carreira na base da escala e seguiu um caminho ascendente, desde a selvageria até a civilização, através de lentas acumulações de conhecimento experimental.

Como é inegável que partes da família humana tenham existido num estado de selvageria, outras partes num estado de barbárie e outras ainda num estado de civilização, parece também que essas três distintas condições estão conectadas umas às outras numa sequência de progresso que é tanto natural como necessária. Além disso, é possível supor que essa sequência tenha sido historicamente verdadeira para toda a família humana, até o status respectivo atingido por cada ramo. Essa suposição baseia-se no conhecimento das condições em que ocorre todo progresso, e também no avanço conhecido de diversos ramos da família através de duas ou mais dessas condições.

Nas páginas seguintes, será feita uma tentativa de apresentar evidência adicional da rudeza da condição primitiva da humanidade, da evolução gradual de seus poderes mentais e morais através da experiência, e de sua pro-

---

* Isto é: invenções e descobertas, governo, família e propriedade, cada qual correspondendo a uma parte do livro *Ancient Society*. (N.T.)

longada luta com os obstáculos que encontrava em sua marcha a caminho da civilização. Essas evidências estarão baseadas, em parte, na grande sequência de invenções e descobertas que se estende ao longo de todo o caminho do progresso humano, mas levam em conta, principalmente, as instituições domésticas que expressam o crescimento de certas ideias e paixões.

À medida que avançamos na direção das idades primitivas da humanidade, seguindo as diversas linhas de progresso, e eliminamos, uma após outra, na ordem em que aparecerem, invenções e descobertas, de um lado, e instituições, de outro, tornamo-nos capazes de perceber que as primeiras têm uma relação progressiva entre si, enquanto as últimas foram se desdobrando. Ou seja: enquanto invenções e descobertas tiveram uma conexão mais ou menos direta, as instituições se desenvolveram a partir de uns poucos germes primários de pensamento. As instituições modernas têm suas raízes plantadas no período da barbárie, ao qual suas origens foram transmitidas a partir do período anterior de selvageria. Tiveram uma descendência linear através das idades, com as linhas de sangue, e também apresentaram um desenvolvimento lógico.

Duas linhas de investigação independentes convidam, assim, nossa atenção. Uma passa por invenções e descobertas; a outra, por instituições primárias. Com o conhecimento propiciado por essas linhas, podemos esperar indicar os principais estágios do desenvolvimento humano. As provas a serem apresentadas derivarão, principalmente, de instituições domésticas; as referências a realizações de natureza estritamente intelectual serão de caráter geral e receberão atenção secundária aqui.

Os fatos indicam a formação gradual e o desenvolvimento subsequente de certas ideias, paixões e aspirações. Aquelas que ocupam as posições mais proeminentes podem ser generalizadas como sendo ampliações das ideias particulares com as quais estão respectivamente conectadas. Além das invenções e descobertas, essas ideias são as seguintes:

I. *Subsistência*
II. *Governo*
III. *Linguagem*
IV. *Família*
V. *Religião*
VI. *Vida doméstica e arquitetura*
VII. *Propriedade*

Primeira. A subsistência foi aumentada e aperfeiçoada por uma série de artes sucessivas, introduzidas no decorrer de longos intervalos de tempo e conectadas mais ou menos diretamente com invenções e descobertas.

Segunda. O germe do governo deve ser buscado na organização por *gentes* no status de selvageria, e seguido, através de formas cada vez mais avançadas, até o estabelecimento da sociedade política.

Terceira. A fala humana parece ter se desenvolvido a partir das formas mais rudes e simples de expressão. A linguagem de gestos ou sinais, como sugerido por Lucrécio,* tem que ter precedido a linguagem articulada, assim como o pensamento precede a fala. O monossilábico precedeu o silábico, tal como este precedeu as palavras concretas. A inteligência humana, inconsciente de propósito, desenvolveu a linguagem articulada utilizando os sons vocais. Esse grande tema, em si mesmo uma área específica de estudo, está fora do escopo da presente investigação.

Quarta. Com respeito à família, seus estágios de crescimento estão incorporados em sistemas de consanguinidade e afinidade e nos costumes relacionados ao casamento, por meio do qual, coletivamente, a história da família pode ser seguramente traçada através de diversas formas sucessivamente assumidas.

Quinta. O crescimento de ideias religiosas está cercado de tantas dificuldades intrínsecas que talvez nunca receba uma explicação perfeitamente satisfatória. A religião trata, em tão grande medida, da natureza imaginativa e emocional e, consequentemente, de tão incertos elementos do conhecimento, que todas as religiões primitivas são grotescas e, numa certa medida, ininteligíveis. Esse tema também está fora do plano deste trabalho, exceto quando puder trazer sugestões incidentais.

Sexta. A arquitetura da habitação, que está ligada à forma da família e ao plano de vida doméstica, permite uma ilustração razoavelmente completa do progresso desde a selvageria até a civilização. Seu crescimento pode ser traçado da cabana do selvagem, através das habitações comunais dos bárbaros, até a casa da família nuclear das nações civilizadas, com todos os vínculos sucessivos através dos quais um extremo está conectado ao outro. Esse tema será observado incidentalmente.

Última. A ideia de propriedade foi lentamente formada na mente humana, permanecendo em estado nascente e precário por imensos períodos de tempo. Surgindo durante a selvageria, requereu toda a experiência daquele período e da subsequente barbárie para desenvolver-se e preparar o cérebro humano para a aceitação de sua influência controladora. Sua dominância, como uma paixão acima de todas as outras, marca o começo da civilização. Ela não apenas levou a humanidade a superar os obstáculos que atrasavam a civilização, mas também a estabelecer a sociedade política baseada no terri-

---

* Tito Lucrecio Caro (96-55 a.C.), filósofo e poeta romano, autor de *De rerum natura*. (N.T.)

tório e na propriedade. Um conhecimento crítico sobre a evolução da ideia de propriedade incorporaria, em alguns aspectos, a parte mais notável da história mental da humanidade.

Tratarei de apresentar alguma evidência do progresso humano ao longo dessas diversas linhas e através de sucessivos períodos étnicos, tal como revelado por invenções e descobertas e pelo crescimento das ideias de governo, família e propriedade.

Pode ser explicitada aqui a premissa de que todas as formas de governo são redutíveis a dois planos gerais, usando a palavra plano em seu sentido científico. Em suas bases, os dois são fundamentalmente distintos. O primeiro a surgir está baseado em pessoas e em relações puramente pessoais, e pode ser distinguido como uma sociedade (*societas*). A *gens* é a unidade dessa organização. No período arcaico, ocorreram estágios sucessivos de integração: a *gens*, a fratria, a tribo e a confederação de tribos, que constituíam um povo ou nação (*populus*). Num período posterior, uma coalescência de tribos na mesma área, formando uma nação, tomou o lugar da confederação de tribos ocupando áreas independentes. Assim ocorreu, através de prolongadas eras, após o aparecimento da *gens*, a organização quase universal da sociedade antiga; e perdurou entre os gregos e romanos após o surgimento da civilização.

O segundo plano é baseado no território e na propriedade, e pode ser distinguido como um estado (*civitas*). A vila ou distrito, circunscrita por limites e cercas, com a propriedade que contém, é a base ou unidade do estado, e a sociedade política é seu resultado. Esta está organizada sobre áreas territoriais e trata da propriedade e das pessoas, através de relações territoriais. Os sucessivos estágios de integração são a vila ou distrito, que é a unidade de organização; o condado ou província, que é uma agregação de vilas ou distritos; e o domínio ou território nacional, que é uma agregação de condados ou províncias; e o povo de cada uma delas está organizado em um corpo político. Após terem alcançado a civilização, coube aos gregos e romanos, usando suas capacidades até o limite, inventar a vila e o distrito e, assim, inaugurar o segundo grande plano de governo, que permanece até o presente entre as nações civilizadas. Na sociedade antiga, esse plano territorial era desconhecido. Quando ele apareceu, fixou as linhas de fronteira entre a sociedade antiga e a moderna, nomes com os quais a distinção será reconhecida nestas páginas.

Pode-se observar também que as instituições domésticas dos bárbaros, e mesmo dos ancestrais selvagens da humanidade, ainda estão exemplificadas em partes da família humana, e com tamanha completude que, exceto pelo período estritamente primitivo, os diversos estágios desse progresso estão razoavelmente preservados. Eles são vistos na organização da sociedade com base no sexo, depois com base no parentesco e, finalmente, com base no território; através das sucessivas formas de casamento e de família, com os sistemas de consanguinidade assim criados; através da vida familiar e de sua arquitetura, e através do progresso nos usos relativos à propriedade e à transmissão da mesma por herança.

A teoria da degradação humana para explicar a existência dos selvagens e dos bárbaros já não é mais sustentável. Ela apareceu como um corolário da cosmogonia mosaica* e foi aceita a partir de uma suposta necessidade que já não existe. Como teoria, é não apenas incapaz de explicar a existência de selvagens, como também não encontra suporte nos fatos da experiência humana.

Os remotos ancestrais das nações arianas presumivelmente passaram por uma experiência similar à das tribos bárbaras e selvagens existentes. Embora a experiência dessas nações contenha toda a informação necessária para ilustrar os períodos de civilização tanto antigos quanto modernos, e também uma parte do último período de barbárie, sua experiência anterior tem que ser deduzida, em sua maior parte, da conexão que pode ser traçada entre os elementos de suas instituições e inventos existentes e os elementos similares ainda preservados nas instituições e inventos das tribos selvagens e bárbaras.

Pode ser observado, finalmente, que a experiência da humanidade tem seguido por canais quase uniformes; que as necessidades humanas, em condições similares, têm sido substancialmente as mesmas; e que as operações de princípio mental têm sido uniformes em virtude da identidade específica do cérebro em todas as raças da humanidade. Isso, no entanto, é apenas uma parte da explicação da uniformidade dos resultados. Os germes das principais instituições e artes da vida foram desenvolvidos enquanto o homem ainda era um selvagem. Em larga medida, a experiência dos períodos subsequentes de barbárie e de civilização foi plenamente utilizada no desenvolvimento que se seguiu a essas concepções originais. Onde quer que se possa traçar uma conexão, em diferentes continentes, entre uma instituição hoje existente e uma origem comum, estará implícito que os próprios povos derivam de um estoque original comum.

A discussão dessas diversas classes de fatos será facilitada pelo estabelecimento de um certo número de períodos étnicos, cada um representando uma condição distinta de sociedade e podendo ser distinguido dos outros por seu modo de vida peculiar. Os termos "Idade da *Pedra*", "do *Bronze*" e "do *Ferro*", introduzidos por arqueólogos dinamarqueses, têm sido extremamente úteis para certos propósitos, e continuarão a sê-lo para a classificação de objetos de arte antiga; mas o progresso do conhecimento tornou necessárias

---

* A explicação bíblica para a criação da humanidade. (N.T.)

outras e diferentes subdivisões. Implementos de pedra não foram totalmente deixados de lado com a introdução das ferramentas de ferro nem das de bronze. A invenção do processo de fundição do minério de ferro criou uma época étnica, mas dificilmente podemos datar uma outra que se tenha iniciado com a produção do bronze. Além disso, como a época dos implementos de pedra se sobrepõe aos períodos dos instrumentos de bronze e ferro, e como a do bronze também se sobrepõe à do ferro, não é possível circunscrever cada um desses períodos e tratá-los como independentes e distintos.

Dada a grande influência que devem ter exercido sobre a condição da humanidade, as sucessivas artes de subsistência, surgidas a longos intervalos, provavelmente virão a possibilitar, ao final, bases mais satisfatórias para essas divisões. Mas a pesquisa não foi levada suficientemente longe nessa direção para produzir a informação necessária. Com nosso conhecimento atual, o principal resultado pode ser obtido selecionando outras invenções ou descobertas que permitam suficientes testes de progresso para caracterizar o começo de sucessivos períodos étnicos. Mesmo que sejam aceitos como provisórios, esses períodos se revelarão convenientes e úteis. Veremos como cada um dos que serão propostos em seguida cobrirá uma cultura distinta e representará um modo de vida particular.

O período de selvageria, de cuja parte mais antiga sabe-se muito pouco, pode ser dividido, provisoriamente, em três subperíodos. Estes podem ser chamados de período *inicial*, *intermediário* ou *final* de selvageria; e a condição da sociedade em cada um, respectivamente, pode ser distinguida como status *inferior*, *intermediário* ou *superior* de selvageria.

Da mesma forma, o período de barbárie se divide naturalmente em três subperíodos, que serão chamados de período *inicial*, *intermediário* ou *final* de barbárie; e a condição da sociedade em cada, respectivamente, será distinguida como status *inferior*, *intermediário* ou *superior* de barbárie.

Para marcar o começo desses diversos períodos, é difícil, se não impossível, encontrar testes de progresso que se revelem absolutos em sua aplicação e sem exceções em todos os continentes. Mas também não é necessário, para o propósito em mãos, que não existam exceções. Será suficiente que as principais tribos da humanidade possam ser classificadas, de acordo com o grau de seu progresso relativo, em condições que possam ser reconhecidas como distintas.

I. *Status inferior de selvageria*. Esse período começou com a infância da raça humana, e pode-se dizer que terminou com a aquisição de uma dieta de subsistência à base de peixes e com um conhecimento do uso do fogo. A humanidade estava então vivendo em seu habitat original restrito, subsistindo com frutas e castanhas. O começo da fala articulada ocorre nesse período. Não restou, no período histórico, nenhum exemplo de tribos da humanidade nessa condição.

II. *Status intermediário de selvageria*. Começou com a aquisição de uma dieta de subsistência baseada em peixes e com um conhecimento do uso do fogo, e terminou com a invenção do arco e flecha. A humanidade, enquanto nessa condição, espalhou-se, a partir de seu habitat original, por grande parte da superfície da terra. Entre tribos ainda existentes, encaixam-se no status intermediário de selvageria, por exemplo, os australianos e a maior parte dos polinésios, quando descobertos. Será suficiente dar um ou mais exemplos de cada status.

III. *Status superior de selvageria*. Começou com a invenção do arco e flecha e terminou com a invenção da arte da cerâmica. No tempo de sua descoberta, encontravam-se no status superior de selvageria as tribos dos atapascos, no território da baía de Hudson, as tribos do vale do Columbia e certas tribos costeiras da América do Norte e do Sul. Isso encerra o período de selvageria.

IV. *Status inferior de barbárie*. Quando se levam em conta todos os aspectos, a invenção ou prática da arte da cerâmica é, provavelmente, o teste mais efetivo e conclusivo que se pode escolher para fixar uma linha demarcatória, necessariamente arbitrária, entre a selvageria e a barbárie. Há muito foram reconhecidas as especificidades de cada uma das duas condições, mas não se produziu, desde então, nenhum critério para definir etapas de progresso de uma condição para a outra. Assim, todas as tribos que nunca alcançaram a arte da cerâmica serão classificadas como selvagens, e aquelas que possuem essa arte, mas nunca chegaram a um alfabeto fonético e ao uso da escrita, serão classificadas como bárbaras.

O primeiro subperíodo da barbárie começou com a manufatura de objetos de cerâmica, seja por invenção original ou por adoção. Para determinar seu término e o começo do status intermediário, encontramos a dificuldade de os dois hemisférios terem características naturais distintas, o que começou a ter influência sobre os negócios humanos depois de passado o período da selvageria. No entanto, pode-se resolver isso com a adoção de equivalentes. A domesticação de animais no hemisfério oriental e, no ocidental, o cultivo irrigado de milho e plantas, junto com o uso de tijolos de adobe e pedras na construção de casas, foram selecionados como evidência suficiente de avanços para possibilitar a transição do status inferior para o status intermediário da barbárie. No status inferior estão, por exemplo, as tribos indígenas a leste do rio Missouri, nos Estados Unidos, e aquelas tribos da Europa e da Ásia que praticavam a arte da cerâmica, mas não tinham animais domésticos.

V. *Status intermediário de barbárie*. Começou com a domesticação de animais no hemisfério oriental e, no ocidental, com a agricultura de irrigação e

A evolução da sociedade humana, segundo Morgan 21

com o uso de tijolos de adobe e pedras na arquitetura, como mostrado. Seu término pode ser fixado pela invenção do processo de forjar o minério de ferro. Isso situa no status intermediário, por exemplo, os índios *pueblos* do Novo México, do México, da América Central e do Peru, e aquelas tribos do hemisfério oriental que possuíam animais domésticos, mas não tinham um conhecimento do ferro. Numa certa medida, os antigos bretões, embora familiarizados com o uso do ferro, também pertencem a essa subdivisão. A vizinhança com tribos continentais mais adiantadas havia avançado as artes de subsistência entre eles muito além do que correspondia ao estado de desenvolvimento de suas instituições domésticas.

VI. *Status superior de barbárie*. Começou com a manufatura de ferro e terminou com a invenção do alfabeto fonético e o uso da escrita em composição literária. Aqui começa a civilização. Isso põe no status superior, por exemplo, as tribos gregas da idade de Homero, as tribos italianas logo antes da fundação de Roma e as tribos germânicas do tempo de César.

VII. *Status de civilização*. Começou, como dito, com o uso do alfabeto fonético e a produção de registros literários, e se divide em *Antigo* e *Moderno*. Como um equivalente, pode-se admitir a escrita hieroglífica em pedra.

RECAPITULAÇÃO

Períodos	Condições	
I. Período inicial de selvageria	Status inferior de selvageria	Da infância da raça humana até o começo do próximo período.
II. Período intermediário de selvageria	Status intermediário de selvageria	Da aquisição de uma dieta de subsistência à base de peixes e de um conhecimento do uso do fogo até etc.
III. Período final de selvageria	Status superior de selvageria	Da invenção do arco e flecha até etc.
IV. Período inicial de barbárie	Status inferior de barbárie	Da invenção da arte da cerâmica até etc.
V. Período intermediário de barbárie	Status intermediário de barbárie	Da domesticação de animais no hemisfério oriental e, no ocidental, do cultivo irrigado de milho e plantas, com o uso de tijolos de adobe e pedras, até etc.

VI. Período final de barbárie	Status superior de barbárie	Da invenção do processo de fundir minério de ferro, com o uso de ferramentas de ferro, até etc.
VII. Status de civilização	Status de civilização	Da invenção do alfabeto fonético, com o uso da escrita, até o tempo presente.

Cada um desses períodos tem uma cultura distinta e exibe seu modo de vida mais ou menos especial e peculiar. Essa especialização de períodos étnicos possibilita tratar uma sociedade específica de acordo com suas condições de avanço relativo, e tomá-la como um tema independente para estudo e discussão. Não afeta o resultado principal o fato de que, num mesmo tempo, diferentes tribos e nações do mesmo continente, e até da mesma família linguística, estejam em diferentes condições, pois, para nosso propósito, a *condição* de cada uma é o fato material, o *tempo* sendo imaterial.

...

Outra vantagem de fixar períodos étnicos definidos é que isso possibilita orientar uma investigação especial para aquelas tribos e nações que oferecem a melhor exemplificação de cada status, a fim de tornar cada caso tanto um padrão quanto um elemento ilustrativo. Algumas tribos e famílias foram deixadas em isolamento geográfico para resolver os problemas do progresso através de esforço mental original e, consequentemente, mantiveram suas artes e instituições puras e homogêneas, enquanto aquelas de outras tribos e nações foram adulteradas pela influência externa. Assim, enquanto a África era e é um caos étnico de selvageria e barbárie, a Austrália e a Polinésia estavam na selvageria pura e simples, com as artes e instituições próprias daquela condição. Da mesma forma, a família indígena da América, diferentemente de qualquer outra existente, exemplificava a condição da humanidade em três períodos étnicos sucessivos. Na posse não perturbada de um grande continente, com uma linhagem comum e instituições homogêneas, aqueles indígenas ilustravam, quando descobertos, cada uma dessas condições, e especialmente as condições dos status inferior e intermediário de barbárie; e isso se dava de uma forma mais elaborada e mais completa que entre qualquer outra parcela da humanidade. Os índios do extremo norte e algumas das tribos costeiras da América do Norte e do Sul estavam no status superior de selvageria; os índios parcialmente aldeados, a leste do Mississippi, estavam no status inferior de barbárie, e os *pueblos* da América do Norte e do Sul estavam no status intermediário. Dentro do período histórico, ainda não houvera uma oportunidade como essa para se recuperar uma informação

A evolução da sociedade humana, segundo Morgan

completa e minuciosa sobre o curso da experiência e do progresso humanos no desenvolvimento de suas artes e instituições através desses períodos sucessivos. Deve-se acrescentar que a oportunidade tem sido aproveitada de maneiras desiguais. Nossas maiores deficiências estão relacionadas ao último período nomeado.

Sem dúvida, existiam diferenças entre culturas do mesmo período nos hemisférios oriental e ocidental, em consequência das características desiguais de cada continente; mas a condição da sociedade no status correspondente tem que ter sido, em sua maior parte, substancialmente semelhante.

Os ancestrais das tribos gregas, romanas e germânicas passaram pelos estágios que indicamos, e, na metade do último, a luz da história caiu sobre eles. Sua diferenciação da massa indistinguível de bárbaros não ocorreu, provavelmente, antes do começo do período intermediário de barbárie. A experiência dessas tribos foi perdida, com exceção de tudo que é representado pelas instituições, invenções e descobertas que trouxeram com eles e que possuíam quando pela primeira vez se encontraram sob observação histórica. As tribos gregas e latinas dos períodos de Homero e Rômulo permitem a melhor exemplificação do status superior de barbárie. Suas instituições eram, igualmente, puras e homogêneas, e sua experiência está diretamente conectada com a chegada, por fim, à civilização.

Começando, então, com os australianos e polinésios, seguindo com as tribos de índios americanos e concluindo com os romanos e gregos, que permitem as mais elevadas exemplificações, respectivamente, dos seis grandes estágios do progresso humano, é bastante razoável supor que a soma de suas experiências unidas representa a experiência da família humana desde o status intermediário de selvageria até o final da civilização antiga. Consequentemente, as nações arianas encontrarão o tipo correspondente à condição de seus ancestrais remotos, quando na selvageria, nas condições dos australianos e polinésios; quando no status inferior de barbárie, nos índios semialdeados da América; e, quando no status intermediário, nas condições dos índios *pueblos*, com as quais se conecta diretamente sua própria experiência no status superior. Tão essencialmente idênticos em todos os continentes são as artes, instituições e o modo de vida no mesmo status, que a forma arcaica das principais instituições domésticas dos gregos e romanos pode ser vista, ainda hoje, nas instituições correspondentes dos aborígines americanos, como será mostrado no curso deste volume. Esse fato constitui uma parte da evidência acumulada tendente a mostrar que as principais instituições da humanidade foram desenvolvidas a partir de uns poucos germes primários de pensamento; e que o curso e o modo de seu desenvolvimento foram predeterminados, bem como mantidos dentro de estreitos limites de divergência, pela lógica natural da mente humana e pelas necessárias limitações de seus poderes. Descobriu-se que, num mesmo status, o tipo de progresso foi substancialmente o mesmo em tribos e nações habitando continentes diferentes e até mesmo não conectados, com desvios da uniformidade ocorrendo em casos particulares e sendo produzidos por causas especiais. O argumento, quando desenvolvido, tende a estabelecer a unidade de origem da humanidade.

Ao estudar as condições de tribos e nações nesses diversos períodos étnicos, estamos lidando, substancialmente, com a história antiga e com as antigas condições de nossos próprios remotos ancestrais.

QUESTÕES E TEMAS PARA DISCUSSÃO

1. Observe a persistência, no senso comum, de ideias desenvolvidas pela tradição evolucionista.
2. Discuta a seguinte afirmação de Friedrich Engels, no prefácio de *A origem da família, da propriedade privada e do Estado*: "Na América, Morgan descobriu de novo, e à sua maneira, a concepção materialista da história – formulada por Marx, quarenta anos antes – e, baseado nela, chegou, contrapondo barbárie e civilização, aos mesmos resultados essenciais de Marx." (Referência abaixo, p.1.)

LEITURAS SUGERIDAS

Engels, Friedrich. *A origem da família, da propriedade privada e do Estado*. Rio de Janeiro, Civilização Brasileira, 9ª ed., 1984.

Castro, Celso (org.). *Evolucionismo cultural: textos de Morgan, Tylor e Frazer*. Rio de Janeiro, Zahar, 2005.

2. A "escola" difusionista

Como reação ao evolucionismo, no final do século XIX e primeiras décadas do século XX uma série de autores enfatizou a ideia de *difusão cultural* como chave explicativa para a ocorrência de fenômenos similares em diferentes partes do mundo. Em vez de pressuporem que a mente humana funcionava da mesma forma em toda parte – portanto, as invenções culturais poderiam se desenvolver de forma independente –, passou-se a defender como explicação a ocorrência de transmissão cultural através de diferentes processos – guerra, comércio, viagens etc.

Marcada por influências de disciplinas como a geografia e a arqueologia, essa tradição inclui um conjunto de autores que, embora por vezes referidos como uma "escola", tinham em comum apenas o valor central dado, em suas explicações, à ideia de difusão: Friedrich Ratzel, Leo Frobenius, Fritz Graebner e Wilhelm Schmidt. A esses autores, alemães ou austríacos, vieram somar-se autores britânicos como William James Perry, W.H.R. Rivers e o australiano Grafton Elliot Smith (1871-1937), que desenvolveram uma forma ainda mais radical de difusionismo, às vezes chamada de hiperdifusionismo ou heliocentrismo. Eles defendiam, como se verá no texto de Elliot Smith reproduzido a seguir, que toda a civilização teve sua origem no Egito Antigo, difundindo-se depois para os quatro cantos do globo.

Apesar da crítica contundente ao evolucionismo, essa corrente de ideias utilizava-se, muitas vezes, dos mesmos métodos especulativos, pelo que será fortemente criticada.

A DIFUSÃO DA CULTURA

G. Elliot Smith

No presente momento, vigoram entre os estudiosos das ciências humanas duas visões conflitantes relativas ao processo que teria desempenhado papel mais importante na história da civilização. Uma, a teoria sustentada pela vasta maioria dos antropólogos atuais, afirma que em qualquer comunidade a civilização pode se desenvolver e se desenvolveu de maneira completamente independente da ocorrência de eventos semelhantes em outro lugar do mundo. Isso envolve uma consideração adicional. Se qualquer comunidade pode por sua própria iniciativa criar uma civilização, um problema mais difícil precisa ser solucionado: por que ela adquire grande número de características em suas artes, ofícios, costumes e crenças que apresentam impressionante similaridade com as de outras comunidades, quando todas as considerações de contato ou sugestão direta ou indiretamente estão excluídas?

O outro grupo de antropólogos acredita que a civilização vem se desenvolvendo durante toda a sua história mais ou menos da mesma maneira que sabemos se desenvolver no presente momento, e de fato durante todo o período de que temos algum registro escrito. Sabemos, no caso de cada invenção moderna, que ela se deu num lugar definido e se difundiu por uma área cada vez mais ampla, até que todas as pessoas em qualquer parte do mundo utilizando essa invenção particular estivessem direta ou indiretamente em dívida para com um homem num lugar particular originalmente responsável por iniciar o processo.

Tomemos por exemplo a história do palito de fósforo. Por incontáveis milhares de anos, os homens inventaram e usaram diferentes meios de produzir fogo. Durante a segunda parte do século XVIII e a primeira parte do século XIX, desenvolveu-se uma série de modificações e simplificações de um método particular, até que finalmente um homem descobriu que podia pôr na ponta de um palito de madeira uma substância química que, sob fricção, produzia fogo. Ora, embora hoje esse pareça um procedimento bastante simples e óbvio, sabemos que foram necessários inúmeros séculos para se chegar ao resultado, e que finalmente um indivíduo o realizou. Sabemos, claro, como fato histórico, que essa invenção se espalhou por todo o mundo a partir de um ponto específico. Mas se algum viajante europeu que desconhecesse esse fato estivesse perambulando por uma parte do mundo onde nenhum homem branco jamais tivesse pisado e descobrisse ali um palito de fósforo, ele concluiria inevitavelmente que o fósforo fornecia certa evidência de contato, direto ou indireto, com alguém que tivesse se beneficiado da in-

A "escola" difusionista

venção inglesa. No entanto, se ele não fosse um mero homem comum, mas um etnólogo adepto da teoria ortodoxa de seu credo, teria de supor que o mecanismo tão óbvio devia ter sido inventado de forma independente pelo povo inculto do país onde tivesse encontrado o fósforo.

Se, por outro lado, ele pertencesse ao que nossos oponentes chamam de "escola difusionista" da antropologia, suporia (como todo homem comum faria sem hesitar, quer tivesse conhecimento da história do palito de fósforo, quer não) que o fósforo em si mesmo fornecia inequívoca evidência de difusão da cultura. Ele não alimentaria nenhuma dúvida de que o fósforo chegara ao lugar em que foi encontrado diretamente a partir da sede de sua invenção, ou havia vindo de alguma comunidade que tivesse aprendido a arte de fazer fósforos diretamente daquela sede. Essa conclusão não seria afetada nem se aquele que encontrou o fósforo pudesse dizer de relance que aquele fósforo em particular fora feito na Suécia ou no Japão, porque a arte fora transmitida aos fabricantes de fósforos desses dois países pelo inventor original, que não era nativo de nenhum deles.

O que nós da escola difusionista supomos é que os processos de origem, desenvolvimento e difusão de qualquer invenção no tempo em que ainda não se faziam registros escritos seguiam o mesmo tipo de curso que sabemos ter sido seguido no caso do fósforo. Estes estão registrados nas histórias escritas das várias invenções, assim como os esforços dos pioneiros para ter suas façanhas reconhecidas e adotadas. Mas qualquer pessoa pode ver e estudar os mesmos processos à sua volta atualmente, na comunidade em que vive.

É de todo injustificável supor, como fazem de modo implícito as teorias etnológicas modernas, que o comportamento humano era completamente diferente antes que a escrita fosse inventada. Não há uma nesga de evidência sugerindo que nossos predecessores iletrados tinham um extraordinário talento para a invenção que transcendia de longe o do homem moderno. Não existe tampouco nada para justificar a suposição ainda mais imprudente de que essa aptidão imaginária encontrava expressão de uma forma estereotipada em todos os lugares onde se desenvolveu uma civilização antiga.

Não há, por exemplo, qualquer razão natural para associar ao ouro o enorme significado econômico e religioso que é uma intensificação arbitrária de suas qualidades reais. O fato de quase todas as civilizações primitivas terem de fato atribuído a esse metal mole e relativamente inútil um valor fantástico e irrelevante decerto é a evidência mais robusta possível da influência sobre elas do Egito, onde um conjunto peculiar de circunstâncias fortuitas foi responsável por criar os atributos fictícios atribuídos a esse metal.

Poderíamos tomar um após outro dos milhares de ingredientes que constituem a civilização, antiga ou moderna, e mostrar em cada caso a complexidade do conjunto de circunstâncias, em que o acaso desempenhou o papel preeminente envolvido em todas as invenções. Cada um deles teve origem num lugar, e a partir dali difundiu-se para o exterior o tecido complexo da própria civilização, não menos que os fios individuais de que ela é tecida.

Voltando-nos para a consideração do problema geral, nenhum historiador em nossos dias se recusa a admitir que a Europa tem uma dívida para com Grécia e Roma pela inspiração original de sua civilização, e que Roma, por sua vez, extraiu grande parte de sua cultura da Grécia. A moderna pesquisa arqueológica mostrou que a Grécia extraiu grande parte de sua própria civilização de Creta e da Ásia Menor, e que estas duas regiões estavam por sua vez em dívida para com a civilização mais antiga do Egito, por seu equipamento cultural. Tudo isso é admitido pelos principais arqueólogos que trabalharam em Creta. Hoje existe uma divergência de opinião quanto a quem foi o pioneiro da civilização, o Egito ou a Mesopotâmia; mas entre estudiosos modernos uma forte tendência favorece a opinião de que, quer fosse o Egito devedor da Mesopotâmia, quer a Mesopotâmia devedora do Egito, houve íntimo contato entre os dois, e que um tomou emprestado do outro os elementos essenciais de sua civilização.

Essa afirmativa da difusão é feita com segurança até por alguns dos mais francos oponentes da teoria difusionista, numa ilustração típica da incoerência que perpassa essas discussões. Encontra amplo apoio entre os arqueólogos a ideia de que a civilização babilônia, ou melhor, sua predecessora, a da Suméria, é mais antiga que a do Egito. Essa é uma inferência surpreendente. Pois mesmo aqueles que fazem escavações hoje na Mesopotâmia admitem não ser possível provar que as mais antigas ruínas sumérias são anteriores a 3000 a.C. No entanto, mesmo que aceitemos a datação mínima da história egípcia, a primeira dinastia estava florescendo nas margens do Nilo três séculos antes disso, e ainda assim ela sucedeu a uma fase pré-dinástica de desenvolvimento de vários séculos – talvez não menos que dez –, o que fornece uma explicação completa e adequada da forma que a civilização egípcia havia assumido em 3300 a.C.

Não preciso debater esse assunto profundamente aqui. O professor George A. Reisner, na Universidade Harvard, demonstrou da maneira mais conclusiva que a civilização egípcia foi na realidade moldada no vale do Nilo. Como não pode haver dúvida sobre a conexão genética entre as civilizações mais antigas de Egito, Suméria e Elam, é possível presumir que esses centros asiáticos devem ter extraído seu capital cultural do Egito, onde a civilização se desenvolvera por cinco séculos, ou mais provavelmente por dez, antes que a cultura aparecesse de súbito e plenamente desenvolvida no Elam e na Suméria. Expus as evidências que comprovam essas afirmações no verbete "Anthropology", nos volumes suplementares da *Encyclopaedia Britannica* (1922).

A "escola" difusionista

As escavações do professor Pumpelly em Anau, no Turquestão, revelaram a influência da Suméria e do Elam na região a leste do mar Cáspio, o que representa um passo na difusão até o cerne da Sibéria e da província de Shaanxi, na China. As recentes descobertas feitas por M.J.G. Andersson de antigos povoados no norte da China (as províncias de Honan e Fengtien) estabeleceram ainda mais exatamente as afinidades entre a cultura original da China e a de Anau, Elam, Suméria e outros centros da Ásia Ocidental. Esses povos do Extremo Oriente faziam pontas de flecha de calcedônia e outras pedras semelhantes a sílex, e também outros implementos de pedra, anéis de pedra e concha, contas, cerâmica (tanto monocromática quanto pintada) e até pequenas estatuetas, todos revelando claros e inconfundíveis indícios de difusão da cultura a partir da Mesopotâmia.

A influência da Mesopotâmia sobre a Índia no terceiro milênio é igualmente clara. Houve uma difusão por terra a partir do Turquestão, bem como a partir da Pérsia, desde a antiga civilização do Elam até o vale do Indo. As recentes descobertas anunciadas por sir John Marshall estabeleceram esse fato acima de qualquer dúvida. Nesse ínterim, ou possivelmente até num período ainda anterior, a cultura ocidental era levada para o sul da Índia por antigos marinheiros que navegavam em embarcações semelhantes em todos os aspectos ao tipo de navio inventado originalmente para navegação no Nilo da idade das pirâmides.

Ninguém questiona a influência dominante da Índia na inspiração da mais antiga civilização da Indochina e das ilhas do arquipélago malaio. A cultura primitiva das ilhas do Pacífico só poderia ter vindo do canto sudeste da Ásia e do Ocidente. A dívida da África para com o Egito é inquestionável. Pode-se demonstrar, portanto, com uma massa de evidências imensamente rica, a difusão de civilização por todo o Velho Mundo a partir de um único centro, que devia estar situado claramente no vale do Nilo. A forma e a atitude peculiares da civilização do mundo foram determinadas pelos métodos da agricultura primitiva, baseados na experiência de um rio amigável e benfazejo como o Nilo. O fato de a crença primitiva ter se inspirado em tão grande medida na prática essencialmente egípcia de mumificação forneceria por si só prova adequada de que o Egito foi a pátria da mais antiga civilização. Mas todo o corpo de evidências corrobora essa ideia. Em toda parte do mundo os tipos mais antigos de embarcação de alto-mar fornecem demonstração inequívoca da inspiração dos métodos egípcios de construção naval, o que é em si mesmo tanto uma corroboração da inferência geral quanto uma demonstração do meio pelo qual essa ampla difusão foi realizada.

Um argumento muito curioso me foi apresentado verbalmente várias vezes. Felizmente, porém, o sr. Enthoven o usou recentemente num texto impresso.[1] Se, argumenta ele, admite-se que os egípcios inventaram a irrigação sem qualquer ajuda externa, por que os povos da Índia não poderiam ter feito o mesmo? Essa plausível linha de argumentação é puramente escolástica. O que temos de fazer é encontrar uma explicação para os fatos estabelecidos, e não especular sobre o que poderia ou deveria acontecer. Os métodos muito peculiares de agricultura usados nos tempos mais antigos eram determinados por condições peculiares ao vale do Nilo, como o professor Cherry deixou claro de maneira copiosa, e esses métodos só foram adaptados a condições indianas muitos séculos depois.

Resta o problema das civilizações primitivas americanas. Teriam as civilizações pré-colombianas se desenvolvido no México, na América Central e no Peru de maneira inteiramente independente do que aconteceu no Velho Mundo durante os séculos anteriores, ou a difusão da mistura arbitrária de costumes e crenças estendeu-se para além do Velho Mundo, em direção ao Novo, fornecendo estímulo para os eventos cruciais que começaram a ter lugar ali por volta do início da Era Cristã? Na América Central, no México e no Peru, a civilização surgiu de maneira muito súbita e de uma forma plenamente desenvolvida.

Mas há outro fato a ser explicado: ela se assemelhava em quase todos os aspectos ao tipo característico de civilização (reconhecidamente um tipo muito peculiar) que florescia no canto sudeste da Ásia na época em que ela fez sua aparição na América Central. O tipo de pirâmide encontrado na América era também o traço dominante da arquitetura do Camboja e de Java durante os mesmos séculos. O mesmo sistema de crenças e costumes, os mesmos traços característicos de sua arquitetura, de fato, toda uma série de artes e ofícios, costumes e crenças foram subitamente introduzidos no Novo Mundo, e parecem fornecer provas inequívocas de sua origem asiática.

Além disso, as únicas adições feitas a esses costumes em seu trânsito através do Pacífico foram traços característicos de práticas melanésias e polinésias. Em vez de reduzir a contundência da identidade, essas adições triviais fornecem impressionante corroboração, não somente da fonte original da inspiração, mas também do caminho tomado pelos antigos marinheiros responsáveis pela introdução no Novo Mundo dos germes de sua civilização característica. É completamente inadequado supor que os marinheiros polinésios – que vasculharam muitos milhares de quilômetros no Pacífico com tal meticulosidade que não deixaram escapar nem as menores ilhotas – não desembarcassem repetidas vezes na costa da América durante dez séculos ou mais. Como poderia o povo que encontrou o Havaí, a ilha de

---

1. R.E. Enthoven, *Folklore*, set 1925, p.224.

A "escola" difusionista

Páscoa e a Nova Zelândia não descobrir o vasto continente que se estendia de polo a polo?

Em suas memórias sobre *Copper and Bronze Ages in South America* [As eras do cobre e do bronze na América do Sul], o barão Nordenskiold chamou atenção recentemente para as similaridades do trabalho em metal no Peru e no Velho Mundo. Machados de cobre semelhantes àqueles encontrados no Camboja, Laos, Burma e península Malaia, no arquipélago Malaio, Tonkin, Yunnan e outros lugares da China foram descobertos no Peru. Diz-se que os machados em forma de T do Peru são muito similares àqueles feitos no Egito Antigo. Muitos outros objetos de cobre, como pinças, anzóis sem farpas, lâminas de enxada e certos tipos de enxada, enfatizam ainda mais a importância dessas semelhanças. Não apenas a forma, mas também os procedimentos técnicos para o fabrico desses utensílios de metal, estabelece a conexão cultural. O método de fundir conhecido como *cire perdue** era comum tanto no Velho Mundo quanto no Novo Mundo, e também a técnica de dourar e pratear. A verdade de qualquer teoria científica que não pode ser testada por experimento direto só pode ser estabelecida examinando-se evidências recém-descobertas e decidindo se elas se conformam ou não aos princípios estabelecidos.

QUESTÕES E TEMAS PARA DISCUSSÃO

1. Pesquise sobre a expedição Kon-Tiki, realizada em 1947 pelo norueguês Thor Heyerdahl, e comente sobre seus resultados, tendo em vista as teses difusionistas.
2. Discuta se, no mundo contemporâneo marcado pela interconexão global em tempo real, algumas ideias difusionistas voltariam a ter força.

LEITURAS SUGERIDAS

Heyerdahl, Thor. *A expedição Kon-Tiki*. Rio de Janeiro, José Olympio, 11ª ed., 2013.

---

* Literalmente, "cera perdida", método de fundição pelo qual um molde é feito a partir de cera que depois é derretida e substituída por outro material. (N.O.)

3. Franz Boas e o novo método da antropologia

Franz Boas (1858-1942) foi indiscutivelmente um dos fundadores da moderna antropologia. Nascido na Alemanha, estudou física, interessando-se também por geografia e antropologia física. Entre 1883 e 1884, passou um ano entre os esquimós da ilha de Baffin, no Canadá, convivendo em muitas de suas atividades diárias. Vale observar que ele viveu essa experiência 39 anos antes de Malinowski publicar seu famoso *Argonautas do Pacífico ocidental* (1922), no qual defendia a pesquisa de campo com observação participante como o método antropológico por excelência.

Em 1886, Boas mudou-se para os Estados Unidos. Realizou várias expedições etnográficas, visitando, entre outras tribos, a dos Kwakiutl (atualmente denominados Kwakwaka'wakw), que se tornariam um de seus grandes interesses de pesquisa. Em 1896, foi contratado para trabalhar na curadoria das coleções etnológicas do American Museum of Natural History, em Nova York. Começou também a dar aulas na Universidade Columbia, onde realizaria a maior parte de sua produção intelectual e orientaria alunos que se tornariam expoentes da antropologia norte-americana.

O texto aqui reproduzido, "As limitações do método comparativo da antropologia", foi lido em um encontro da American Association for the Advancement of Science (AAAS) em 1896. Trata-se de uma crítica contundente ao método do evolucionismo cultural – chamado por Boas, nesse texto, de "método comparativo" ou "novo método" –, à época doutrina dominante na antropologia. Para Boas, antes de supor que fenômenos aparentemente semelhantes pudessem ser atribuídos às mesmas causas, como faziam os evolucionistas, era preciso perguntar, para cada caso, se eles não teriam se desenvolvido independentemente, ou se não teriam sido transmitidos de um povo a outro.

O novo "método histórico", por ele defendido em oposição ao comparativo, exigia que se limitasse a comparação a um território restrito e bem-definido. A precondição para o estabelecimento de grandes generalizações teóricas e a busca de leis gerais seriam, portanto, o estudo de culturas tomadas individualmente e de regiões culturais delimitadas. Apenas após esse longo e árduo trabalho do estudo de muitas culturas é que se poderia avançar em terreno mais firme.

Ao contrário dos autores evolucionistas, que usavam as palavras cultura e sociedade humana no singular, Boas passou a usar cultura *no plural*. O objetivo da antropologia, nessa perspectiva, deixava de ser a reconstituição do grande caminho da evolução cultural humana, e se tornava a compreensão de culturas particulares, em suas especificidades. O importante passava a ser, segundo Boas, "o estudo detalhado de costumes em sua relação com a cultura total da tribo que os pratica".

AS LIMITAÇÕES DO MÉTODO COMPARATIVO DA ANTROPOLOGIA

Franz Boas

A antropologia moderna descobriu o fato de que a sociedade humana cresceu e se desenvolveu de tal maneira por toda parte, que suas formas, opiniões e ações têm muitos traços fundamentais em comum. Essa importante descoberta implica a existência de leis que governam o desenvolvimento da sociedade e que são aplicáveis tanto à nossa quanto às sociedades de tempos passados e de terras distantes; que seu conhecimento será um meio de compreender as causas que favorecem e retardam a civilização; e que, guiados por esse conhecimento, podemos ter a esperança de orientar nossas ações de tal modo que delas advenha o maior benefício para a humanidade. Desde que essa descoberta foi claramente formulada, a antropologia começou a receber o generoso quinhão de interesse público que lhe havia sido negado enquanto se acreditou que ela não poderia fazer mais do que registrar curiosos costumes e crenças de povos estranhos; ou, na melhor das hipóteses, retraçar suas relações e, dessa forma, elucidar as antigas migrações das raças e as afinidades entre os povos.

Embora os primeiros investigadores tenham concentrado sua atenção nesse problema puramente histórico, a tendência agora mudou completamente; assim, há até mesmo antropólogos que declaram que tais investigações pertencem ao historiador e que os estudos antropológicos devem limitar-se às pesquisas sobre as leis que governam o desenvolvimento da sociedade.

Uma alteração radical de método tem acompanhado essa mudança de pontos de vista. Enquanto, anteriormente, identidades ou similaridades culturais eram consideradas provas incontroversas de conexão histórica ou mesmo de origem comum, a nova escola se recusa a considerá-las como tal, interpretando-as como resultado do funcionamento uniforme da mente humana. O mais pronunciado adepto dessa visão em nosso país é o dr. D.G. Brinton, e, na Alemanha, a maioria dos seguidores de Bastian, que a esse respeito vão muito além do próprio mestre. Outros, embora não neguem a ocorrência de conexões históricas, consideram seus resultados e sua importância teórica insignificantes, quando comparados ao trabalho das leis uniformes que governam a mente humana. Tal é a visão da grande maioria dos antropólogos vivos.

Esse moderno ponto de vista está fundamentado na observação de que os mesmos fenômenos étnicos ocorrem entre os mais diversos povos, ou, como diz Bastian, na espantosa monotonia das ideias fundamentais da humanidade em todo o planeta. As noções metafísicas do homem podem ser reduzidas a poucos tipos que têm distribuição universal; o mesmo ocorre com relação às formas de sociedade, leis e invenções. Além disso, as ideias mais complicadas e aparentemente ilógicas e os costumes mais curiosos e complexos aparecem entre algumas poucas tribos aqui e ali, de tal maneira que fica excluída a suposição de uma origem histórica comum. Quando se estuda a cultura de uma tribo qualquer, podem ser encontrados traços análogos mais ou menos próximos de traços singulares de tal cultura numa grande diversidade de povos. Exemplos dessas analogias têm sido amplamente colecionados por Tylor, Spencer, Bastian, Andree, Post e muitos outros, sendo, portanto, desnecessário dar aqui qualquer prova detalhada desse fato. A ideia de uma vida futura; um mesmo xamanismo subjacente; invenções tais como o fogo e o arco; certas características elementares de estrutura gramatical – são elementos que sugerem o tipo de fenômenos aos quais me refiro. Dessas observações deduz-se que, quando encontramos traços de cultura singulares análogos entre povos distantes, pressupõe-se não que tenha havido uma fonte histórica comum, mas que eles se originaram independentemente.

A descoberta dessas ideias universais, contudo, é apenas o começo do trabalho do antropólogo. A indagação científica precisa responder a duas questões em relação a elas: primeiro, quais são suas origens? Segundo, como elas se afirmaram em várias culturas?

A segunda questão é a mais fácil de responder. As ideias não existem de forma idêntica por toda parte: elas variam. Tem-se acumulado material suficiente para mostrar que as causas dessas variações são tanto externas, isto é, baseadas no ambiente – tomando o termo ambiente em seu sentido mais amplo –, quanto internas, isto é, fundadas sobre condições psicológicas. A influência dos fatores externos e internos sobre ideias elementares corporifica um grupo de leis que governa o desenvolvimento da cultura. Portanto, nossos esforços precisam ser direcionados no sentido de mostrar como tais fenômenos modificam essas ideias elementares.

O primeiro método que se oferece, e que tem sido geralmente adotado pelos antropólogos modernos, é isolar e classificar causas, agrupando as variantes de certos fenômenos etnológicos de acordo com as condições externas sob as quais vivem os povos entre os quais elas são encontradas, ou de acordo com causas internas que influenciam as mentes desses povos; ou, inversamente, agrupando essas variantes de acordo com suas similaridades. Podem-se encontrar, assim, condições correlatas de vida.

Por esse método começamos a reconhecer, mesmo que ainda com conhecimento imperfeito dos fatos, que causas podem ter operado na formação da cultura humana. Friedrich Ratzel e W.J. McGee investigaram a influência do ambiente geográfico sobre uma base mais ampla de fatos do que Ritter e Guyot foram capazes de fazer em seu tempo. Os sociólogos têm feito importantes estudos sobre os efeitos da densidade populacional e de outras causas sociais simples. Desse modo, a influência de fatores externos sobre o desenvolvimento da sociedade está se tornando mais clara.

Da mesma maneira, também estão sendo estudados os efeitos dos fatores psíquicos. Stoll tentou isolar o fenômeno da sugestão e do hipnotismo e estudar os efeitos de sua presença nas culturas de vários povos. Investigações sobre as relações mútuas de tribos e povos começam a mostrar que certos elementos culturais são facilmente assimilados enquanto se rejeitam outros, e frases desgastadas a respeito da imposição cultural de um povo mais altamente civilizado sobre outro, de cultura inferior, que tenha sido conquistado, estão dando lugar a visões mais minuciosas sobre o tema do intercâmbio de realizações culturais. Em todas essas investigações estamos usando métodos sólidos e indutivos, a fim de isolar as causas dos fenômenos observados.

A outra questão a respeito das ideias universais, isto é, sobre sua origem, é muito mais difícil de tratar. Muitas tentativas têm sido feitas no sentido de descobrir as causas que levaram à formação de ideias "que se desenvolvem com necessidade férrea onde quer que o homem viva". Esse é o problema mais difícil da antropologia, e ainda por um longo tempo devemos esperar que ele frustre as nossas tentativas. Bastian nega que seja possível descobrir as fontes últimas de invenções, ideias, costumes e crenças que são de ocorrência universal. Elas podem ser autóctones ou importadas, podem ter se originado de várias causas, mas estão lá. A mente humana é formada de tal modo que as inventa espontaneamente ou aceita-as em qualquer ocasião em que lhe são oferecidas. Essa é a ideia elementar e muito mal compreendida de Bastian.

Em certa medida, a clara enunciação da ideia elementar nos dá a razão psicológica para sua existência. Exemplificando: o fato de que a terra das sombras seja tão frequentemente localizada no oeste sugere o esforço de situá-la no lugar em que o sol e as estrelas desaparecem. A mera declaração de que o homem primitivo considera os animais dotados de todas as qualidades humanas mostra que a analogia entre muitas qualidades dos animais e dos seres humanos leva à generalização de que todas as qualidades dos animais são humanas. Em outros exemplos as causas não são tão evidentes. Assim, é difícil responder por que todas as linguagens distinguem entre o eu, a pessoa com quem se fala e a pessoa de quem se fala, enquanto a maioria delas não estende essa distinção à forma plural. O princípio, quando utilizado consistentemente, exige que haja no plural uma distinção entre o "nós" que expressa o falante e a pessoa com quem se fala e o "nós" que expressa o falante e a pessoa de quem se fala – distinção encontrada apenas em relativamente poucas línguas. O menor risco de ocorrerem mal-entendidos no uso do plural em parte justifica esse fenômeno, embora dificilmente de modo adequado. Em outros casos, a base psicológica é ainda mais obscura – por exemplo, nos costumes matrimoniais amplamente difundidos. Prova da dificuldade da questão é a multiplicidade de hipóteses que têm sido inventadas para explicá-lo em todos os seus variados aspectos.

Quando se trata desse problema – o mais difícil da antropologia –, assume-se o ponto de vista de que, se um fenômeno etnológico desenvolveu-se independentemente em vários lugares, esse desenvolvimento é o mesmo em toda parte; ou, dito de outra forma, que os mesmos fenômenos etnológicos devem-se sempre às mesmas causas. Isso leva à generalização ainda mais ampla de que a semelhança de fenômenos etnológicos encontrados em diversas regiões é prova de que a mente humana obedece às mesmas leis em todos os lugares. É óbvio que essa generalização não se sustentaria, caso desenvolvimentos históricos diferentes pudessem conduzir aos mesmos resultados. Sua existência apresentaria para nós um problema inteiramente diverso: como desenvolvimentos culturais tão frequentemente levam aos mesmos resultados? É preciso compreender com clareza, portanto, que, quando compara fenômenos culturais similares de várias partes do mundo, a fim de descobrir a história uniforme de seu desenvolvimento, a pesquisa antropológica supõe que o mesmo fenômeno etnológico tenha se desenvolvido em todos os lugares da mesma maneira. Aqui reside a falha no argumento do novo método, pois essa prova não pode ser dada. Até o exame mais superficial mostra que os mesmos fenômenos podem se desenvolver por uma multiplicidade de caminhos.

Darei alguns exemplos. Tribos primitivas são quase universalmente divididas em clãs que possuem totens. Não pode haver dúvida de que essa forma de organização social surgiu repetidas vezes de modo independente. Certamente justifica-se a conclusão de que as condições psíquicas do homem favorecem a existência de uma organização totêmica da sociedade, mas daí não decorre que toda sociedade totêmica tenha se desenvolvido em todos os lugares da mesma maneira. O dr. Washington Matthews acredita que os totens dos Navajo tenham se originado pela associação de clãs independentes. O capitão Bourke presume que ocorrências similares deram origem aos clãs dos Apache; e o dr. Fewkes chegou à mesma conclusão com relação a algumas tribos Pueblo. Por outro lado, temos prova de que os clãs podem se originar por divisão. Eu mostrei que tais eventos ocorreram entre os índios da costa norte do Pacífico. Associação de pequenas tribos, por um lado, e desintegração de tribos que aumentaram de tamanho, por outro, têm levado a resultados que em tudo parecem idênticos.

Para dar outro exemplo: investigações recentes sobre arte primitiva têm mostrado que os desenhos geométricos originaram-se algumas vezes de formas naturalistas que foram gradualmente convencionalizadas, outras vezes, a partir de motivos técnicos, e ainda em outros casos, eram geométricos desde a origem, ou que derivaram de símbolos. As mesmas formas se desenvolveram a partir de todas essas fontes. Com base em desenhos representando diversos objetos surgiram, no curso do tempo, gregas, meandros, cruzes etc. Portanto, a ocorrência frequente dessas formas não prova nem uma origem comum, nem que elas tenham sempre se desenvolvido de acordo com as mesmas leis psíquicas. Pelo contrário, o mesmo resultado pode ter sido alcançado por quatro linhas diferentes de desenvolvimento e de um número infinito de pontos de partida.

Mais um exemplo pode ser oportuno. O uso de máscaras é encontrado num grande número de povos. A origem do costume não é absolutamente clara em todos os casos, mas podem-se distinguir com facilidade algumas formas típicas de uso. As máscaras são usadas para enganar os espíritos quanto à identidade daquele que as usa. O espírito da doença que pretende atacar a pessoa não a reconhece quando ela está de máscara, e esta serve, assim, como proteção. Em outros casos a máscara representa um espírito personificado pelo mascarado, que, dessa forma, afugenta outros espíritos hostis. Outras máscaras, ainda, são comemorativas. O mascarado encarna uma pessoa morta cuja memória deve ser relembrada. Máscaras também são empregadas em representações teatrais para ilustrar incidentes mitológicos.

Esses poucos dados bastam para mostrar que o mesmo fenômeno étnico pode se desenvolver a partir de diferentes fontes. Quanto mais simples o fato observado, mais provável é que ele possa ter se desenvolvido de uma fonte aqui e de outra ali.

Desse modo, reconhecemos que a suposição fundamental tão frequentemente formulada pelos antropólogos modernos não pode ser aceita como verdade em todos os casos. Não se pode dizer que a ocorrência do mesmo fenômeno sempre se deve às mesmas causas, nem que ela prove que a mente humana obedece às mesmas leis em todos os lugares. Temos que exigir que as causas a partir das quais o fenômeno se desenvolveu sejam investigadas, e que as comparações se restrinjam àqueles fenômenos que se provem ser efeitos das mesmas causas. Devemos insistir para que essa investigação seja preliminar a todos os estudos comparativos mais amplos. Nas pesquisas sobre sociedades tribais, aquelas que se desenvolveram por associação precisam ser tratadas separadamente das que se desenvolveram por desintegração. Desenhos geométricos originados de representações convencionalizadas de objetos naturais precisam ser tratados à parte com relação àqueles que se originaram de motivos técnicos. Em suma, antes de se tecerem comparações mais amplas, é preciso comprovar a comparabilidade do material.

Os estudos comparativos a que me refiro tentam explicar costumes e ideias de notável similaridade encontradas aqui e ali. Mas eles também têm o plano mais ambicioso de descobrir as leis e a história da evolução da sociedade humana. O fato de que muitos aspectos fundamentais da cultura sejam universais – ou que pelo menos ocorram em muitos lugares isolados –, quando interpretados segundo a suposição de que os mesmos aspectos devem ter se desenvolvido sempre a partir das mesmas causas, leva à conclusão de que existe um grande sistema pelo qual a humanidade se desenvolveu em todos os lugares, e que todas as variações observadas não passam de detalhes menores dessa grande evolução uniforme. É claro que essa teoria tem como base lógica a suposição de que os mesmos fenômenos devem-se sempre às mesmas causas. ...

Vimos que os fatos não favoreceram absolutamente a suposição da qual aqui falamos; muito pelo contrário, eles apontam na direção oposta. Dessa maneira, devemos também considerar que todas as engenhosas tentativas de construção de um grande sistema da evolução da sociedade têm valor muito duvidoso, a menos que se prove também que os mesmos fenômenos tiveram sempre a mesma origem. Até que isso seja feito, o pressuposto mais aceitável é que o desenvolvimento histórico pode ter seguido cursos variados.

É bom reafirmar, nesse momento, um dos objetivos principais da pesquisa antropológica. Concordamos que existam certas leis governando o desenvolvimento da cultura humana e nos empenhamos para descobri-las. O objetivo de nossa investigação é descobrir os *processos* pelos quais certos estágios culturais se desenvolveram. Os costumes e as crenças, em si mesmos, não constituem a finalidade última da pesquisa. Queremos saber as razões pelas quais tais costumes e crenças existem – em outras palavras, desejamos descobrir a história de seu desenvolvimento. O método atualmente mais aplicado em investigações dessa natureza compara as variações sob as quais os costumes e as crenças ocorrem e se esforça por encontrar a causa psicológica comum subjacente a todos eles. Afirmei que esse método está sujeito a uma objeção fundamental.

Temos outro método que em muitos aspectos é bem mais seguro. O estudo detalhado de costumes em sua relação com a cultura total da tribo que os pratica, em conexão com uma investigação de sua distribuição geográfica entre tribos vizinhas, propicia-nos quase sempre um meio de determinar com considerável precisão as causas históricas que levaram à formação dos costumes em questão e os processos psicológicos que atuaram em seu desenvolvimento. Os resultados das investigações conduzidas por esse método podem ser tríplices. Eles podem revelar as condições ambientais que criaram ou modificaram os elementos culturais; esclarecer fatores psicológicos que atuaram na configuração da cultura; ou nos mostrar os efeitos que as conexões históricas tiveram sobre o desenvolvimento da cultura.

Nesse método, temos um meio de reconstruir a história do desenvolvimento das ideias com uma precisão muito maior do que aquela permitida pelas generalizações do método comparativo. Este precisa sempre proceder a partir de um modo hipotético de desenvolvimento, cuja probabilidade pode ser avaliada, com maior ou menor precisão, por meio de dados observados. Mas até agora ainda não vi qualquer tentativa mais ampla de provar a correção de uma teoria testando-a por desenvolvimentos com cujas histórias estamos familiarizados. Amarrar fenômenos na camisa de força de uma teoria é o oposto do processo indutivo, pelo qual se podem derivar as relações reais de fenômenos definidos.

Este último é o muito ridicularizado método histórico. Decerto sua maneira de proceder não é mais a dos primeiros tempos, quando similaridades superficiais entre culturas eram consideradas provas de relacionamento entre elas, embora o método reconheça devidamente os resultados obtidos pelos estudos comparativos. Sua aplicação se baseia, em primeiro lugar, num território geográfico pequeno e bem definido, e suas comparações não são estendidas além dos limites da área cultural que forma a base de estudo. Apenas quando se obtiverem resultados definidos com relação a essa área será lícito estender o horizonte além desses limites. No entanto, é preciso tomar o máximo de cuidado para não proceder muito apressadamente, pois do contrário a proposição fundamental que formulei anteriormente poderia ser ignorada – isto é, que, quando encontramos analogia de traços singulares de cultura entre povos distantes, não devemos supor que tenha havido uma causa histórica comum, mas que eles tenham se originado independentemente. Desse modo, a investigação precisa procurar sempre a continuidade de distribuição como uma das condições essenciais para provar a conexão histórica, e a suposição de elos perdidos deve ser aplicada o mais parcimoniosamente possível.

Essa nítida distinção entre o novo e o antigo método histórico tem sido frequentemente ignorada pelos defensores apaixonados do método comparativo. Eles não consideram as diferenças entre o uso indiscriminado de similaridades culturais para provar uma conexão histórica e o estudo lento, cuidadoso e detalhado de fenômenos locais. Já não acreditamos mais que semelhanças superficiais entre culturas da América Central e da Ásia Oriental são prova satisfatória e suficiente de uma conexão histórica. Por outro lado, nenhum observador imparcial negará que há fortes razões para se acreditar que um número limitado de elementos culturais encontrados no Alasca e na Sibéria têm uma origem comum. As similaridades de invenções, costumes e crenças, somadas à continuidade de sua distribuição numa área limitada, são provas satisfatórias de que essa opinião está correta. Mas não é possível estender essa área com segurança além dos limites do rio Columbia, na América do Norte, e do norte do Japão, na Ásia. Esse método de pesquisa antropológica é representado em nosso país por F.W. Putnam e Otis T. Mason; na Inglaterra, por E.B. Tylor; na Alemanha, por Friedrich Ratzel e seus seguidores.

Parece necessário dizer aqui algo em relação a uma objeção a meus argumentos, que será levantada por pesquisadores que defendem a similaridade de ambiente geográfico como causa suficiente para a similaridade cultural – o que valeria dizer, por exemplo, que as condições geográficas das planícies da bacia do Mississippi tornam inevitável o desenvolvimento de uma determinada cultura. Horatio Hale chega mesmo a ponto de acreditar que as similaridades de formas de linguagem podem ser atribuídas a causas ambientais. O meio ambiente exerce um efeito limitado sobre a cultura humana, mas não vejo fatos que possam sustentar a visão de que ele é o modelador primário da cultura. Uma rápida revisão de povos e tribos do nosso planeta mostra que os povos mais diversos em termos de cultura e linguagem vivem sob as mesmas condições geográficas, como se pode comprovar na etnografia da África Oriental ou da Nova Guiné. Em ambas as regiões encontra-se uma grande diversidade de costumes em áreas pequenas.

Muito mais importante é que não há qualquer dado observado em apoio a essa hipótese que não seja muito mais bem explicado pelos fatos bastante conhecidos da difusão cultural, pois tanto a arqueologia quanto a etnografia nos ensinam que o intercâmbio entre tribos vizinhas sempre existiu e estendeu-se sobre áreas imensas. No Velho Mundo, produtos do Báltico chegaram ao

Mediterrâneo, e artesanato do Mediterrâneo Oriental atingiu a Suécia. Na América do Norte, conchas marinhas foram encontradas nas partes mais interiores do continente, e obsidianas do oeste foram levadas para Ohio. Casamentos intertribais, guerra, escravidão e comércio têm sido algumas das muitas fontes de constante introdução de elementos culturais estrangeiros, de maneira que uma assimilação cultural deve ter ocorrido sobre áreas contínuas. Desse modo, parece-me que, onde não se pode comprovar uma influência imediata do meio ambiente sobre tribos vizinhas, a suposição deve ser sempre em favor da conexão histórica entre elas. Houve um tempo de isolamento durante o qual os principais traços de diversas culturas se desenvolveram em conformidade com a cultura anterior e o meio ambiente das tribos. Mas os estágios culturais que representam esse período foram encobertos por tantas coisas novas que se devem ao contato com tribos estrangeiras, que eles não podem ser descobertos sem o mais minucioso isolamento de tais elementos alienígenas.

Os resultados imediatos do método histórico são, assim, histórias das culturas de diversas tribos tomadas como objeto de estudo. Concordo plenamente com os antropólogos que reivindicam não ser este o propósito último de nossa ciência, porque as leis gerais, embora implícitas em tal descrição, não podem ser claramente formuladas, nem seu valor relativo apreciado, sem uma comparação completa dos modos pelos quais elas se tornam manifestas em diferentes culturas. Mas insisto em que a aplicação desse método é a condição indispensável de um progresso sólido. O problema psicológico está contido nos resultados da investigação histórica. Quando esclarecemos a história de uma única cultura e compreendemos os efeitos do meio e das condições psicológicas que nela se refletem, damos um passo adiante, pois podemos então investigar o quanto essas ou outras causas contribuíram para o desenvolvimento de outras culturas. Assim, quando comparamos histórias de desenvolvimento, podemos descobrir leis gerais. Esse método é muito mais seguro do que o comparativo, tal como ele é usualmente praticado, porque, em lugar de uma hipótese sobre o modo de desenvolvimento, a história real forma a base de nossas deduções.

A investigação histórica deve ser o teste crítico demandado pela ciência antes que ela admita os fatos como evidências. A comparabilidade do material coletado precisa ser testada por esse meio, e cumpre exigir a uniformidade dos processos como prova de comparabilidade. Além disso, quando se pode comprovar que há uma conexão histórica entre dois fenômenos, estes não devem ser aceitos como evidências independentes.

Em alguns poucos casos, os resultados imediatos desse método são de escopo tão amplo que equivalem aos melhores resultados obtidos pelos estudos comparativos. Alguns fenômenos têm uma distribuição tão extensa, que a descoberta de sua ocorrência em grandes áreas contínuas prova de imediato que certos aspectos da cultura dessas áreas espalharam-se a partir de uma mesma fonte. Assim foram esclarecidos vastos períodos da pré-história da humanidade. Quando Edward S. Morse demonstrou que certas maneiras de atirar flechas são peculiares a continentes inteiros, tornou-se imediatamente claro que a prática comum encontrada numa vasta área certamente deve ter tido uma origem comum. Quando os polinésios empregam um método de fazer fogo que consiste em esfregar um graveto num sulco, enquanto quase todos os outros povos usam a broca de fogo, isso mostra que suas técnicas de produção do fogo têm uma única origem. Quando sabemos que o ordálio é encontrado em certas formas peculiares por toda a África, enquanto nas partes do mundo habitado distantes da África não é encontrado em absoluto, ou apenas em formas rudimentares, isso mostra que a ideia, tal como é praticada na África, teve uma origem única.

A grande e importante função do método histórico da antropologia parece-nos residir, portanto, em sua habilidade para descobrir os processos que, em casos definidos, levam ao desenvolvimento de certos costumes. Se a antropologia deseja estabelecer as leis que governam o desenvolvimento da cultura, ela não pode se limitar a comparar apenas os resultados desse desenvolvimento; sempre que possível, deve comparar os processos de desenvolvimento, que podem ser descobertos por intermédio de estudos das culturas de pequenas áreas geográficas.

Vimos assim que o método comparativo somente pode ter a esperança de atingir os efeitos pelos quais tem se empenhado quando basear suas investigações nos resultados históricos de pesquisas dedicadas a esclarecer as complexas relações de cada cultura individual. O método comparativo e o método histórico, se posso usar esses termos, têm lutado pela supremacia há muito tempo, mas podemos esperar que cada um deles logo encontre sua função e seu lugar apropriados. O método histórico atingiu uma base mais sólida ao abandonar o princípio enganoso de supor conexões onde quer que se encontrem similaridades culturais. O método comparativo, não obstante tudo o que se vem escrevendo e dizendo em seu louvor, tem sido notavelmente estéril com relação a resultados definitivos. Acredito que ele não produzirá frutos enquanto não renunciarmos ao vão propósito de construir uma história sistemática uniforme da evolução da cultura, e enquanto não começarmos a fazer nossas comparações sobre bases mais amplas e sólidas, que me aventurei a esboçar. Até agora temos nos divertido demais com devaneios mais ou menos engenhosos. O trabalho sólido ainda está todo à nossa frente.

QUESTÕES E TEMAS PARA DISCUSSÃO

1. Discuta os pontos centrais da crítica de Boas ao evolucionismo, por ele chamado de "método comparativo". Observe como a classificação de diferentes elementos culturais tomados de todos os lugares do mundo passava a ser criticada como etnocêntrica, como fruto de uma perspectiva prisioneira dos pressupostos e valores da cultura do observador.

2. Comente a seguinte afirmação de Gilberto Freyre, no prefácio de *Casa-grande & senzala* (1933): "O professor Franz Boas é a figura de mestre de que me ficou até hoje maior impressão. ... Foi o estudo de antropologia sob a orientação do professor Boas que primeiro me revelou o negro e o mulato no seu justo valor – separados dos traços de raça os efeitos do ambiente ou da experiência cultural. Aprendi a considerar fundamental a diferença entre raça e cultura; a discriminar entre os efeitos de relações puramente genéticas e os de influências sociais, de herança cultural e de meio. Neste critério de diferenciação fundamental entre raça e cultura assenta todo o plano deste ensaio. Também no da diferenciação entre hereditariedade de raça e hereditariedade de família."

LEITURAS SUGERIDAS

Boas, Franz. *Antropologia cultural*. Organização de Celso Castro. Rio de Janeiro, Zahar, 2004.

_____. *A mente do ser humano primitivo*. Petrópolis, Vozes, 2ª ed., 2011.

_____. *Arte primitiva*. Rio de Janeiro, Mauad, 2015.

4. Durkheim e as formas elementares da vida social

O francês Émile Durkheim (1858-1917) foi um dos "pais fundadores" da sociologia como disciplina científica, personagem fundamental de sua "institucionalização" na França – isto é, da criação, formalização e continuidade da sociologia no espaço acadêmico. Durkheim ocupou a primeira cadeira universitária com esse nome (em Bordéus, 1887) e fundou, em 1896, o *L'Année sociologique* [Anuário sociológico], que se tornou a principal revista de sociologia da França, divulgando o pensamento da "escola" durkheimiana, que teve muitos discípulos. Dentre eles, o principal foi seu sobrinho Marcel Mauss, também incluído nesta coletânea.

Embora nunca tenha se apresentado como antropólogo (ou "etnólogo", na tradição francesa), Durkheim também aparece com destaque na história da antropologia por conta dos estudos que fez a partir da bibliografia disponível à época sobre os povos "primitivos". O artigo "Algumas formas primitivas de classificação: contribuição ao estudo das representações coletivas", escrito em parceria com Mauss e publicado em 1903, pode ser considerado o marco de uma nova "fase" na obra de Durkheim, que culmina na publicação de *As formas elementares da vida religiosa: o sistema totêmico na Austrália* em 1912, livro do qual foi extraído o texto a seguir.

É importante notar que, à época, as sociedades aborígines australianas eram geralmente consideradas as mais "primitivas" existentes, dentro da perspectiva evolucionista então predominante. Nesse sentido, seriam sociedades mais simples, menos diferenciadas e de menor complexidade do que todas as demais. O método utilizado por Durkheim permitiria, assim, apreender melhor, através do estudo dessas sociedades, as características gerais da vida social presentes não apenas nelas, mas em toda e qualquer sociedade humana. Seu objetivo, portanto, é bastante abrangente, buscando fundar uma teoria geral aplicável a toda a humanidade.

Vale observar que outros autores importantes também se utilizaram do mesmo universo etnográfico australiano, igualmente com objetivos de longo alcance. Sigmund Freud, por exemplo, em *Totem e tabu: algumas concordâncias entre a vida psíquica dos homens primitivos e dos neuróticos*, de 1913, analisou a gênese dos totens australianos – animais, plantas ou objetos naturais cultuados como símbolos ancestrais de um determinado grupo – e dos tabus – proibições ou interdições de origem social – em busca da compreensão de elementos primordiais da psique humana.

O trecho selecionado trata dos ritos comemorativos dessas sociedades – os ritos "positivos", que estabelecem como devem ser as relações dos indivíduos e do grupo diante do sagrado, diferentemente dos "ritos negativos", que visam a limitar o contato entre o sagrado e o profano através de tabus e interdições. Durkheim critica a ideia de que os ritos visam a obter uma eficácia prática (por exemplo, contribuir para a reprodução da espécie totêmica) e diz que seu objetivo é de ordem moral, pois é através deles (e, por extensão, de toda a vida religiosa) que o grupo se afirma e se mantém.

OS RITOS REPRESENTATIVOS OU COMEMORATIVOS

Émile Durkheim

A explicação dos ritos positivos atribui-lhes uma significação antes de tudo moral e social. A eficácia física que o fiel lhes reconhece seria o produto de uma interpretação que dissimularia sua razão de ser essencial: é por servirem para refazer moralmente os indivíduos e os grupos que se considera que eles exercem uma ação sobre as coisas. Mas, se essa hipótese nos permitiu explicar fatos, não se pode dizer que tenha sido diretamente demonstrada; à primeira vista, ela parece inclusive conciliar-se bastante mal com a natureza dos mecanismos rituais que analisamos. Quer consistam em oblações, quer em práticas imitativas, os gestos de que são feitos esses ritos visam fins puramente materiais; eles têm ou parecem ter unicamente por objeto fazer com que a espécie totêmica se reproduza. Nessas condições, não surpreende que seu verdadeiro papel seja servir a fins morais?

É verdade que sua função física poderia ter sido exagerada por Spencer e Gillen,* mesmo nos casos em que ela é mais incontestável. Segundo esses autores, cada clã celebraria seu Intichiuma** tendo em vista assegurar aos

---

* Francis James Gillen (1855-1912) e Walter Baldwin Spencer (1860-1929) produziram, entre a última década do século XIX e a primeira do século XX, o principal corpus etnográfico existente sobre os aborígines australianos. (N.O.)

** Cerimônias mágicas dos aborígines australianos relacionadas aos totens de seus clãs. (N.O.)

outros clãs um alimento útil, e todo o culto consistiria numa espécie de cooperação econômica dos diferentes grupos totêmicos; cada um trabalharia para todos os demais. Mas, de acordo com Strehlow,* essa concepção do totemismo australiano seria completamente estranha à mentalidade indígena. Diz ele:

> Se os membros de um grupo totêmico, ao se esforçarem por multiplicar os animais ou as plantas da espécie consagrada, parecem trabalhar para seus companheiros dos outros totens, cumpre não ver nessa colaboração o princípio fundamental do totemismo arunta ou loritja. Jamais os negros me disseram espontaneamente que tal era a finalidade de suas cerimônias. Certamente, quando eu lhes sugeria e expunha essa ideia, eles a compreendiam e concordavam com ela. Mas ninguém há de me censurar por desconfiar um pouco de respostas obtidas nessas condições.

Strehlow observa, aliás, que essa maneira de interpretar o rito é contestada pelo fato de nem todos os animais ou vegetais totêmicos serem comestíveis ou úteis; há alguns que não servem para nada; há inclusive alguns perigosos. As cerimônias que lhes dizem respeito não poderiam, portanto, ter fins alimentares.

"Quando", conclui nosso autor, "se pergunta aos indígenas qual a razão determinante dessas cerimônias, eles são unânimes em responder: é que os antepassados instituíram as coisas assim. Eis por que agimos dessa maneira, e não de outra." Mas dizer que o rito é observado porque procede dos antepassados é reconhecer que sua autoridade se confunde com a autoridade da tradição, coisa social em primeiro lugar. Celebram-no para permanecer fiéis ao passado, para preservar a fisionomia moral da coletividade, e não pelos efeitos físicos que ele pode produzir. Assim, a maneira mesma pela qual os fiéis o explicam deixa transparecer as razões profundas das quais procede.

Mas há casos em que esse aspecto das cerimônias é imediatamente aparente.

I.

É entre os Warramunga que isso pode ser mais bem observado.

Nesse povo, cada clã descenderia de um mesmo e único antepassado que, nascido num local determinado, teria passado sua existência terrestre

---

* Carl Strehlow (1871-1922), missionário protestante nascido na Prússia que, a partir de 1892, viveu entre tribos australianas, publicando extensamente sobre sua língua e cultura. (N.O.)

Durkheim e as formas elementares da vida social

a percorrer a terra em todos os sentidos. Ele é que lhe teria dado, ao longo dessas viagens, a forma que apresenta atualmente: teria feito as montanhas e as planícies, as fontes e os riachos etc. Ao mesmo tempo, ele semeava em seu caminho germes vivos que se soltavam de seu corpo e se transformaram, ao cabo de sucessivas reencarnações, nos membros atuais do clã. Ora, a cerimônia que, entre os Warramunga, corresponde exatamente ao Intichiuma dos Arunta tem por objeto comemorar e representar a história mítica do antepassado. Não se trata nem de oblação nem, salvo um único caso, de práticas miméticas. O rito consiste unicamente em relembrar o passado e torná-lo presente, de certo modo, por meio de uma verdadeira representação dramática. A palavra é ainda mais oportuna por não ser o oficiante, nesse caso, de maneira nenhuma considerado uma encarnação do antepassado que representa: ele é um ator que representa um papel.

Eis, a título de exemplo, em que consiste o Intichiuma da cobra-preta, tal como o observaram Spencer e Gillen.

Uma primeira cerimônia não parece se referir ao passado; pelo menos, a descrição que nos é dada não autoriza a interpretá-la nesse sentido. Ela consiste em corridas e em saltos que executam dois oficiantes, ornamentados de desenhos que representam a cobra-preta. Quando, finalmente, caem exaustos no chão, os assistentes passam suavemente a mão sobre os desenhos emblemáticos que cobrem as costas dos dois atores. Diz-se que esse gesto agrada à cobra-preta. Só depois disso começa a série de cerimônias comemorativas.

Elas põem em ação a história mítica do antepassado Thalaualla, desde que saiu do chão até o momento em que definitivamente retornou a ele. Acompanham-no através de todas as suas viagens. Em cada uma das localidades onde residiu, ele celebrou, segundo o mito, cerimônias totêmicas; estas são repetidas na mesma ordem em que teriam transcorrido na origem. O movimento que retoma com mais frequência consiste numa espécie de tremor ritmado e violento do corpo inteiro: é que o antepassado se agitava assim nos tempos míticos para fazer soltar os germes de vida nele contidos. Os atores têm a pele coberta de uma penugem que, com esses estremecimentos, solta-se e espalha-se no ar; é uma maneira de figurar a liberação desses germes míticos e sua dispersão no espaço.

Lembramos que, entre os Arunta, o local onde se desenrola a cerimônia é ritualmente determinado: é o lugar onde se acham as pedras, as árvores, os remoinhos sagrados, e os fiéis devem se transportar até lá para celebrar o culto. Entre os Warramunga, ao contrário, o terreno cerimonial é escolhido arbitrariamente por razões de oportunidade. É um cenário convencional. Só que o lugar onde se passaram os acontecimentos cuja reprodução constitui o tema do rito é, nesse caso, representado por meio de desenhos. Às vezes, esses desenhos são executados no corpo mesmo dos atores. Por exemplo, um pequeno círculo colorido de vermelho, pintado nas costas e no estômago, representa um remoinho. Noutros casos, é no chão que a imagem é traçada. Na terra, previamente umedecida e coberta de ocre vermelho, desenham-se linhas curvas, formadas por séries de pontos brancos que simbolizam um riacho ou uma montanha. Trata-se de um começo de cenário.

Além das cerimônias propriamente religiosas que o antepassado teria celebrado outrora, representam-se simples episódios épicos ou cômicos de sua carreira terrestre. Assim, num dado momento, enquanto três atores estão em cena, ocupados num rito importante, um outro dissimula-se atrás de umas árvores situadas a certa distância. Em volta de seu pescoço está amarrado um maço de penugens que representa um *wallaby*.* Assim que a cerimônia principal termina, um velho traça no chão uma linha que se dirige ao lugar onde se oculta o quarto ator. Os outros marcham atrás, de olhos baixos e fixos nessa linha, como se seguissem uma pista. Ao descobrirem o homem, assumem ar de espanto, e um deles bate-lhe com um bastão. Toda essa mímica representa um incidente da vida da grande cobra-preta. Um dia, seu filho saiu sozinho para caçar, pegou um *wallaby* e o comeu sem dar nada a seu pai. Este último seguiu suas pegadas, surpreendeu-o e o fez vomitar à força; é a isso que faz alusão a cacetada que encerra a representação.

Não mencionaremos aqui todos os acontecimentos míticos que são sucessivamente representados. Os exemplos que precedem bastam para mostrar qual o caráter dessas cerimônias: eles são dramas, mas de um gênero muito particular: eles agem, ou pelo menos acredita-se que ajam, sobre o curso da natureza. Quando a comemoração do Thalaualla termina, os Warramunga estão convencidos de que as cobras-pretas não podem deixar de crescer e se multiplicar. Esses dramas são, portanto, ritos, aliás, ritos perfeitamente comparáveis, pela natureza de sua eficácia, aos que constituem o Intichiuma dos Arunta.

Assim, ambos são capazes de se esclarecer mutuamente. Aliás, é ainda mais legítimo aproximá-los na medida em que entre eles não há solução de continuidade. Não somente o objetivo perseguido é o mesmo nos dois casos, como também o que há de mais característico no ritual warramunga encontra-se já no outro em estado de germe. O Intichiuma, tal como o praticam geralmente os Arunta, contém em si, de fato, uma espécie de comemoração implícita. Os locais onde é celebrado são, obrigatoriamente, aqueles glori-

---

* Designação genérica dada a várias espécies de marsupiais, aparentados aos cangurus, porém de menor tamanho. (N.O.)

Durkheim e as formas elementares da vida social

ficados pelos antepassados. Os caminhos por onde passam os fiéis em suas piedosas peregrinações são aqueles que os heróis do Alcheringa percorreram; os lugares onde se detêm para proceder aos ritos são aqueles onde os próprios antepassados residiram, onde desapareceram no solo etc. Tudo, portanto, chama a lembrança deles ao espírito dos assistentes. Além disso, aos ritos manuais juntam-se com frequência cantos que narram os feitos ancestrais. Se essas narrativas, em vez de serem ditas, forem representadas por gestos, se, sob essa nova forma, se desenvolverem de modo a se tornar a parte essencial da cerimônia, teremos a cerimônia dos Warramunga. E mais: o Intichiuma arunta já é, sob certo aspecto, uma espécie de representação.

Na verdade, o oficiante identifica-se com o antepassado do qual descendeu e que ele reencarna. Os gestos que faz são os que fazia esse antepassado nas mesmas circunstâncias. Para falar com exatidão, decerto ele não representa o personagem ancestral como o faria um ator: ele é esse próprio personagem. O fato é que, num certo sentido, é o herói que ocupa a cena. Para que o caráter representativo do rito se acentue, bastará que a dualidade do antepassado e do oficiante se mostre ainda mais: é precisamente o que acontece entre os Warramunga. Mesmo entre os Arunta, cita-se pelo menos um Intichiuma em que certas pessoas são encarregadas de representar antepassados com os quais não têm nenhuma relação de filiação mítica e no qual, portanto, há representação dramática propriamente dita: é o Intichiuma da Ema. Nesse caso, igualmente, e ao contrário do que costuma ocorrer entre esse povo, o palco da cerimônia parece ser disposto artificialmente.

Do fato de essas duas espécies de cerimônias, apesar das diferenças que as separam, terem certo parentesco, não se deduz que haja entre elas uma relação definida de sucessão, que uma seja uma transformação da outra. Pode muito bem ocorrer que as semelhanças assinaladas se devam a uma mesma fonte para ambas, isto é, a uma mesma cerimônia original da qual elas seriam modalidades divergentes. Veremos inclusive que essa hipótese é a mais provável. Mas, sem que seja necessário tomar um partido sobre essa questão, o que precede é suficiente para estabelecer que se trata de ritos da mesma natureza. Estamos, pois, autorizados a compará-los e a servir-nos de um para nos ajudar a melhor compreender o outro.

Ora, o que há de particular nas cerimônias warramunga de que acabamos de falar é que nelas não é feito nenhum gesto cujo objetivo seja ajudar ou provocar diretamente a espécie totêmica a se reproduzir. Se analisarmos os movimentos efetuados, assim como as palavras pronunciadas, geralmente não encontramos nada que revele alguma intenção desse gênero. Tudo transcorre em representações que se destinam apenas a tornar presente aos espíritos o passado mítico do clã. Mas a mitologia de um grupo é o conjunto das crenças comuns a esse grupo. O que exprimem as tradições cuja lembrança ela perpetua é a maneira pela qual a sociedade concebe o homem e o mundo; trata-se de uma moral e de uma cosmologia, e ao mesmo tempo uma história. O rito, portanto, só serve e só pode servir para manter a vitalidade dessas crenças, para impedir que elas se apaguem das memórias, em suma, para revivificar os elementos mais essenciais da consciência coletiva. Através dele, o grupo reanima periodicamente o sentimento que tem de si mesmo e de sua unidade; ao mesmo tempo, os indivíduos são revigorados em sua natureza de seres sociais. As gloriosas lembranças que fazem reviver diante de seus olhos e das quais eles se sentem solidários dão-lhes uma impressão de força e de confiança: as pessoas ficam mais seguras em sua fé quando veem a que passado longínquo ela remonta e os grandes feitos que inspirou. É esse caráter da cerimônia que a torna instrutiva. Toda ela tende a agir sobre as consciências, e somente sobre elas. Portanto, embora se acredite que ela age sobre as coisas, que ela assegura a prosperidade da espécie, isso só pode ocorrer por um reflexo da ação moral que ela exerce e que, sem a menor dúvida, é a única real. Assim, a hipótese que propusemos se acha verificada por uma experiência significativa, e a verificação é tanto mais probatória por não haver, como acabamos de mostrar, nenhuma diferença de natureza entre o sistema ritual dos Warramunga e o dos Arunta. Um apenas põe mais claramente em evidência o que já havíamos conjeturado do outro.

II.

Mas existem cerimônias em que esse caráter representativo e idealista é ainda mais acentuado.

Naquelas que acabamos de mencionar, a representação dramática não se realizava por si mesma, mas era apenas um meio em vista de um fim inteiramente material: a reprodução da espécie totêmica. Há outras, contudo, que não diferem especificamente das precedentes, apesar de qualquer preocupação desse gênero estar ausente. Nelas, representa-se o passado com o único objetivo de representá-lo, de gravá-lo mais profundamente nos espíritos, sem que se espere do rito nenhuma ação determinada sobre a natureza. Pelo menos os efeitos físicos às vezes atribuídos a elas são totalmente secundários e sem relação com a importância litúrgica que lhes é dada.

Esse é o caso, em particular, das festas que os Warramunga celebram em honra da serpente Wollunqua.

A Wollunqua, como já dissemos, é um totem de um gênero muito particular. Não é uma espécie animal ou vegetal, mas um ser único: só existe uma

Wollunqua. Além disso, esse ser é puramente mítico. Os indígenas o concebem como uma espécie de serpente gigantesca, cujo tamanho é tal que, quando se ergue sobre o rabo, sua cabeça se perde nas nuvens. Ela reside, acredita-se, num remoinho chamado Thapauerlu que se esconde no fundo de um vale solitário. Mas, embora se diferencie sob certos aspectos dos totens ordinários, ela possui todos os caracteres distintivos deles. Serve de nome coletivo e de emblema a um grupo de indivíduos que veem nela seu antepassado comum, e as relações que estes mantêm com esse animal mítico são idênticas àquelas que os membros dos outros totens acreditam manter com os fundadores de seus respectivos clãs. No tempo do Alcheringa, a Wollunqua percorria a terra em todos os sentidos. Nas diferentes localidades onde se detinha, formava um enxame de *spirit-children*, princípios espirituais que servem ainda de almas aos vivos de hoje. A Wollunqua é considerada inclusive uma espécie de totem eminente. Os Warramunga estão divididos em duas fratrias chamadas Uluuru e Kingilli. Quase todos os totens da primeira são cobras de espécies diferentes. Ora, todas elas são tidas por descendentes da Wollunqua; diz-se que ela é sua avó.

Pode-se entrever por aí de que maneira, muito provavelmente, o mito da Wollunqua se originou. Para explicar a presença numa mesma fratria de tantos totens similares, imaginou-se que todos eram derivados de um mesmo e único totem; só que foi necessário atribuir-lhe formas gigantescas a fim de que, por seu próprio aspecto, estivesse de acordo com o papel considerável que desempenhava na história da tribo.

Ora, a Wollunqua é objeto de cerimônias que não diferem em natureza das que anteriormente estudamos. Trata-se de cerimônias em que são figurados os principais acontecimentos de sua vida fabulosa. Mostram-na saindo da terra, passando de uma localidade a outra; representam-se os diversos episódios de suas viagens etc. Spencer e Gillen assistiram a quinze cerimônias desse tipo que se sucederam de 27 de julho a 23 de agosto, encadeando-se umas nas outras segundo uma ordem determinada, de maneira a formar um verdadeiro ciclo. Pelo detalhe dos ritos que a constituem, essa longa festa não se distingue do Intichiuma comum dos Warramunga, conforme reconhecem os autores que a descreveram. Mas, por outro lado, trata-se de um Intichiuma que não poderia ter por objeto assegurar a fecundidade de uma espécie animal ou vegetal, já que a Wollunqua é, por si só, sua própria espécie e não se reproduz. Ela é. E os indígenas não parecem julgar que ela tenha necessidade de um culto para perseverar em seu ser. Essas cerimônias não somente não têm a eficácia do Intichiuma clássico, como não parecem ter eficácia material de espécie alguma.

A Wollunqua não é uma divindade encarregada de uma ordem determinada de fenômenos naturais, por isso não se espera dela, em troca do culto, algum favor definido. É dito claramente que, se as prescrições rituais são mal observadas, a Wollunqua se zanga, sai de seu esconderijo e vem se vingar dos fiéis por suas negligências. Inversamente, quando tudo se cumpre da forma regular, acredita-se que ela ficará satisfeita e que algum acontecimento feliz se produzirá. Mas a ideia dessas sanções possíveis evidentemente só surgiu depois, para explicar o rito. Uma vez instituída a cerimônia, parecia natural que ela servisse para algo e, portanto, que a omissão das observâncias prescritas expusesse a algum perigo. Mas ela não foi instituída para prevenir esses perigos míticos ou para obter vantagens particulares. Estas, aliás, são representadas nos espíritos de maneira muito imprecisa. Por exemplo, quando tudo está terminado, os velhos anunciam que a Wollunqua, se está satisfeita, enviará chuva. Mas não é para obter chuva que se celebra a festa. Ela é celebrada porque os antepassados a celebraram, porque todos estão ligados a ela como a uma tradição muito respeitada e porque saem dela com uma impressão de bem-estar moral. Quanto às outras considerações, elas têm apenas um papel complementar: podem servir para confirmar os fiéis na atitude que o rito lhes prescreve, mas não são a razão de ser dessa atitude.

Eis, portanto, todo um conjunto de cerimônias que se propõem unicamente a redespertar certas ideias e certos sentimentos, ligar o presente ao passado, o indivíduo à coletividade. Não só elas não podem servir a outros fins, como os próprios fiéis não lhes pedem nada além disso. Isso é mais uma prova de que o estado psíquico no qual se encontra o grupo reunido constitui claramente a única base sólida e estável do que se poderia chamar de mentalidade ritual. Quanto às crenças que atribuem aos ritos esta ou aquela eficácia física, elas são elementos acessórios e contingentes, já que podem faltar sem que o rito se veja alterado no que tem de essencial. Assim, as cerimônias da Wollunqua, melhor ainda que as precedentes, põem a nu, por assim dizer, a função fundamental do culto positivo.

Aliás, se insistimos especialmente nessas solenidades é por causa de sua excepcional importância. Mas há outras que têm exatamente o mesmo caráter. Assim, existe entre os Warramunga um totem "do rapaz que ri". O clã que leva esse nome, dizem Spencer e Gillen, tem a mesma organização que os demais grupos totêmicos. Como eles, possui seus locais sagrados (*mungai*), onde o antepassado fundador celebrou cerimônias nos tempos fabulosos, onde deixou atrás de si *spirit-children* que se tornaram os homens do clã; e os ritos associados a esse totem são indiscerníveis dos que se relacionam aos totens animais ou vegetais. No entanto, é evidente que eles não poderiam ter eficácia física. Consistem numa série de quatro cerimônias que se repetem mais ou menos umas às outras, mas que se destinam unicamente a divertir, a provocar o riso pelo riso, em suma, a manter a alegria e o bom humor no grupo que possui como que a especialidade dessas disposições morais.

Encontramos entre os próprios Arunta mais de um totem que não comporta outro Intichiuma. Vimos, com efeito, que, nesse povo, as ondulações ou depressões de terreno que marcam o lugar onde algum antepassado residiu servem às vezes de totens. A esses totens estão ligadas cerimônias que, manifestamente, não podem ter efeitos físicos de espécie alguma. Elas só podem consistir em comemorações cujo objeto é celebrar o passado e não podem visar nenhum objetivo além dessa comemoração.

Ao mesmo tempo que nos fazem compreender melhor a natureza do culto, essas representações rituais põem em evidência um importante elemento da religião: o elemento recreativo e estético.

Já tivemos a oportunidade de mostrar que elas são parentes próximas das representações dramáticas. Esse parentesco revela-se com maior evidência ainda nas últimas cerimônias que acabamos de mencionar. Com efeito, elas não somente empregam os mesmos procedimentos que o drama propriamente dito, como também perseguem um objetivo similar. Sendo estranhas a todo fim utilitário, fazem os homens esquecerem o mundo real, transportando-os a um outro mundo, em que sua imaginação está mais à vontade. Elas distraem. Têm inclusive o aspecto exterior de uma recreação: os assistentes riem e se divertem abertamente.

Os ritos representativos e as recreações coletivas são inclusive coisas tão próximas que os participantes passam de um gênero a outro sem solução de continuidade. O que as cerimônias propriamente religiosas têm de característico é que devem ser celebradas num local consagrado do qual as mulheres e os não iniciados estão excluídos. Mas há outras em que esse caráter religioso se apaga um pouco sem desaparecer por completo. Elas se realizam fora do terreno cerimonial, o que mostra que já são leigas em certo grau; entretanto, os profanos, as mulheres e as crianças ainda não participam. Portanto, tais cerimônias situam-se no limite dos dois domínios. Em geral, elas se referem a personagens legendários, mas que não ocupam posição regular nos quadros da religião totêmica. São espíritos, na maioria das vezes maléficos, que estão mais em contato com os mágicos do que com o fiel comum, espécies de bichos-papões nos quais não se acredita com a mesma seriedade e a mesma firmeza de convicção que nos seres e nas coisas propriamente totêmicas.

À medida que se afrouxa o vínculo entre a história da tribo e os acontecimentos e personagens representados, tanto uma como os outros adquirem também um aspecto mais irreal, e as cerimônias correspondentes mudam de natureza. É assim que se entra progressivamente no domínio da pura fantasia e se passa do rito comemorativo ao *corrobbori** comum, simples regozijo público que nada mais tem de religioso e do qual todos podem indiferentemente participar. Talvez até algumas dessas representações, cujo objetivo único é verdadeiramente distrair, sejam antigos ritos que mudaram de qualificação. Na verdade, as fronteiras entre esses dois tipos de cerimônia são tão flutuantes que há algumas das quais é impossível dizer com precisão a qual dos dois gêneros pertencem.

É um fato conhecido que os jogos e as principais formas da arte parecem ter nascido da religião e que conservaram, durante muito tempo, um caráter religioso. Percebe-se qual a razão: o culto, embora visando diretamente outros fins, foi ao mesmo tempo para os homens uma espécie de recreação. A religião não desempenhou esse papel por acaso, graças a uma feliz circunstância, mas por uma necessidade de sua natureza. De fato, embora o pensamento religioso, conforme estabelecemos, seja algo bem distinto de um sistema ficcional, as realidades às quais ele corresponde só conseguem se exprimir de modo religioso se a imaginação as transfigura. Entre a sociedade tal como ela é do ponto de vista objetivo e as coisas sagradas que a representam simbolicamente, a distância é considerável. Foi preciso que as impressões realmente sentidas pelos homens, e que serviram de matéria-prima para essa construção, fossem interpretadas, elaboradas e transformadas até se tornarem irreconhecíveis.

O mundo das coisas religiosas é, portanto, mas apenas em sua forma exterior, um mundo parcialmente imaginário, que, por essa razão, se presta com mais docilidade às livres criações do espírito. Aliás, como as forças intelectuais que servem para produzi-lo são intensas e tumultuosas, a exclusiva tarefa que consiste em exprimir o real com o auxílio de símbolos adequados não é suficiente para ocupá-las. Em geral, permanece disponível um excedente que procura se aplicar em obras suplementares, supérfluas e de luxo, isto é, em obras de arte. Isso vale tanto para as práticas quanto para as crenças. O estado de efervescência em que se encontram os fiéis reunidos se exterioriza necessariamente na forma de movimentos exuberantes que não se deixam submeter com facilidade a fins muito estritamente definidos. Eles escapam, em parte, sem objetivo, manifestam-se pelo simples prazer de se manifestar, comprazem-se em espécies de brincadeiras. Além disso, na medida em que são imaginários, os seres aos quais se dirige o culto são impróprios para conter e regular essa exuberância: é necessária a pressão de realidades tangíveis

---

* Nome genérico para designar diferentes tipos de performance (cantos, danças, jogos etc.) dos aborígines australianos. Ao contrário de cerimônias rituais, os *corrobori* são eventos não sagrados e abertos à participação de todos, incluindo as mulheres e os não iniciados. (N.O.)

e resistentes para submeter a atividade a adaptações exatas e econômicas. Assim, corre o risco de cometer enganos quem, para explicar os ritos, acredita dever atribuir a cada gesto um objeto preciso e uma razão determinada. Há alguns que não servem para nada, correspondem simplesmente à necessidade de agir, de se mover e de gesticular que os fiéis sentem. Vemos estes saltarem, rodopiarem, dançarem, gritarem, cantarem, sem que nem sempre seja possível dar um sentido a essa agitação.

Assim, a religião não seria o que é se não concedesse um lugar às livres combinações do pensamento e da atividade, ao jogo, à arte, a tudo o que diverte o espírito fatigado com o que há de sujeição excessiva no trabalho cotidiano: as próprias causas que a originaram fazem disso uma necessidade. A arte não é simplesmente um ornamento exterior com que o culto dissimularia o que pode ter de demasiado austero e demasiado rude: por si mesmo, o culto tem algo de estético. Por causa das relações bem conhecidas que a mitologia mantém com a poesia, pretendeu-se às vezes colocar a primeira fora da religião; a verdade é que há uma poesia inerente a toda religião. As cerimônias representativas que acabam de ser estudadas tornam sensível esse aspecto da vida religiosa; mas praticamente não há ritos que não o apresentem em algum grau.

Por certo, cometeríamos o mais grave erro se só víssemos da religião esse único aspecto, ou mesmo se exagerássemos sua importância. Quando um rito serve apenas para distrair, ele não é mais um rito. As forças morais que os símbolos religiosos exprimem são forças reais, com as quais devemos contar e das quais não podemos fazer o que nos apraz. Ainda que o culto não vise produzir efeitos físicos, mas se limite deliberadamente a agir sobre os espíritos, sua ação se exerce num outro sentido que não uma pura obra de arte. As representações que ele tem por função despertar e manter em nós não são imagens vazias que a nada correspondem na realidade, que evocamos sem objetivo, pela mera satisfação de vê-las se manifestar e se combinar diante de nossos olhos. Elas são tão necessárias ao bom funcionamento de nossa vida moral quanto os alimentos para o sustento de nossa vida física, pois é através delas que o grupo se afirma e se mantém – e sabemos a que ponto este é indispensável ao indivíduo.

Um rito, portanto, é diferente de um jogo: é vida séria. Mas embora não seja essencial, o elemento irreal e imaginário não deixa de desempenhar papel em nada desprezível. Ele participa, por um lado, desse sentimento de reconforto que o fiel obtém do rito consumado, pois a recreação é uma das formas desse restabelecimento moral que é o objeto principal do culto positivo. Assim que cumprimos nossos deveres rituais, retornamos à vida profana com mais coragem e ardor, não somente porque nos pusemos em contato com uma fonte superior de energia, mas também porque nossas forças se revigoraram ao viver por alguns instantes uma vida menos tensa, mais agradável e livre. Por isso, a religião tem um encanto que não é um de seus menores atrativos.

Por conseguinte, a ideia mesma de uma cerimônia religiosa de certa importância desperta naturalmente a ideia de festa. Ao inverso, toda festa, mesmo que puramente leiga em suas origens, tem certos traços da cerimônia religiosa, pois sempre tem por efeito aproximar os indivíduos, pôr em movimento as massas e suscitar, assim, um estado de efervescência, às vezes até de delírio, que não deixa de ter parentesco com o estado religioso. O homem é transportado para fora de si, distraído de suas ocupações e preocupações cotidianas. Por isso, observam-se em ambos os casos as mesmas manifestações: gritos, cantos, música, movimentos violentos, danças, busca de estimulantes que elevem o nível vital etc. Foi assinalado com frequência que as festas populares levam aos excessos, fazem perder de vista o limite que separa o lícito do ilícito; também há cerimônias religiosas que determinam como que uma necessidade de violar as regras, em geral as mais respeitadas. Claro, não que não haja motivos para diferenciar essas duas formas de atividade pública. O simples regozijo, o *corrobbori* profano, não visa nada de sério, ao passo que, em seu conjunto, uma cerimônia ritual sempre tem um objetivo grave. Mas é preciso observar que talvez não haja regozijo no qual a vida séria não tenha algum eco. No fundo, a diferença está, antes, na proporção desigual segundo a qual esses dois elementos se combinam.

III.

Um fato mais geral vem confirmar as ideias que precedem.

Em sua primeira obra, Spencer e Gillen apresentavam o Intichiuma como uma entidade ritual perfeitamente definida, falavam dela como de uma operação destinada apenas a assegurar a reprodução da espécie totêmica, dando a entender que deveria necessariamente perder todo sentido fora dessa função única. Mas em *Northern Tribes of Central Australia*, os mesmos autores, talvez sem se dar conta, usam uma linguagem diferente. Eles reconhecem que as mesmas cerimônias podem indiferentemente ter lugar nos Intichiuma propriamente ditos ou nos ritos de iniciação. Portanto, elas servem tanto para fazer reproduzir animais e plantas da espécie totêmica quanto para conferir aos noviços as qualidades necessárias para que se tornem membros regulares da sociedade dos homens. Desse ponto de vista, o Intichiuma aparece sob um novo aspecto. Não é mais um mecanismo ritual distinto, repousando sobre princípios que lhe são próprios, mas uma aplicação particular de cerimônias mais gerais, que podem ser utilizadas para fins muito diferentes. Por isso, em sua nova obra, antes de falar do Intichiuma e da iniciação, eles dedicam um capítulo especial às cerimônias totêmicas em geral, sem levar em conta as formas diversas que elas podem assumir conforme os fins para os quais são empregadas.

Essa indeterminação intrínseca das cerimônias totêmicas só havia sido indicada por Spencer e Gillen, e de uma maneira bastante indireta, mas acaba de ser confirmada por Strehlow em termos mais explícitos.

> Quando os jovens noviços participam das diferentes festas da iniciação, executa-se diante deles uma série de cerimônias que, ao mesmo tempo que reproduzem até nos detalhes os ritos mais característicos do culto propriamente dito [entenda-se, os ritos que Spencer e Gillen chamam Intichiuma], não têm, no entanto, por objetivo multiplicar e fazer prosperar o totem correspondente.

É, portanto, a mesma cerimônia que serve em ambos os casos: só o nome não é o mesmo. Quando ela tem especialmente por objeto a reprodução da espécie, chamam-na *mbatjalkatiuma*, e é somente quando constitui um procedimento de iniciação que lhe dão o nome de Intichiuma.

Entre os Arunta, ainda, esses dois tipos de cerimônia se distinguem um do outro por alguns caracteres secundários. Embora a contextura do rito seja a mesma nos dois casos, sabemos que as efusões de sangue e, de maneira mais geral, as oblações características do Intichiuma arunta estão ausentes das cerimônias de iniciação. Além disso, enquanto, nesse mesmo povo, o Intichiuma realiza-se num local que a tradição fixa de forma regulamentar e para o qual se é obrigado a ir em peregrinação, o cenário no qual se realizam as cerimônias da iniciação é puramente convencional. Mas quando, como acontece entre os Warramunga, o Intichiuma consiste numa simples representação dramática, a indistinção é completa entre os dois ritos. Tanto num quanto noutro comemora-se o passado, o mito é encenado, representado, e não se pode representá-lo de duas maneiras sensivelmente diferentes. Uma mesma e única cerimônia serve, portanto, conforme as circunstâncias, a duas funções distintas.

Ela pode inclusive ter vários outros empregos. Sabemos que, sendo o sangue coisa sagrada, as mulheres não devem vê-lo correr. Mas sucede que uma briga irrompa em presença delas e resulte numa efusão de sangue. Uma infração ritual é assim cometida. Ora, entre os Arunta, o homem cujo sangue foi o primeiro a correr deve, para reparar sua falta, "celebrar uma cerimônia que se relacione ao totem de seu pai ou ao de sua mãe". Essa cerimônia tem um nome especial, *Alua uparilima*, que significa apagamento do sangue. Mas, em si, ela não difere das que se celebram por ocasião da iniciação ou nos Intichiuma, mas representa um acontecimento da história ancestral. Portanto, pode servir tanto para iniciar ou para agir sobre a espécie animal quanto para expiar um sacrilégio. Veremos mais adiante que uma cerimônia totêmica também pode fazer as vezes de rito funerário.

Hubert e Mauss já assinalaram uma ambiguidade funcional do mesmo gênero no caso do sacrifício e, mais especialmente, do sacrifício hindu. Mostraram como o sacrifício comunial, o sacrifício expiatório, o sacrifício-promessa, o sacrifício-contrato eram apenas simples variações de um mesmo e único mecanismo. Vemos agora que o fato é bem mais primitivo e de maneira nenhuma se limita à instituição sacrificial. Talvez não exista rito que não apresente semelhante indeterminação. A missa serve tanto para os casamentos quanto para os enterros; ela redime as faltas dos mortos, garante aos vivos os favores da divindade etc. O jejum é uma expiação e uma penitência, mas é também uma preparação para a comunhão; ele confere inclusive virtudes positivas. Essa ambiguidade demonstra que a função real de um rito não consiste nos efeitos particulares e definidos que ele parece visar e pelos quais costuma ser caracterizado, mas numa ação geral que, mesmo permanecendo sempre e em toda parte semelhante a si mesma, é capaz de assumir formas diferentes conforme as circunstâncias.

Ora, é precisamente isso que supõe a teoria que propusemos. Se o verdadeiro papel do culto é despertar nos fiéis um certo estado de alma, feito de força moral e de confiança, e se os efeitos diversos atribuídos aos ritos devem-se apenas a uma determinação secundária e variável desse estado fundamental, não surpreende que um mesmo rito, embora conservando a mesma composição e a mesma estrutura, pareça produzir múltiplos efeitos. Pois as disposições mentais que ele tem por função permanente suscitar continuam as mesmas em todos os casos; elas dependem do fato de o grupo estar reunido, não das razões especiais pelas quais ele se reuniu. Mas, por outro lado, elas são interpretadas diferentemente conforme as circunstâncias às quais se aplicam. Se é um resultado físico que se quer obter, a confiança experimentada fará crer que esse resultado é ou será obtido pelos meios empregados. Se se cometeu alguma falta que se quer apagar, o mesmo estado de segurança moral imprimirá aos mesmos gestos rituais virtudes expiatórias. Assim, a eficácia aparente parecerá mudar, enquanto a eficácia real continua invariável, e o rito parecerá cumprir funções diversas, quando na verdade tem apenas uma e sempre a mesma.

Inversamente, assim como um único rito pode servir a vários fins, vários ritos podem produzir o mesmo efeito e se substituir mutuamente. Para assegurar a reprodução da espécie totêmica, pode-se igualmente recorrer a oblações, a práticas iniciáticas ou a representações comemorativas. Essa aptidão dos ritos de substituir uns aos outros prova mais uma vez, da mesma forma que sua plasticidade, a extrema generalidade da ação útil que eles exercem. O essencial é que os indivíduos estejam reunidos, que sentimentos comuns sejam experimentados e que eles se exprimam por atos comuns; mas, quanto à natureza particular desses sentimentos e desses atos, isso é algo relativamente secundário e contingente. Para tomar consciência de si, o grupo não tem necessidade de produzir certos gestos em vez de outros. É preciso que ele comungue num mesmo pensamento e numa mesma ação, mas pouco importam as formas sensíveis sob as quais se realiza essa comunhão. Claro que não é ao acaso que se determinam essas formas exteriores: elas têm suas razões, mas essas razões não dizem respeito ao que há de essencial no culto.

Tudo, portanto, nos faz voltar à mesma ideia: de que os ritos são, antes de tudo, os meios pelos quais o grupo social se reafirma periodicamente. Por aí talvez possamos chegar a reconstruir em hipótese a maneira como o culto totêmico deve ter se originado primitivamente. Homens que se sentem unidos, em parte por laços de sangue, porém mais ainda por uma comunhão de interesses e de tradições, se reúnem e tomam consciência de sua unidade moral. Pelas razões que expusemos, eles são levados a representar essa unidade numa espécie de consubstancialidade muito especial: todos consideram participar da natureza de um animal determinado. Nessas condições, só haverá para eles uma maneira de afirmar sua existência coletiva: afirmarem-se eles próprios como animais dessa mesma espécie, e isso não apenas no silêncio da consciência, mas por atos materiais. São esses atos que constituirão o culto, e eles evidentemente só podem consistir em movimentos pelos quais o homem imita o animal com o qual se identifica. Assim entendidos, os ritos imitativos aparecem como a forma primeira do culto. Muitos acharão que isso é atribuir papel histórico considerável a práticas que, à primeira vista, parecem brincadeiras infantis. Mas, como mostramos, esses gestos ingênuos e desajeitados, esses procedimentos grosseiros de figuração, traduzem e conservam um sentimento de altivez, de confiança e de veneração inteiramente comparável àquele que exprimem os fiéis das religiões mais idealistas quando, reunidos, se proclamam filhos do deus onipotente. Pois tanto num caso quanto no outro esse sentimento é feito das mesmas impressões de segurança e de respeito suscitadas nas consciências individuais por essa grande força moral que os domina e os sustenta, e que é a força coletiva.

Os outros ritos que estudamos provavelmente não são mais que modalidades desse rito essencial. Uma vez admitida a estreita solidariedade do animal e do homem, sentiu-se fortemente a necessidade de assegurar a reprodução regular da espécie totêmica e fez-se dessa reprodução o objeto principal do culto. Essas práticas imitativas que, na origem, decerto tinham apenas um objetivo moral, viram-se, portanto, subordinadas a um fim utilitário e material, e foram concebidas como meios de produzir o resultado desejado. Mas, à medida que, com o desenvolvimento da mitologia, o herói ancestral, primitivamente confundido com o animal totêmico, dele se distinguiu cada vez mais, à medida que se tornou uma figura mais pessoal, a imitação do antepassado substituiu a imitação do animal ou justapôs-se a ela, e as cerimônias representativas tomaram o lugar ou completaram os ritos miméticos. Enfim, para atingir mais seguramente o objetivo visado, sentiu-se a necessidade de empregar todos os meios disponíveis. Tinha-se ao alcance da mão as reservas de forças vivas acumuladas nas pedras sagradas, e elas foram utilizadas; como o sangue do homem era da mesma natureza que o do animal, ele foi utilizado com o mesmo objetivo e derramado. Inversamente, em razão desse mesmo parentesco, o homem empregou a carne do animal para restaurar sua própria substância. Daí os ritos de oblação e de comunhão. Mas, em última instância, todas essas práticas diversas são apenas variações de um mesmo e único tema: por toda parte, na base, encontra-se o mesmo estado de espírito interpretado diferentemente conforme as situações, os momentos da história e as disposições dos fiéis.

QUESTÕES E TEMAS PARA DISCUSSÃO

1. Discuta a relação entre indivíduo e sociedade para Durkheim.
2. Examine, à luz do texto, manifestações semelhantes na sociedade contemporânea.

LEITURAS SUGERIDAS

Durkheim, Émile. *As formas elementares da vida religiosa*. São Paulo, Martins Fontes, 2003.

_____ e Marcel Mauss. "Algumas formas primitivas de classificação". In: Marcel Mauss, *Ensaios de sociologia*. São Paulo, Perspectiva, 2ª ed., 2015.

Freud, Sigmund. *Totem e tabu*. São Paulo, Penguin/Companhia das Letras, 2013.

5. A função social dos costumes: Radcliffe-Brown e os ilhéus andamaneses

O inglês Alfred Reginald Radcliffe-Brown (1881-1955) foi um dos principais antropólogos de sua geração. Ocupou ao longo de sua carreira posições acadêmicas em universidades de vários países além da Inglaterra, como Austrália, África do Sul, Estados Unidos e Brasil, onde morou entre 1942 e 1944, atuando como professor na Escola Livre de Sociologia e Política de São Paulo. Em 1946, quando foi criada a Associação de Antropólogos Sociais do Reino Unido, Radcliffe-Brown tornou-se o presidente vitalício.

Sua influência intelectual na antropologia da primeira metade do século XX foi extensa, apesar de sua obra consistir basicamente de pequenos artigos, vários deles posteriormente reunidos em *Estrutura e função na sociedade primitiva* (1952). A exceção é a sua monografia *Os ilhéus andamaneses* [*The Andaman Islanders*], fruto de pesquisa de campo realizada entre 1906 e 1908 nesse arquipélago do golfo de Bengala, oceano Índico, então colônia britânica. O fato de o livro ter sido publicado apenas em 1922 pode ter contribuído para que o pioneirismo de Radcliffe-Brown na pesquisa de campo feita por antropólogos profissionais ficasse ofuscado pela experiência de seu contemporâneo Bronislaw Malinowski, apresentada com ênfase no capítulo a ele referente nesta coletânea, e que se autorrepresenta explicitamente como um inovador.

Tornou-se lugar-comum apresentar Radcliffe-Brown como expoente de uma corrente "estrutural-funcionalista" da antropologia, embora sua visão a respeito da "função social" das instituições se afastasse da desenvolvida à mesma época por Malinowski, expoente assumido de uma perspectiva "funcionalista", e se aproximasse muito mais da sociologia de Durkheim, como se pode ver no texto selecionado a seguir, inédito em português.

Neste capítulo, Radcliffe-Brown defende a qualidade dos dados obtidos pela pesquisa de campo realizada pelo próprio antropólogo como muito superior à obtida de "segunda mão"; afirma que é preciso estudar as instituições, costumes e crenças de cada sociedade como um único todo ou sistema; descreve seu método comparativo e analisa brevemente as cerimônias de casamento e de restabelecimento da paz, bem como o costume que os andamaneses têm de chorar juntos em certas circunstâncias; e conclui que a função social dos costumes, crenças e cerimônias (não só nas ilhas Andamão, mas em qualquer sociedade) é manter e transmitir entre as gerações a força moral que a sociedade impõe aos indivíduos, necessária para sua existência.

A INTERPRETAÇÃO DOS COSTUMES E CRENÇAS ANDAMANESES

A.R. Radcliffe-Brown

Este capítulo é uma tentativa de interpretar algumas das crenças e costumes dos ilhéus andamaneses tais como foram descritos na parte anterior desta obra. Por interpretação de um costume entendo não a descoberta de sua origem, mas de seu significado. O sistema de crenças e costumes que existe hoje nas ilhas Andamão é resultado de um longo processo de evolução. Buscar a origem desses costumes, tal como a palavra origem é aqui usada, é procurar conhecer os detalhes do processo histórico pelo qual passaram a existir. Na ausência de qualquer registro histórico, o máximo que poderíamos fazer era tentar uma reconstrução hipotética do passado, o que, no atual estado da ciência etnológica, seria de utilidade muito duvidosa.[*]

O mesmo não se passa com o significado desses costumes. Cada costume e crença de uma sociedade primitiva desempenha um papel determinado na vida social da comunidade, assim como cada órgão de um corpo vivo desempenha algum papel na vida geral do organismo. A grande quantidade de instituições, costumes e crenças forma um único todo ou sistema que determina a vida da sociedade, e a vida de uma sociedade não é menos real, nem está menos sujeita a leis naturais, que a vida do organismo. Para levar adiante a analogia, o estudo do significado dos costumes selvagens é uma espécie de fisiologia e deve ser distin-

---

[*] A elaboração dessas reconstruções hipotéticas do passado foi considerada por muitos autores a principal tarefa, se não a única, da antropologia. Minha própria concepção é de que tais estudos jamais podem ter grande valor *científico*. Embora, dentro de limites estreitos, em particular quando o método é aplicado aos fatos da linguagem e à cultura material, seja possível chegar a conclusões com algum grau de probabilidade, por sua própria natureza, todas essas hipóteses não permitem verificação. Além disso, o objetivo dos estudos científicos é descobrir leis gerais, e hipóteses relativas a eventos no passado dos quais não temos e não podemos ter nenhum conhecimento seguro não fornecerão material adequado do qual extrair generalizações.

guido do estudo das origens, ou mudanças de costume, exatamente da mesma maneira como a fisiologia animal se distingue da biologia que lida com a origem das espécies, as causas das variações e as leis gerais da evolução.

Os problemas que este capítulo apresenta não são, portanto, históricos, mas psicológicos ou sociológicos. Temos de explicar por que os andamaneses pensam e agem de certas maneiras. A explicação de cada um dos costumes é fornecida mostrando-se qual sua relação com os outros costumes dos andamaneses e com o seu sistema geral de ideias e sentimentos.

Assim, o tema deste capítulo não é de maneira alguma afetado por questões relativas à origem histórica dos costumes de que ele trata, mas diz respeito somente àqueles costumes tal como eles existem hoje. Não estamos preocupados tampouco com a comparação dos costumes dos andamaneses com os de outras raças selvagens. Essas comparações não apenas não têm valor para nossos propósitos, como poderiam se mostrar enganosas. Para extrair qualquer conclusão válida da comparação entre dois costumes aparentemente similares em duas sociedades diferentes, devemos estar seguros de que eles são realmente similares, e para isso precisamos conhecer o verdadeiro significado de cada um deles considerado em si mesmo. O verdadeiro método comparativo não consiste na comparação de um costume isolado de uma sociedade com um costume similar de outra, mas de todo o sistema de instituições, costumes e crenças de uma sociedade com o de outra. Numa palavra, o que precisamos comparar não são instituições, mas sistemas ou tipos sociais.

Alega-se muitas vezes que, em etnologia, descrição e interpretação deveriam ser separadas com extremo cuidado. Se isso significa que os fatos observados pelo etnólogo deveriam ser registrados sem qualquer parcialidade de interpretação, essa necessidade não pode se impor sem excessiva frequência ou ênfase. Se, no entanto, isso pretende sugerir que os esforços de interpretação devem estar excluídos das obras de etnologia descritiva, há muito a dizer contra essa opinião.

Ao tentar interpretar as instituições de uma sociedade primitiva, o etnólogo de campo tem uma grande vantagem sobre aqueles que conhecem os fatos apenas de segunda mão. Por mais exata e detalhada que possa ser a descrição de um povo primitivo, ainda resta muito não inserido na descrição. Vivendo, como ele vive, em contato diário com as pessoas que está estudando, o etnólogo de campo passa pouco a pouco a "compreendê-las", se podemos usar esse termo. Ele adquire um sem-número de impressões, cada uma delas superficial e muitas vezes vaga, que o guiam em suas relações com as pessoas. Quanto melhor for o observador, mais precisa será sua impressão geral acerca das peculiaridades mentais da raça. É impossível analisar essa impressão geral, e portanto registrá-la e transmiti-la aos outros. No entanto, ela pode ser da maior utilidade quando se trata de interpretar as crenças e práticas de uma sociedade primitiva. Se não dá nenhuma ajuda positiva na direção de uma interpretação correta, pelo menos evita erros muito fáceis de se cometer por aqueles que não têm o mesmo conhecimento do povo e de seus costumes. Na verdade, pode-se alegar com alguma razão que tentativas de interpretar as crenças dos selvagens sem nenhum conhecimento de primeira mão do povo cujas crenças estão em pauta são, na melhor das hipóteses, insatisfatórias e apresentam muitas possibilidades de erro.

A posição atual dos estudos etnológicos decerto pode ser considerada anômala. Diversos observadores empenhados em registrar os costumes de povos primitivos estão muito imperfeitamente familiarizados com as teorias modernas da sociologia. Um resultado disso é que eles com frequência deixam de registrar qualquer coisa relativa a assuntos que são de importância fundamental para o teórico.* Por outro lado, aqueles envolvidos na elaboração de hipóteses em geral não observam por si mesmos os fatos a serem explicados, tendo de confiar no que, em muitos casos, são documentos imperfeitos. Assim, eles são inadvertidamente induzidos a erros que poderiam ter sido evitados. Nessa ciência, como em outras, para que haja progresso, a elaboração de hipóteses e a observação e classificação dos fatos devem ser empreendidas como partes interdependentes de um único processo, e nenhuma vantagem, mas antes grande desvantagem, resulta da falsa divisão de trabalho pela qual teóricos e observadores trabalham de modo independente e sem cooperação sistemática. A necessidade mais urgente da etnologia no momento atual é uma série de investigações do tipo aqui tentado, em que a observação, a análise e a interpretação das instituições de um único povo primitivo são realizadas juntas pelo etnólogo que está trabalhando no campo.

Claro que esses estudos precisam se basear num método científica e cuidadosamente elaborado. Por infortúnio, os etnólogos ainda não chegaram a um acordo em relação ao método de sua ciência. A questão do método é portanto, no momento atual, da maior importância, e por essa razão tentei neste capítulo apresentar a argumentação de tal maneira que os vários passos da análise sejam imediatamente aparentes, para que o leitor seja capaz não somente de julgar o valor das conclusões, mas também de formar uma ideia clara acerca dos métodos psicológicos pelos quais elas foram alcançadas.

Qualquer tentativa de explicar ou interpretar as crenças e os costumes particulares de um povo selvagem baseia-se necessariamente em alguma hi-

---

* Talvez valha a pena mencionar que a interpretação de costumes andamaneses feita neste capítulo só foi elaborada depois que deixei as ilhas. De outra maneira, eu teria investigado cuidadosamente temas que de fato escaparam à minha atenção.

pótese psicológica geral relativa à real natureza do fenômeno a ser explicado. A regra sensata de método, portanto, é formular clara e explicitamente a hipótese de trabalho em que a interpretação está baseada. Somente dessa maneira seu valor pode ser testado da forma apropriada.

A hipótese que parece ser mais usualmente adotada pelos autores ingleses na antropologia é que as crenças dos povos selvagens são fruto das tentativas do homem primitivo de explicar para si mesmo os fenômenos da vida e da natureza. O estudioso dos costumes humanos, ao examinar sua própria mente, descobre que um dos motivos mais constantemente presentes em sua consciência é o desejo de compreender, de explicar – em outras palavras, o que chamamos de curiosidade científica. Ele conclui que esse motivo também persevera na mente do homem primitivo. E supõe, por conseguinte, que o homem primitivo, desejando explicar os fenômenos da morte, do sono e dos sonhos, formulou a hipótese de que todo homem possui uma alma ou um duplo espiritual.[1] Considera-se que, depois de formular essa hipótese, ele a aceitou e acreditou nela porque satisfazia sua necessidade de compreensão. Nessa concepção, a crença em uma alma (animismo) é exatamente similar em caráter à crença científica nos átomos, digamos. A mesma hipótese geral aparece na explicação de que o totemismo teria surgido como uma teoria inventada pelo homem primitivo para explicar os fenômenos da gravidez e do parto.[2]

Nessa hipótese, as crenças são primárias, surgindo originalmente apenas como crenças e depois adquirindo o poder de influenciar a ação, e dando assim nascimento a todas as espécies de cerimônias e costumes. Dessa forma, esses costumes só podem ser explicados mostrando-se que eles dependem de crenças particulares. Que eu saiba, até agora essa hipótese, que podemos chamar de hipótese intelectualista, nunca foi muito claramente formulada ou defendida, mas ela parece de fato subjazer a muitas das explicações acerca dos costumes do homem primitivo encontradas nas obras sobre etnologia.

Uma segunda hipótese explica as crenças do homem primitivo derivando-as das emoções de surpresa e terror,[3] ou de estupefação e assombro,[4] despertados pela contemplação dos fenômenos da natureza. Essas duas hipóteses podem ser sustentadas juntas, uma usada para explicar algumas crenças primitivas, a outra para explicar outras.[5]

---

1. Edward Burnett Tylor, *Primitive Culture*, Cap.I.
2. James George Frazer, *Totemism and Exogamy*, Cap.IV.
3. Max Müller, *Physical Religion*.
4. Robert Ranulph Marett, *The Threshold of Religion*.
5. William McDougall, *Introduction to Social Psychology*, Cap.XIII, parece combinar as duas hipóteses.

Sem dúvida há outras hipóteses psicológicas subjacentes às muitas tentativas feitas para explicar os costumes de povos primitivos, mas essas duas parecem as mais importantes e as mais difundidas. Menciono-as aqui não no intuito de criticá-las, mas a fim de compará-las com as hipóteses a serem formuladas neste capítulo.[6]

Expressas da maneira mais breve possível, a hipótese de trabalho aqui adotada é a seguinte: 1) uma sociedade depende para sua existência da presença, na mente de seus integrantes, de um certo sistema de sentimentos* pelo qual a conduta do indivíduo é regulada em conformidade com as necessidades da sociedade; 2) cada característica do próprio sistema social e cada evento ou objeto que afeta de alguma maneira o bem-estar ou a coesão da sociedade tornam-se um objeto desse sistema de sentimentos; 3) na sociedade humana os sentimentos em questão não são inatos, mas desenvolvidos no indivíduo pela ação da sociedade sobre ele; 4) os costumes cerimoniais de uma sociedade são um meio pelo qual se dá expressão coletiva aos sentimentos em pauta em ocasiões apropriadas; 5) a expressão cerimonial (isto é, coletiva) de qualquer sentimento serve tanto para mantê-lo no necessário grau de intensidade na mente do indivíduo quanto para transmiti-lo de uma geração a outra. Sem essa expressão, o sentimento envolvido não poderia existir.

Usando a expressão "função social" para denotar os efeitos de uma instituição (costume ou crença) na medida em que eles dizem respeito à sociedade e sua solidariedade ou coesão, a hipótese deste capítulo pode ser mais brevemente resumida na afirmação de que a função social dos costumes cerimoniais dos ilhéus andamaneses é manter e transmitir de uma geração para outra as disposições emocionais de que a sociedade (tal como está constituída) depende para sua existência.

Este capítulo compreende uma tentativa de aplicar essa hipótese aos costumes cerimoniais dos ilhéus andamaneses. É uma busca para mostrar que há uma correspondência entre os costumes e as crenças dos andamaneses e um certo sistema de sentimentos sociais, e de que há também uma correspondência entre esses sentimentos e a maneira pela qual a sociedade está constituída. É uma tentativa de descobrir conexões necessárias entre os diferentes aspectos de uma sociedade tal como eles existem no presente. Não se buscará descobrir ou imaginar o processo histórico pelo qual esses costumes ganharam existência.

---

6. Para uma crítica das hipóteses do animismo e do naturismo como explicações da religião primitiva, ver Durkheim, *As formas elementares da vida religiosa*, Livro I, Caps. 2 e 3.

* Sentimento: um sistema organizado de tendências emocionais centrado em torno de algum objeto.

Para a mais clara compreensão dos argumentos é necessário chamar atenção para algumas regras de método que serão aqui observadas.

1) Ao explicar qualquer costume dado, cabe levar em conta a explicação dada pelos próprios nativos. Essas explicações, embora não sejam do mesmo tipo que as explicações científicas que são objeto de nossa investigação, são ainda assim de grande importância como dados. Como o homem civilizado da Europa Ocidental, o selvagem de Andamão procura racionalizar seu comportamento; sendo impelido para certas ações por disposições mentais de cuja origem e natureza real não tem consciência, ele procura formular razões para sua conduta, ou, mesmo que não o faça por si mesmo, é compelido a isso quando o etnólogo inquiridor o criva de perguntas. A razão como a produzida por esse processo de racionalização raramente ou nunca é idêntica à causa psicológica da ação que ela justifica, no entanto, irá quase sempre nos ajudar em nossa procura da causa. De qualquer maneira, a razão dada como explicativa de uma ação está tão intimamente ligada à própria ação que não podemos considerar satisfatória nenhuma hipótese relativa ao significado de um costume, a menos que ela explique não somente o costume, mas também as razões que os nativos alegam para segui-lo.

2) Supõe-se que, quando um costume igual ou similar é praticado em diferentes ocasiões, ele tem o mesmo significado ou significado similar em todas elas. Por exemplo, há diferentes ocasiões em que um nome pessoal é evitado; supõe-se que há algo em comum a todas essas ocasiões, e que o significado do costume será descoberto averiguando-se qual é esse elemento comum.

3) Supõe-se que, quando diferentes costumes são praticados juntos numa mesma ocasião, há um elemento comum nesses costumes. Essa regra é o inverso da precedente. Como exemplo, podem ser mencionados os diferentes costumes observados pelos enlutados, que é lícito supor estarem todos relacionados uns aos outros. A descoberta do que é comum a todos eles explicará o significado de cada um.

4) Evitei, por enganosa e desnecessária, qualquer comparação de costumes andamaneses com costumes similares de outras raças. Somente em um ou dois casos quebrei esta regra, e acredito que neles estou justificado por considerações especiais.

Podemos começar analisando, convenientemente, a cerimônia de casamento andamanesa, uma das mais simples e mais facilmente compreendidas. Sua principal característica é que se exige que a noiva e o noivo se abracem em público. No Andamão setentrional o abraço é dado gradualmente, por estágios, por assim dizer, e cada estágio é mais íntimo que o precedente. A princípio os dois se sentam lado a lado, depois seus braços são postos em volta um do outro, e finalmente se faz com que o noivo se sente no colo da noiva.

Em toda parte na vida humana o abraço é empregado como uma expressão de sentimentos como amor, afeição, amizade, isto é, de sentimentos de apego entre pessoas. Não há nenhuma necessidade de indagar sobre a base psicofísica dessa expressão. É provável que ela esteja intimamente relacionada à amamentação do bebê pela mãe, e sem dúvida está muito estreitamente conectada ao desenvolvimento do instinto sexual. É suficiente para nosso objetivo nos assegurarmos de que o abraço, em todas as suas formas, sempre expressa sentimentos de um único tipo genérico. Não precisamos tampouco considerar a forma peculiar do abraço andamanês, em que uma pessoa se senta e estende as pernas, enquanto a outra se senta no colo assim formado, e cada uma envolve com os braços o pescoço e os ombros da outra.

O significado da cerimônia de casamento é desde pronto percebido. Pelo casamento, o homem e a mulher são introduzidos numa relação especial e íntima um com o outro: são, como dizemos, unidos. A união social é simbolizada ou expressada pela união física do abraço. A cerimônia traz vividamente à mente do jovem casal e também dos espectadores a consciência de que os dois estão entrando numa nova relação social, cuja característica básica é a afeição que devem alimentar um pelo outro.

O rito tem dois aspectos, quer o observemos do ponto de vista das testemunhas, quer daquele do próprio casal. As testemunhas, por sua presença, dão sua sanção à união que é assim promulgada diante delas. O homem que conduz a cerimônia é apenas o representante ativo da comunidade; no que faz e diz, ele age como um oficiador, e não como um indivíduo privado. A cerimônia serve, portanto, para deixar claro que o casamento é uma questão que diz respeito não apenas àqueles que estão nele ingressando, mas a toda a comunidade, e sua execução ocasional serve para manter vivo esse sentimento em relação ao casamento em geral. A existência do sentimento é demonstrada na reprovação sentida e com frequência expressada diante de um casamento ilegítimo, em que o casal se une sem uma cerimônia; uma união como esta revela a rejeição desdenhosa ou negligente de um importante princípio social.

Para as testemunhas, portanto, a cerimônia serve para ativar e expressar esse sentimento; mas ela serve também como um reconhecimento, de sua parte, da mudança de status do casal que está se unindo. Ela as faz compreender que dali em diante o jovem casal deve ser tratado não mais como duas crianças, mas como adultos responsáveis, e a cerimônia é, portanto, a oportunidade da mudança de sentimentos relativos àqueles cuja posição social está sendo alterada. Na sociedade dos andamaneses há uma divisão muito acentuada entre pessoas casadas e não casadas quanto à maneira como são vistas pelas outras, e em relação ao lugar que elas ocupam na comunidade.

Os recém-casados são levados a compreender, de uma maneira diferente e com uma intensidade de sentimento muito maior, as mesmas duas coisas; primeiro, que sua união em casamento é uma questão que diz respeito a toda a comunidade; segundo, que eles estão entrando numa nova condição, com novos privilégios, mas também com novos deveres e obrigações. Para eles, de fato, a cerimônia é uma espécie de suplício do qual ficarão muito contentes em escapar e que, pelas emoções poderosas que neles evoca, os imbui muito vividamente do significado de seu casamento.

Os presentes de casamento dados ao jovem casal são uma expressão da boa vontade geral em relação a eles. A doação de presentes é um método comum de expressar amizade entre os andamaneses. Assim, quando dois amigos se encontram após uma separação, a primeira coisa que fazem depois de ter se abraçado e chorado juntos é dar presentes um ao outro. Na maioria dos casos, a doação é recíproca, tratando-se, por conseguinte, de uma verdadeira troca. Se um presente é dado como sinal de boa vontade, o doador espera receber de volta um presente de valor mais ou menos igual. A razão para isso é óbvia; um amigo expressou sua boa vontade em relação ao outro, e, se o sentimento for correspondido, um presente deve ser dado em retribuição para expressar o mesmo. Desse modo, seria também um insulto recusar um presente oferecido, pois fazê-lo equivaleria a rejeitar a boa vontade que ele representa. No casamento, a doação é unilateral, não se espera nenhuma retribuição, pois o presente não é uma expressão de amizade pessoal da parte dos doadores, mas da boa vontade e aprovação sociais gerais. É por essa razão que é dever de todos dar algum presente aos recém-casados.

Em outra cerimônia simples, a cerimônia de restabelecimento da paz no Andamão setentrional, mais uma vez descobre-se o significado com facilidade; de fato, o simbolismo da dança se torna desde logo óbvio para a testemunha, embora talvez não tão óbvio a partir da descrição dada. Os dançarinos estão divididos em dois grupos. As ações de um grupo são, do princípio ao fim, expressões de seus sentimentos agressivos em relação ao outro. Isso fica bastante claro nos gritos, nos gestos ameaçadores e na maneira como cada membro do grupo "agressor" dá uma boa sacudida em cada integrante do outro grupo. Do outro lado, aquilo que se expressa pode ser descrito como completa passividade; os executantes ficam parados em completa imobilidade durante toda a dança, tomando o cuidado de não demonstrar nem medo nem ressentimento diante do tratamento a que têm de se submeter. Assim, os que estão de um lado dão expressão coletiva à sua raiva coletiva, que é com isso apaziguada. Os outros, ao se submeter passivamente a isso, humilhando-se diante da justa ira de seus inimigos, expiam seus erros. A raiva apaziguada decresce pouco a pouco; erros expiados são perdoados e esquecidos; a inimizade chega ao fim.

A tela de fibra contra a qual os participantes passivos na cerimônia se postam tem um significado simbólico particular que será explicado adiante. Os únicos outros elementos dessa cerimônia são o choro conjunto, de que trataremos muito em breve, e a troca de armas, que é simplesmente uma forma especial do rito de troca de presentes como expressão de boa vontade. Essa forma especial é particularmente apropriada porque parece assegurar pelo menos alguns meses de amizade, pois não se pode sair para lutar contra um homem com as armas dele enquanto ele tem as suas.

O objetivo da cerimônia é claramente produzir uma mudança nos sentimentos dos dois grupos um em relação ao outro, substituindo sentimentos de inimizade por sentimentos de amizade e solidariedade. Para ter efeito, ela depende do fato de a raiva e os sentimentos agressivos semelhantes se expressarem livremente. Sua função social é restaurar a condição de solidariedade entre dois grupos locais que foi destruída por algum ato de ofensa.

A cerimônia de casamento e a dança de restabelecimento da paz fornecem exemplos do costume que os andamaneses têm de chorar juntos em certas circunstâncias. As principais ocasiões para esse choro cerimonial são as seguintes: 1) quando dois amigos ou parentes se encontram depois de passar algum tempo separados, eles se abraçam e choram juntos; 2) na cerimônia de restabelecimento da paz, os dois grupos de ex-inimigos choram juntos, abraçando-se; 3) no fim do período de luto, os amigos dos enlutados (que não estivessem eles mesmos de luto) choram com eles; 4) depois de uma morte os amigos e parentes abraçam o cadáver e choram sobre ele; 5) quando os ossos de um homem ou de uma mulher mortos são recuperados do túmulo, chora-se por eles; 6) por ocasião de um casamento, os parentes da noiva e do noivo, respectivamente, choram por eles; 7) nos vários estágios das cerimônias de iniciação, os parentes do sexo feminino de um rapaz ou de uma moça choram por ele ou por ela.

Em primeiro lugar, é necessário notar que em nenhum dos casos acima mencionados o choro é simplesmente uma expressão espontânea de sentimento. Ele é sempre um rito, cuja execução apropriada é exigida pelo costume. (Como foi mencionado em capítulo anterior, os andamaneses são capazes de se sentar e derramar lágrimas sempre que desejam.) Não podemos tampouco explicar o choro como uma expressão de dor. É verdade que algumas das ocasiões costumam produzir sentimentos tristes (4 e

A função social dos costumes: Radcliffe-Brown e os ilhéus andamaneses   71

5, por exemplo), mas há outras em que não haveria nenhuma razão para dor, e sim para alegria. Na realidade, os andamaneses choram tanto de dor quanto espontaneamente. Uma criança chora quando é repreendida ou se fere; uma viúva chora ao pensar no marido recém-falecido. Homens raramente choram de forma espontânea por alguma razão, embora derramem lágrimas abundantes quando participam de um rito. O choro nas ocasiões enumeradas não é, portanto, uma expressão espontânea de emoção individual, mas um exemplo do que chamei de costumes cerimoniais. Em certas circunstâncias, o costume exige que homens e mulheres se abracem mutuamente e chorem. Se eles deixassem de fazê-lo, isso representaria uma ofensa condenada por todas as pessoas de bem.

Segundo o postulado de método formulado no início do capítulo, temos de procurar uma explicação para esses costumes que justifique todas as diferentes ocasiões em que o rito é executado, já que devemos supor que o mesmo rito tem o mesmo significado em qualquer circunstância na qual ele ocorra. Deve-se observar, contudo, que há duas variedades do rito. Nos três primeiros casos enumerados, ele é recíproco, isto é, duas pessoas ou dois grupos distintos choram juntos e se abraçam um ao outro, e os participantes do rito são ambos ativos. Nos outros quatro casos ele é unilateral; uma pessoa ou grupo de pessoas chora por causa de outra pessoa (ou das relíquias de uma pessoa), que tem apenas um papel passivo na cerimônia. Qualquer explicação, para ser satisfatória, deve levar em conta as diferenças entre essas duas variedades.

Eu explicaria o rito como uma expressão daquele sentimento de apego entre pessoas que é de tamanha importância na vida quase doméstica da sociedade andamanesa. Em outras palavras, o objetivo do rito é afirmar a existência de um vínculo social entre duas ou mais pessoas.

Há dois elementos na cerimônia, o abraço e o choro. Já vimos que o abraço é uma expressão, tanto entre os andamaneses como em outros lugares, do sentimento de apego, isto é, do sentimento do qual amor, amizade e afeição são variedades. Passando ao segundo elemento da cerimônia, estamos acostumados a pensar no choro mais particularmente como uma expressão de dor. Todavia, conhecemos lágrimas de alegria, e eu mesmo observei choro que não resulta nem de alegria nem de dor, mas de um súbito e esmagador sentimento de afeição. Acredito que podemos descrever o choro como um meio pelo qual a mente obtém alívio de uma condição de tensão emocional, e como as condições de tensão são mais comuns em sentimentos de pesar e dor, o choro passa a ser associado aos sentimentos dolorosos. Como é impossível debater esse assunto aqui, sou compelido a supor sem prova essa proposição na qual se baseia minha explicação do rito.* Minha própria conclusão, baseada em observação cuidadosa, é que nesse rito o choro é uma expressão do que pode ser chamado de emoção terna.[7] Sem dúvida, em algumas das ocasiões do rito, como no choro por causa de um amigo morto, os participantes estão sofrendo uma emoção dolorosa, mas evidentemente isso não acontece em todas as ocasiões. É verdade, no entanto, como irei mostrar, que em todas as ocasiões do rito há uma condição de tensão emocional pela súbita ativação do sentimento de apego pessoal.

Quando dois amigos ou parentes se encontram após uma separação, a relação social entre eles, que fora interrompida, está prestes a ser renovada. Essa relação social implica a (ou depende da) existência de um vínculo específico de solidariedade entre eles. O rito do choro (com a subsequente troca de presentes) é a afirmação desse vínculo. O rito, que, deve-se lembrar, é obrigatório, compele os dois participantes a agir como se sentissem certas emoções, e dessa maneira ele produz de fato essas emoções, em certa medida. Quando os dois amigos se encontram, seu primeiro sentimento parece ser de timidez, misturado ao prazer de se reencontrar. Isso está de acordo com as afirmações dos nativos, bem como com minha própria observação. Ora, essa timidez (os andamaneses usam a mesma palavra empregada para "vergonha") é ela própria uma condição de tensão emocional que tem de ser aliviada de alguma maneira. O abraço ativa plenamente aquele sentimento de afeição ou amizade que esteve latente e que o rito tem por função renovar. O choro dá alívio à tensão emocional que acabamos de mencionar, e também reforça o efeito do abraço. Ele faz isso porque um forte sentimento de apego pessoal sempre se produz quando duas pessoas se unem no compartilhamento e na expressão simultânea de uma mesma emoção.** A pequena cerimônia serve, portanto, para dissipar o sentimento inicial de acanhamento e para restabelecer a condição de intimidade e afeição que existia antes da separação.

Na cerimônia de restabelecimento da paz, o objetivo de todo o rito é abolir uma condição de inimizade e substituí-la por outra, de amizade. As relações outrora amistosas entre os dois grupos foram interrompidas por um período mais longo ou mais curto de antagonismo. Vimos que o efeito da dança é dissipar a ira de um grupo, dando-lhe livre expressão. O choro que

---

* Em outras palavras, a teoria psicofísica aqui adotada é de que o choro é um substituto para a atividade motora quando o sistema cinético do corpo (centros motores, tiroide, suprarrenais etc.) é estimulado, mas nenhuma ação efetiva em reação direta ao estímulo é possível no momento. Quando um sentimento é estimulado, e a ação a que ele poderia levar é frustrada, o estado emocional resultante em geral é doloroso, e por isso o choro é comumente associado aos estados de dor.

7. W. McDougall, *Social Psychology*.

** A simpatia ativa, o habitual compartilhamento de emoções alegres e dolorosas, é da máxima importância na formação de sentimentos de apego pessoal.

A função social dos costumes: Radcliffe-Brown e os ilhéus andamaneses   73

se segue é a renovação da amizade. O rito aqui é exatamente paralelo àquele executado no encontro de dois amigos, exceto por envolver não dois indivíduos, mas dois grupos, e porque, em razão do número de pessoas implicadas, a condição emocional tem uma intensidade muito maior.* Também aqui, portanto, vemos que o rito é uma afirmação de solidariedade ou união social, nesse caso entre dois grupos, e que a regra é de natureza tal a levar os participantes a sentir que estão ligados uns aos outros pelos laços de amizade.

Chegamos agora ao exemplo mais difícil do rito, aquele que tem lugar no fim do luto. Ainda se irá mostrar adiante que, durante o período de luto, os enlutados são isolados da vida habitual da comunidade. Em razão dos laços que ainda os ligam à pessoa morta, eles são postos, por assim dizer, fora da sociedade, e os vínculos que os unem a seu grupo temporariamente se afrouxam. No fim do período de luto eles reingressam na sociedade e assumem mais uma vez seu lugar na vida social. Seu retorno à comunidade é a ocasião em que eles e seus amigos choram juntos. Também nesse caso, portanto, pode-se explicar o rito dizendo-se que ele tem por objetivo a renovação das relações sociais que foram interrompidas. Essa explicação irá parecer mais convincente quando tivermos considerado em detalhe os costumes do luto. Se ela for aceita, será possível ver então que, nos três primeiros casos do rito do choro (aqueles em que a ação é recíproca), há condições em que relações sociais interrompidas estão prestes a ser renovadas, e o rito serve como cerimônia de agregação.

Consideremos agora a segunda variedade do rito, e antes de tudo seu significado como parte da cerimônia de casamento. Pelo casamento, os vínculos sociais que até então uniam a noiva e o noivo aos respectivos parentes, em particular seus parentes do sexo feminino, como mãe, irmã da mãe, irmã do pai e mãe adotiva, são modificados. O rapaz e a moça solteiros estão numa posição de dependência para com seus parentes mais velhos, e pelo casamento essa dependência é parcialmente abolida. Enquanto as principais obrigações da noiva eram formalmente aquelas devidas à sua mãe e às suas parentas mais velhas, daqui por diante suas principais obrigações na vida serão para com o marido. A posição do noivo é similar, e deve-se observar que suas relações sociais com seus parentes do sexo masculino são menos afetadas pelo casamento que aquelas com suas parentas do sexo feminino. No entanto, embora os laços que ligavam a noiva e o noivo a seus parentes estejam prestes a ser modificados ou parcialmente destruídos pelos novos laços

---

* É lugar-comum na psicologia pensar que uma emoção coletiva, isto é, uma emoção sentida e expressa ao mesmo tempo por várias pessoas, é mais intensamente sentida que a emoção do mesmo tipo não compartilhada.

do casamento, com seus novos deveres e direitos, eles continuarão existindo numa condição enfraquecida e alterada. O rito do choro é a expressão dessa condição alterada. Ele serve para tornar real (por sentimento), naqueles que dele participam, a presença dos laços sociais que estão sendo modificados.

Quando a mãe da noiva, ou do noivo, chora num casamento, ela sente que seu filho, ou sua filha, está sendo retirado de seus cuidados. Ela sente o pesar de uma separação parcial e se consola expressando no rito seu constante sentimento de ternura e afeto em relação a ele na nova condição em que está ingressando. Para ela, o principal resultado do rito é fazê-la sentir que seu filho continua a ser objeto de sua afeição, que ainda está ligado a ela por laços estreitos, embora esteja sendo retirado de seus cuidados.

Exatamente a mesma explicação se mantém em relação ao choro em cerimônias de iniciação. Por meio dessas cerimônias, o rapaz (ou moça) é gradualmente retirado de uma condição de dependência da mãe e dos parentes mais velhos do sexo feminino e transformado num membro independente da comunidade. A iniciação é um longo processo só completado pelo casamento. Em cada estágio da prolongada cerimônia, portanto, os laços sociais que unem o iniciado a esses parentes são modificados ou enfraquecidos, e o rito do choro é o meio pelo qual o significado da mudança é incutido naqueles que dela participam. Para a mãe, o choro expressa sua resignação diante da perda necessária, e funciona como um consolo, fazendo-a sentir que seu filho ainda é dela, embora esteja agora sendo retirado de seus cuidados. Para o menino, o rito tem um significado diferente. Ele percebe que não é mais apenas uma criança, dependente da mãe, mas que está entrando na idade adulta. Seus sentimentos anteriores em relação à mãe devem ser modificados. O fato de estar se separando dela é, para ele, o aspecto mais importante da questão; por isso, enquanto ela chora, ele não deve emitir em troca nenhum sinal de ternura, deve continuar sentado em silêncio. Assim como na cerimônia de casamento, o rito serve para incutir no rapaz e na moça a ideia de que, em razão dos novos vínculos que formam um com o outro, eles estão cortando os laços com suas famílias.

Quando uma pessoa morre, os laços sociais que a unem aos sobreviventes são profundamente modificados. Eles não são inteiramente destruídos de imediato, como veremos melhor quando tratarmos dos costumes de funeral e luto, pois os amigos e parentes ainda sentem em relação à pessoa morta aquela afeição que nutriam por ela quando estava viva, e isso se torna agora fonte de profundo pesar. É essa afeição que ainda os liga à pessoa morta que eles expressam no rito do choro sobre o cadáver. Aqui, rito e expressão natural de emoção coincidem, mas convém observar que o choro é obrigatório, uma questão de dever. Nesse caso, portanto, o rito é similar àquele observado no

A função social dos costumes: Radcliffe-Brown e os ilhéus andamaneses   75

casamento e na iniciação. O homem é isolado pela morte da sociedade a que pertencia, e da associação com seus amigos, mas estes últimos ainda sentem em relação a ele aquele apego que os unia enquanto ele vivia, e é esse apego que expressam quando abraçam o cadáver sem vida e choram sobre ele.

Resta apenas mais um caso do rito a considerar. Quando o período de luto por uma pessoa morta termina, e os ossos são recuperados, a mudança nas relações entre o morto e os vivos, que começa na morte e é, como veremos, levada a cabo pelos costumes e cerimônias do luto, finalmente se conclui. A pessoa morta está agora inteiramente desligada do mundo dos vivos, exceto pelo fato de que seus ossos serão valorizados como relíquias e amuletos. Julgo que o choro sobre os ossos deve ser tomado como um rito de agregação pelo qual os ossos, como representantes da pessoa morta (tudo o que resta dela), são recebidos de volta na sociedade para ocupar, dali em diante, um lugar especial na vida social. O rito constitui uma renovação das relações sociais com a pessoa morta após um período durante o qual as relações sociais ativas foram interrompidas em razão do perigo que há em qualquer contato entre vivos e mortos. Pelo rito, a afeição que foi sentida outrora pela pessoa morta é revivida e agora se dirige para as relíquias do esqueleto do homem ou mulher que foi outrora seu objeto. ...

A explicação proposta acerca do rito do choro deve agora estar clara. Considero-o a afirmação de um vínculo de solidariedade social entre os que participam dele, produzindo neles uma compreensão desse vínculo ao suscitar o sentimento de apego. Em alguns casos, portanto, o rito serve para renovar as relações sociais quando elas foram interrompidas, e nesses casos ele é recíproco. Em outros, serve para demonstrar a persistência do vínculo social quando ele é enfraquecido ou modificado por casamento, iniciação ou morte. Em todos os casos, podemos dizer que o objetivo do rito é produzir um novo estado de disposições afetivas que regulam a conduta de pessoas umas em relação às outras, seja revivendo sentimentos que estiveram latentes, seja produzindo o reconhecimento de uma mudança na condição das relações pessoais.

O estudo dessas cerimônias simples nos mostrou várias coisas de importância.

1) Em todos os casos, a cerimônia é a expressão de um estado de ânimo afetivo compartilhado por duas ou mais pessoas. Assim, o rito do choro expressa sentimentos de solidariedade, e a troca de presentes expressa boa vontade.

2) Mas as cerimônias não são expressões espontâneas de sentimentos; elas são ações costumeiras a que se associa o sentimento de obrigação, e é dever das pessoas executá-las em ocasiões definidas. É dever de todos numa comunidade dar presentes no casamento; é dever dos parentes chorar juntos quando se encontram.

3) Em todos os casos, a cerimônia deve ser explicada tendo como referência as leis fundamentais que regulam a vida afetiva de seres humanos. Não é nosso propósito aqui analisar esses fenômenos, mas apenas assegurar que eles são reais. O choro é uma válvula de escape para a tensão emocional; a livre expressão de sentimentos agressivos os faz desaparecer, em vez de continuarem a arder em fogo brando; o abraço é uma expressão de sentimentos de apego entre pessoas – essas são as generalizações psicológicas sobre as quais se baseiam as explicações antes dadas a várias cerimônias andamanesas.

4) Por fim, vimos que cada uma dessas cerimônias serve para renovar ou modificar nas mentes dos que delas participam um ou mais dos sentimentos sociais. A cerimônia de restabelecimento de paz é um método pelo qual sentimentos de inimizade são trocados por sentimentos de amizade. O rito de casamento serve para despertar na mente do par que está se casando o sentido de suas obrigações como pessoas casadas, e para produzir na mente das testemunhas uma mudança de sentimentos em relação aos jovens, como a que deve acompanhar apropriadamente sua mudança de status social. O choro e a troca de presentes quando amigos se reúnem é um meio de renovar seus sentimentos mútuos de apego. O choro no casamento, na iniciação e na ocasião da morte é uma reação de defesa ou compensação quando os sentimentos de solidariedade são atacados por uma ruptura parcial dos laços sociais que unem uma pessoa a outra.

...

Devo concluir aqui minha tentativa de interpretar os costumes e as crenças dos ilhéus andamaneses, mas, ao fazê-lo, desejo ressaltar, embora isso já deva estar bastante óbvio, que, se minha interpretação estiver correta, o significado dos costumes de outros povos primitivos deve ser descoberto por métodos similares e de acordo com os mesmos princípios psicológicos. Como me assegurei da validade desses métodos e princípios, aplicando-os à interpretação de outras culturas, proponho as hipóteses [aqui apresentadas] com uma segurança que talvez não se justificasse caso eu me baseasse apenas no estudo dos andamaneses. Em outras palavras, adotei certa hipótese de trabalho e mostrei que, com base nessa hipótese, é possível construir uma explicação satisfatória dos costumes e crenças andamaneses. Mas a hipótese é de tal natureza que afirma ou implica – como o fazem certas leis e princípios psicológicos – que, se ela for verdadeira para um povo primitivo, deve ser verdadeira para outros; e, de fato, com modificações necessárias, deve ser verdadeira para toda a sociedade humana. Semelhante hipótese, óbvio, não pode ser adequadamente testada em referência apenas a um conjunto limitado de fatos; portanto, para que ela se torne algo além de uma hipótese, será necessário testar sua aplicação sobre uma série mais ampla de fatos etnológicos.

A questão é tão importante que, mesmo com o risco de enfadonha repetição, cabe uma formulação final da hipótese que foi aplicada aos e testada pelos fatos referentes aos ilhéus andamaneses conhecidos por nós.

Numa investigação como esta, em minha opinião, não estamos testando fatos isolados, mas uma "cultura", compreendendo por essa palavra toda a grande quantidade de instituições, costumes e crenças de um dado povo. Para existir de alguma maneira, e para continuar a existir, uma cultura deve cumprir certas condições. Deve fornecer um modo de subsistência adequado ao ambiente e à densidade da população existente; deve assegurar a continuação da sociedade pelo cuidado apropriado com as crianças; deve fornecer meios para manter a coesão da sociedade. Todas essas coisas envolvem a regulação da conduta individual de certas maneiras definidas; isto é, envolvem certo sistema de costumes morais.

Cada tipo de organização social tem seu próprio sistema de costumes morais, e seria possível explicá-los mostrando como eles servem para manter a existência da sociedade. Essa explicação seria de tipo psicológico, não histórico; ela não daria a causa originária de qualquer costume, mas sua função social. Por exemplo, é fácil ver a função dos próprios sentimentos fortes que os andamaneses alimentam em relação ao valor da generosidade na distribuição de alimentos e da energia gasta para sua obtenção, e em relação à natureza extremamente repreensível da preguiça e da voracidade (querendo dizer com esta última palavra comer muito quando os outros têm pouco). Foi somente pelo cultivo dessas virtudes, ou pela erradicação dos vícios opostos, que a sociedade andamanesa continuou a existir num ambiente em que o alimento só pode ser obtido mediante esforço individual, onde ele não pode ser preservado de um dia para outro, e onde há períodos ocasionais de escassez. Para dar mais um exemplo, seria possível mostrar como a maneira pela qual a vida da família se organiza está estreitamente relacionada a certas necessidades sociais básicas. Se procuramos chegar a uma explicação da cultura andamanesa como um todo e em todos os seus detalhes, cumpre examinar todos os costumes morais do povo e mostrar suas relações uns com os outros e com a base fundamental sobre a qual a sociedade está organizada.

A necessária regulação da conduta numa dada sociedade depende da existência, em cada indivíduo, de um sistema organizado de sentimentos. Esse sistema de sentimentos ou motivos será claramente diferente em culturas diversas, assim como o sistema de regras morais é diferente em sociedades de tipos distintos. Há, no entanto, por assim dizer, um substrato geral que é o mesmo em todas as sociedades humanas. Não importa como a sociedade está organizada, deve haver no indivíduo um forte sentimento de apego a seu próprio grupo, à divisão social (nação, aldeia, clã, tribo, casta etc.) a que pertence. A forma particular pela qual esse sentimento é revelado em pensamento e ação dependerá da natureza do grupo a que ele se refere. De maneira semelhante, nenhuma sociedade pode existir sem a presença na mente de seus membros de uma forma ou outra do sentimento de obrigação moral – o sentimento de que certas coisas devem ser feitas, certas outras coisas não devem ser feitas, porque aquelas são corretas, boas, virtuosas, e estas são erradas, más, degradadas ou pecaminosas. Além disso, apesar de talvez menos importante, embora não menos necessário, há o sentimento de dependência em suas várias formas – dependência dos outros, da sociedade, da tradição ou do costume.

Para que uma cultura exista, portanto, esses sentimentos (e outros conectados com eles, que não precisam ser enumerados) devem existir na mente dos indivíduos de certas formas definidas, capazes de influenciar a ação no rumo exigido para manter a coesão da sociedade em sua base real de organização. Esta, podemos dizer, é a função social desses sentimentos.

Deixando completamente de lado a questão de como sentimentos desses tipos aparecem, podemos observar que eles envolvem a existência de um tipo particular de experiência. O indivíduo experimenta sobre si mesmo a ação de um poder ou de uma força – coagindo-o a agir de certos modos nem sempre agradáveis, sustentando-o em sua fraqueza, ligando-o a seus companheiros, a seu grupo. Essa força é algo que não é o próprio indivíduo, é algo fora dele; no entanto, de maneira igualmente clara, ela se faz sentir não como mera compulsão ou apoio externo, mas como algo dentro da própria consciência dele – dentro dele mesmo, portanto. Se fôssemos dar um nome a essa força, só poderíamos denominá-la força moral da sociedade. A própria existência de uma sociedade humana, argumentou-se, envolve necessariamente a existência dessa experiência real de uma força moral atuando através da sociedade sobre o indivíduo, e contudo atuando dentro da própria consciência dele. A experiência, por conseguinte, está lá, mas disso não decorre que o homem primitivo possa analisar sua própria experiência; é bastante óbvio que essa análise está acima dele. Ainda assim, a experiência o leva a formar certas noções ou representações, e é possível mostrar como essas noções estão psicologicamente relacionadas à experiência de uma força moral.

A experiência dessa força moral só chega ao indivíduo em experiências concretas, definidas. Aprendemos primeiro a experimentar nossa própria dependência em nossas relações com nossos pais, e assim extraímos a forma concreta na qual envolvemos nosso sentimento adulto posterior, de dependência para com nosso Deus. Ou, para tomar um exemplo do vasto número fornecido pelos costumes em Andamão, o ilhéu andamanês, como outros selvagens, cuja principal preocupação na vida é obter alimento e comê-lo, encontra inevitavelmente sua experiência de uma força moral associada de maneira muito íntima com as coisas que usa como alimento. De forma também inevitável, por conseguinte, ele considera o alimento uma substância à qual, de algum modo, a força moral é inerente, uma vez que com frequência é pelo alimento que a força realmente o afeta e às suas ações. A psicologia da questão pode ser encontrada, espero, nos argumentos do último capítulo. A partir da análise feita ali de diferentes costumes e crenças, deveria ser óbvio que a forma pela qual o ilhéu andamanês encara todas as coisas que influenciam a vida social se deve ao modo pelo qual elas estão associadas com sua experiência da força moral da sociedade.

Dessa maneira, surge na mente do homem primitivo, como resultado de sua vida social e da ação do sentimento que ela envolve, a noção mais ou menos grosseira e indefinida de um poder na sociedade e na natureza dotado de certos atributos. Esse poder é responsável por todas as condições de euforia ou disforia social, porque em todas essas condições o próprio poder é realmente experimentado. É o mesmo poder que compele o indivíduo a se adequar ao costume em sua conduta, atuando sobre ele tanto internamente, como a força da consciência, quanto externamente, como a força da opinião. É a mesma força em relação à qual o indivíduo se sente dependente, como uma fonte de força interior para ele em momentos de necessidade. É essa força também que o arrebata durante períodos de euforia social, como danças, cerimônias ou lutas, e que lhe dá a sensação de um grande e súbito aumento de sua própria força pessoal.

Os andamaneses não chegaram a reconhecer por um nome especial esse poder de que se tornam assim conscientes. Mostrei que em algumas de suas manifestações eles a veem, simbolicamente, como uma espécie de calor, ou uma força semelhante àquela que conhecem no fogo e no calor. Em sociedades mais desenvolvidas, no entanto, encontramos a abordagem mais próxima de um reconhecimento definido desse poder ou força em suas diferentes manifestações por meio de um único nome. O poder denotado pela palavra *mana* na Melanésia, e pelas palavras *orenda*, *wakan*, *nauala* etc. entre diferentes tribos da América do Norte, é o mesmo poder cuja noção surge, como tentei mostrar, da experiência real da força moral da sociedade.

Esses sentimentos e as representações a eles ligadas, de cuja existência, como vimos, depende a existência da própria sociedade, precisam se manter vivos, se manter em um dado grau de intensidade. Afora a necessidade que existe de conservá-los vivos na mente do indivíduo, cabe inculti-los em cada novo indivíduo acrescentado à sociedade, em cada criança à medida que ela se desenvolve num adulto. Se até os sentimentos individuais só subsistem na mente se forem exercidos, se forem expressos, quanto mais os sentimentos coletivos, aqueles compartilhados por várias pessoas. Só é possível conservar esses sentimentos coletivos dando-lhes expressão adequada e regular.

Aqui, portanto, encontramos a função dos costumes cerimoniais de povos primitivos como os andamaneses. Todos esses costumes são simplesmente meios pelos quais certas maneiras de sentir em relação aos diferentes aspectos da vida social são regularmente expressas e, por meio da expressão, mantidas vivas e transmitidas de uma geração a outra. Assim, os costumes ligados aos alimentos servem para conservar vivas certas maneiras de sentir em relação aos alimentos e aos deveres morais a eles associados, o mesmo podendo ser dito de outros costumes.

Modos afetivos de experiência (sentimentos, sensações e emoções) podem ser expressos não apenas em movimentos físicos, mas também por meio da linguagem. A função dos mitos e lendas dos andamaneses é exatamente paralela à do ritual e do cerimonial. Eles servem para expressar certas formas de pensar e sentir sobre a sociedade e sua relação com o mundo da natureza, e assim conservar esses modos de pensamento e sentimento, e transmiti-los a sucessivas gerações. Tanto no caso do ritual quanto no do mito, os sentimentos expressos são aqueles essenciais à existência da sociedade.

Ao longo deste capítulo, evitei o uso do termo religião. Minha razão para isso é que não fui capaz de encontrar uma definição dessa palavra que a tornasse adequada para uso num debate científico acerca das crenças de povos tão primitivos quanto os andamaneses.

Quando usamos o termo religião, pensamos primeiro, inevitavelmente, naquilo que entendemos por essa palavra na sociedade civilizada. Não é possível, acredito, dar uma definição exata que retenha todas as conotações da palavra tal como comumente usada e nos ajude ao mesmo tempo no estudo dos costumes de sociedades não desenvolvidas. A definição de religião que me parece mais satisfatória é que ela consiste em: 1) uma crença na existência de uma grande força ou poder moral (quer seja pessoal, quer não) na natureza; 2) uma relação organizada entre o homem e esse Poder Superior. Se essa definição for aceita, está claro que os andamaneses têm crenças e costumes religiosos. Eles acreditam de fato num poder moral que regula o Universo e organizaram suas relações com esse poder em algumas de suas cerimônias simples. Não parece possível, no entanto, traçar uma linha divisória precisa entre essas crenças e esses costumes que merecem apropriadamente se chamar de religiosos e outros que não admitem esse adjetivo. Não é possível, no Andamão, separar uma entidade definida que possamos nomear religião de coisas que podem ser vistas de forma mais apropriada como arte, moralidade, jogos ou cerimonial social.

Apesar disso, o objetivo deste capítulo foi explicar a natureza e a função da religião andamanesa. Entre as condições fundamentais que devem ser preenchidas para que os seres humanos possam viver juntos em sociedade está a existência disso que chamamos de religião, a crença num grande Poder Invisível, e entre ele e nós sempre deve haver a grande preocupação vital de estabelecer e manter a harmonia. O ilhéu andamanês com sua fé um tanto infantil, o aborígine australiano decorado com tinta e plumas personificando seu ancestral totêmico, o polinésio sacrificando vítimas humanas no *marae* de seu deus, o budista seguindo o Caminho Sagrado de Oito Estágios, todos estão empenhados, ainda que por caminhos os mais diversos, na mesma busca eterna.

QUESTÕES E TEMAS PARA DISCUSSÃO

1. Compare as visões de Durkheim e de Radcliffe-Brown a respeito dos ritos e cerimônias e a importância que têm para a compreensão da vida social.
2. Observe como Radcliffe-Brown apresenta a origem social das formas de se expressar emoções (como o choro e o abraço) e discuta sua pertinência em relação à sociedade contemporânea.

LEITURAS SUGERIDAS

Melatti, Julio Cezar (org.). *Radcliffe-Brown: antropologia*, Col. Grandes Cientistas Sociais. Rio de Janeiro, Ática, 1978.

Radcliffe-Brown, A.R. *Estrutura e função na sociedade primitiva*. Petrópolis, Vozes, 2ª ed., 2013.

6. Mauss, a dádiva e a obrigação de retribuí-la

Marcel Mauss (1872-1950), sobrinho de Durkheim, seu aluno, assistente e colaborador, foi um expoente das ciências sociais na França. Apesar de ter sido também um sociólogo profissional, sua posição de autor clássico da antropologia tornou-se, ao longo do tempo, mais consolidada. Mauss sucedeu a Durkheim como editor da revista *L'Année sociologique*, onde publicou muitos artigos e resenhas. Obteve uma cátedra no Collège de France em 1931, mas foi dela afastado quando da ocupação nazista na França, por ser um militante socialista e ter origem judaica. Sua obra encontra-se reunida basicamente em duas coletâneas: *Sociologia e antropologia* (1950) e *Ensaios de sociologia* (1971).

O "Ensaio sobre a dádiva: forma e razão da troca nas sociedades arcaicas", longo artigo publicado em 1923-24, é considerado por muitos antropólogos o texto mais importante de Mauss (inclusive por Lévi-Strauss, que fez uma famosa apresentação à coletânea *Sociologia e antropologia*, na qual o texto foi publicado). Reproduzimos aqui parte de seu início, no qual Mauss apresenta exemplos etnográficos da existência de trocas que "se fazem sob a forma de presentes, em teoria voluntários, na verdade obrigatoriamente dados e retribuídos".

Estão aqui presentes passagens famosas como a definição que Mauss faz de "fenômenos sociais totais", a descrição do potlatch de tribos do noroeste americano e do *hau*, o espírito maori das coisas dadas, que mantém algo dos seus doadores, e querem a eles retornar. Apresenta, ao final, sua tese geral: a da vida social como um constante dar e receber, fundamento de toda sociabilidade humana. Fiel à tradição durkheimiana, Mauss defende a universalidade da dádiva como produtora de alianças sociais.

ENSAIO SOBRE A DÁDIVA

Marcel Mauss

" Na civilização escandinava e em muitas outras, as trocas e os contratos se fazem sob a forma de presentes, em teoria voluntários, na verdade obrigatoriamente dados e retribuídos.

Este trabalho é um fragmento de estudos mais vastos. Há anos nossa atenção dirige-se ao mesmo tempo para o regime do direito contratual e para o sistema das prestações econômicas entre as diversas seções ou subgrupos de que se compõem as sociedades ditas primitivas, e também as que poderíamos chamar arcaicas. Existe aí um enorme conjunto de fatos. E fatos que são muito complexos. Neles, tudo se mistura, tudo o que constitui a vida propriamente social das sociedades que precederam as nossas – até às da proto-história. Nesses fenômenos sociais "totais", como nos propomos chamá-los, exprimem-se, de uma só vez, as mais diversas instituições: religiosas, jurídicas e morais – estas sendo políticas e familiares ao mesmo tempo; econômicas – estas supondo formas particulares da produção e do consumo, ou melhor, do fornecimento e da distribuição; sem contar os fenômenos estéticos em que resultam esses fatos e os fenômenos morfológicos que essas instituições manifestam.

De todos esses temas muito complexos e dessa multiplicidade de coisas sociais em movimento, queremos considerar aqui apenas um dos traços, profundo mas isolado: o caráter voluntário, por assim dizer, aparentemente livre e gratuito, e no entanto obrigatório e interessado, dessas prestações. Elas assumiram quase sempre a forma do regalo, do presente oferecido generosamente, mesmo quando, nesse gesto que acompanha a transação, há somente ficção, formalismo e mentira social, e quando há, no fundo, obrigação e interesse econômico. E não obstante indicarmos com precisão os diversos princípios que deram esse aspecto a uma forma necessária da troca – isto é, da própria divisão social do trabalho –, vamos estudar a fundo somente um de todos esses princípios. *Qual é a regra de direito e de interesse que, nas sociedades de tipo atrasado ou arcaico, faz com que o presente recebido seja obrigatoriamente retribuído? Que força existe na coisa dada que faz com que o donatário a retribua?* Eis o problema ao qual nos dedicamos mais especialmente, ao mesmo tempo que indicamos os outros. Esperamos dar, por um número bastante grande de fatos, uma resposta a essa questão precisa e mostrar em que direção é possível lançar um estudo das questões conexas. Também se verá a que novos problemas somos levados: uns dizem respeito a uma forma permanente da moral contratual, a saber, a maneira pela qual o direito real permanece ainda em nossos dias ligado ao direito pessoal; outros dizem respeito às formas e às ideias que sempre presidiram, ao menos parcialmente, à troca, e que ainda hoje suprem em parte a noção de interesse individual.

Assim, atingiremos um duplo objetivo. De um lado, chegaremos a conclusões de certo modo arqueológicas sobre a natureza das transações humanas nas sociedades que nos cercam ou que imediatamente nos precederam. Descreveremos os fenômenos de troca e de contrato nessas sociedades que não são privadas de mercados econômicos como se afirmou – pois o mercado é um fenômeno humano que, a nosso ver, não é alheio a nenhuma sociedade conhecida –, mas cujo regime de troca é diferente do nosso. Nelas veremos o mercado antes da instituição dos mercadores, e antes de sua principal invenção, a moeda propriamente dita; de que maneira ele funcionava antes de serem descobertas as formas, pode-se dizer, modernas (semítica, helênica, helenística e romana) do contrato e da venda, de um lado, e a moeda oficial, de outro. Veremos a moral e a economia que regem essas transações.

E, como constataremos que essa moral e essa economia funcionam ainda em nossas sociedades de forma constante e, por assim dizer, subjacente, como acreditamos ter aqui encontrado uma das rochas humanas sobre as quais são construídas nossas sociedades, poderemos deduzir disso algumas conclusões morais sobre alguns problemas colocados pela crise de nosso direito e de nossa economia, e nos deteremos aí. Essa página de história social, de sociologia teórica, de conclusões de moral, de prática política e econômica não nos leva, no fundo, senão a colocar mais uma vez, sob formas novas, antigas mas sempre novas questões.

Método seguido

Seguimos um método de comparação preciso. Primeiro, como sempre, só estudamos nosso tema em áreas determinadas e escolhidas – Polinésia, Melanésia, noroeste americano – e alguns grandes direitos. A seguir, naturalmente, escolhemos apenas direitos nos quais, graças aos documentos e ao trabalho filológico, tivéssemos acesso à consciência das próprias sociedades, pois se trata aqui de termos e de noções; isso restringiu ainda mais o campo de nossas comparações. Por fim, cada estudo teve por objeto sistemas que nos limitamos a descrever, um após outro, em sua integridade; renunciamos, portanto, a essa comparação constante em que tudo se mistura e em que as instituições perdem toda cor local, e os documentos, seu sabor.

Prestação, dádiva e potlatch

Este trabalho faz parte da série de pesquisas que há muito temos desenvolvido, Davy* e eu, sobre as formas arcaicas do contrato. Um resumo delas é necessário.

Jamais parece ter havido, nem até uma época bastante próxima de nós nem nas sociedades muito erradamente confundidas sob o nome de primitivas ou inferiores, algo que se assemelhasse ao que chamam a economia natural. Por uma estranha mas clássica aberração, escolhiam-se mesmo, para apresentar o modelo dessa economia, os textos de Cook sobre a troca e o escambo entre os polinésios. Ora, são esses mesmos polinésios que vamos aqui estudar, e veremos o quanto estão distantes, em matéria de direito e de economia, do estado de natureza.

Nas economias e nos direitos que precederam os nossos, nunca se constatam, por assim dizer, simples trocas de bens, de riquezas e de produtos num mercado estabelecido entre os indivíduos. Em primeiro lugar, não são indivíduos, são coletividades que se obrigam mutuamente, trocam e contratam; as pessoas presentes ao contrato são pessoas morais: clãs, tribos, famílias que se enfrentam e se opõem seja em grupos frente a frente num terreno, seja por intermédio de seus chefes, seja ainda dessas duas maneiras ao mesmo tempo. Ademais, o que eles trocam não são exclusivamente bens e riquezas, bens móveis e imóveis, coisas úteis economicamente. São, antes de tudo, amabilidades, banquetes, ritos, serviços militares, mulheres, crianças, danças, festas, feiras, dos quais o mercado é apenas um dos momentos, e nos quais a circulação de riquezas não passa de um dos termos de um contrato bem mais geral e bem mais permanente. Enfim, essas prestações e contraprestações se estabelecem de uma forma sobretudo voluntária, por meio de regalos, presentes, embora elas sejam no fundo rigorosamente obrigatórias, sob pena de guerra privada ou pública. Propusemos chamar tudo isso *o sistema das prestações totais*. O tipo mais puro dessas instituições nos parece ser representado pela aliança de duas fratrias nas tribos australianas ou norte-americanas em geral, onde os ritos, os casamentos, a sucessão de bens, os vínculos de direito e de interesse, posições militares e sacerdotais, tudo é complementar e supõe a colaboração das duas metades da tribo. Por exemplo, os jogos são particularmente regidos por elas. Os Tlingit e os Haïda, duas tribos do noroeste americano, expri-

---

* Georges Davy (1883-1976), sociólogo francês, discípulo de Durkheim assim como Mauss, cuja obra concentra-se no estudo sociológico do direito e das instituições legais. (N.O.)

mem fortemente a natureza dessas práticas dizendo que "as duas fratrias se mostram respeito".

Mas, nessas duas últimas tribos do noroeste americano e em toda essa região, aparece uma forma típica, por certo, mas evoluída e relativamente rara dessas prestações totais. Propusemos chamá-la potlatch, como o fazem, aliás, os autores americanos que se servem do nome chinook incorporado à linguagem corrente dos brancos e dos índios de Vancouver ao Alasca. Potlatch quer dizer essencialmente "nutrir", "consumir". Essas tribos, muito ricas, que vivem nas ilhas ou na costa, ou entre as montanhas Rochosas e a costa, passam o inverno numa perpétua festa: banquetes, feiras e mercados, que são ao mesmo tempo a assembleia solene da tribo. Esta se dispõe segundo suas confrarias hierárquicas, suas sociedades secretas, geralmente confundidas com as primeiras e com os clãs; e tudo, clãs, casamentos, iniciações, sessões de xamanismo e culto dos grandes deuses, dos totens ou dos ancestrais coletivos ou individuais do clã, tudo se mistura numa trama inextricável de ritos, de prestações jurídicas e econômicas, de determinações de cargos políticos na sociedade dos homens, na tribo e nas confederações de tribos, e mesmo internacionalmente. Mas o que é notável nessas tribos é o princípio da rivalidade e do antagonismo que domina todas essas práticas. Chega-se até a batalha, até a morte dos chefes e nobres que assim se enfrentam. Por outro lado, chega-se até a destruição puramente suntuária das riquezas acumuladas para eclipsar o chefe rival que é ao mesmo tempo um associado (geralmente avô, sogro ou genro). Há prestação total no sentido de que é claramente o clã inteiro que contrata por todos, por tudo o que ele possui e por tudo o que ele faz, mediante seu chefe. Mas essa prestação adquire, da parte do chefe, um caráter agonístico muito marcado. Ela é essencialmente usurária e suntuária, e assiste-se antes de tudo a uma luta dos nobres para assegurar entre eles uma hierarquia que ulteriormente beneficiará seu clã.

Propomos reservar o nome de potlatch a esse gênero de instituição que se poderia, com menos perigo e mais precisão, mas também mais longamente, chamar de *prestações totais de tipo agonístico*.

Até aqui, praticamente só havíamos encontrado exemplos dessa instituição nas tribos do noroeste americano e nas de uma parte do norte americano, na Melanésia e na Papuásia [Nova Guiné]. Em todos os outros lugares, na África, na Polinésia e na Malásia, na América do Sul e no restante da América do Norte, o fundamento das trocas entre os clãs e as famílias nos parecia permanecer do tipo mais elementar da prestação total. No entanto, pesquisas mais aprofundadas mostram agora um número bastante considerável de formas intermediárias entre essas trocas com rivalidade exasperada, com destruição de riquezas, como as do noroeste americano e da Melanésia, e outras com emulação mais moderada, em que os contratantes rivalizam em presentes: assim rivalizamos em nossos brindes de fim de ano, em nossos festins, nas bodas, em nossos simples convites para jantar, e sentimo-nos ainda obrigados a nos *revanchieren*, como dizem os alemães. Constatamos essas formas intermediárias no mundo indo-europeu antigo, particularmente entre os trácios.

Diversos temas – regras e ideias – estão contidos nesse tipo de direito e de economia. O mais importante entre esses mecanismos espirituais é evidentemente o que obriga a retribuir o presente recebido. Ora, em parte alguma a razão moral e religiosa dessa obrigação é mais aparente do que na Polinésia. Estudemo-la em particular; veremos claramente que força leva a retribuir uma coisa recebida e, em geral, a executar os contratos reais.

As dádivas trocadas e a obrigação de retribuí-las (Polinésia)

1. Prestação total, bens uterinos contra bens masculinos (Samoa)
Nas pesquisas sobre a extensão do sistema das dádivas contratuais, por muito tempo pareceu que não havia potlatch propriamente dito na Polinésia. As sociedades polinésias em que as instituições mais se aproximavam disso não pareciam ultrapassar o sistema das "prestações totais", dos contratos perpétuos entre clãs que põem em comum suas mulheres, seus homens, suas crianças, seus ritos etc. Os fatos que então estudamos, particularmente em Samoa, o significativo costume das trocas de esteiras brasonadas entre chefes por ocasião do casamento, não estavam acima desse nível, em nosso entender. Os elementos de rivalidade, destruição e combate pareciam ausentes, ao contrário do que ocorre na Melanésia. Por fim, havia muito poucos fatos. Agora, porém, seríamos menos taxativos.

Em primeiro lugar, esse sistema de oferendas contratuais em Samoa estende-se muito além do casamento, acompanhando os seguintes acontecimentos: nascimento de filho, circuncisão, doença, puberdade da moça, ritos funerários, comércio.

A seguir, dois elementos essenciais do potlatch propriamente dito são nitidamente atestados: o da honra, do prestígio, do mana que a riqueza confere, e o da obrigação absoluta de retribuir as dádivas sob pena de perder esse mana, essa autoridade, esse talismã e essa fonte de riqueza que é a própria autoridade.

Por um lado, Turner nos diz:

> Depois das festas do nascimento, depois de ter recebido e retribuído os *oloa* e os
> *taonga* – ou seja, os bens masculinos e os bens femininos –, o marido e a mulher

não se encontravam mais ricos do que antes. Mas tinham a satisfação de ter visto o que eles consideravam uma grande honra: massas de propriedades reunidas por ocasião do nascimento de seu filho.

Por outro lado, essas dádivas podem ser obrigatórias, permanentes, sem outra contraprestação que o estado de direito que as provoca. Assim, a criança que a irmã, e portanto o cunhado, tio uterino, recebem para criar de seu irmão e cunhado é ela própria chamada um *taonga*, um bem uterino. Ela é "o canal pelo qual os bens de natureza nativa, os *taonga*, continuam a escoar da família da criança para essa família. Por outro lado, a criança é o meio de seus pais obterem bens de natureza estrangeira (*oloa*) dos parentes que o adotaram, e isso o tempo todo que a criança viver". "Esse sacrifício [dos vínculos naturais cria uma] facilidade sistemática de circulação entre propriedades indígenas e estrangeiras." Em suma, a criança, bem uterino, é o meio pelo qual os bens da família uterina são trocados pelos da família masculina. E basta constatar que, vivendo na casa do tio uterino, ela possui evidentemente um direito de nela viver, e portanto um direito geral sobre suas propriedades, para que esse sistema de "*fosterage*" [criação de crianças] se revele muito próximo do direito geral reconhecido ao sobrinho uterino sobre as propriedades de seu tio em terras melanésias. Falta apenas o tema da rivalidade, do combate da destruição, para que haja potlatch.

Mas observemos os dois termos: *oloa, taonga*; o segundo, sobretudo. Eles designam uma das parafernálias permanentes, em particular as esteiras de casamento que as jovens filhas herdam ao se casarem, os adornos, os talismãs que entram pela mulher na família recém-fundada, com a condição de reciprocidade; são, em suma, espécies de bens imóveis por destinação. Os *oloa* designam objetos, instrumentos em sua maior parte, especificamente do marido; são essencialmente bens móveis. Assim aplica-se esse termo, agora, às coisas provenientes dos brancos. É evidentemente uma extensão recente de sentido. E podemos negligenciar esta tradução de Turner: "*Oloa-foreign*"; "*taonga-native*". Ela é inexata e insuficiente, ou mesmo sem interesse, pois prova que algumas propriedades chamadas *taonga* estão mais ligadas ao solo, ao clã, à família e à pessoa do que algumas outras chamadas *oloa*.

Mas, se estendemos nosso campo de observação, a noção de *taonga* adquire de imediato outra amplitude. Ela conota, em maori, em taitiano, em tongan e mangarevan, tudo que é propriedade propriamente dita, tudo que pode ser trocado, objeto de compensação. São exclusivamente os tesouros, os talismãs: os brasões, as esteiras e os ídolos sagrados, às vezes também tradições, cultos e rituais mágicos. Aqui chegamos àquela noção de propriedade-talismã da qual temos certeza que ela é geral em todo o mundo malaiopolinésio e mesmo no Pacífico inteiro.

2. O espírito da coisa dada (Maori)

Ora, essa observação nos leva a uma constatação muito importante. Os *taonga* são, pelo menos na teoria do direito e da religião maori, fortemente ligados à pessoa, ao clã, ao solo; são o veículo de seu mana, de sua força mágica, religiosa e espiritual. Num provérbio, felizmente recolhido por sir G. Grey e C.O. Davis, lhes é rogado que destruam o indivíduo que os aceitou. É porque contêm dentro deles essa força, caso o direito, sobretudo a obrigação de retribuir, não seja observado.

Nosso saudoso amigo Hertz* havia entrevisto a importância desses fatos; com seu tocante desprendimento pessoal, ele anotara "para Davy e Mauss" na ficha que contém o seguinte fato. Colenso diz: "Eles tinham uma espécie de sistema de troca, ou melhor, de dar presentes que devem ulteriormente ser trocados ou retribuídos." Por exemplo, troca-se peixe seco por aves em conserva, esteiras. Tudo isso é trocado entre tribos ou "famílias amigas sem nenhuma espécie de estipulação".

Mas Hertz também havia anotado – e descubro em suas fichas – um texto cuja importância escapara a nós dois, pois eu o conhecia igualmente.

A propósito do *hau*, do espírito das coisas, em particular o da floresta e dos animais de caça que ela contém, Tamati Ranaipiri, um dos melhores informantes maori de R. Elsdon Best, nos oferece inteiramente ao acaso e sem nenhuma prevenção a chave do problema.

> Vou lhes falar do *hau*... O *hau* não é o vento que sopra. De modo nenhum. Suponha que você possua um artigo determinado (*taonga*) e que me dê esse artigo; você me dá sem preço fixado.** Não fazemos negociações a esse respeito. Ora, dou esse artigo a uma terceira pessoa que, depois de transcorrido um certo tempo, decide retribuir alguma coisa em pagamento (*utu*), ela me dá de presente alguma coisa (*taonga*). Ora, esse *taonga* que ela me dá é o espírito (*hau*) do *taonga* que recebi de você e que dei a ela. Os *taonga* que recebi pelos *taonga* (vindos de você), é preciso que eu os devolva. Não seria justo (*tika*) de minha parte guardar esses *taonga* para mim, fossem eles desejáveis (*rawe*) ou desagradáveis (*kino*). Devo dá-los de volta, pois são um *hau* do *taonga* que você me deu. Se eu conservasse esse segundo *taonga*, poderia advir-me um mal, seriamente, até mesmo a morte. Assim é o *hau*, o *hau* da propriedade pessoal, o *hau* dos *taonga*, o *hau* da floresta. *Kali ena*. [Basta sobre esse assunto.]

---

* Robert Hertz (1881-1915), sociólogo francês, aluno de Durkheim e de Mauss, especialista em história das religiões. (N.O.)

** A palavra *hau* designa, como o latim *spiritus*, ao mesmo tempo o vento e a alma; mais precisamente, ao menos em certos casos, a alma e o poder das coisas inanimadas e vegetais, a palavra mana estando reservada aos homens e aos espíritos, e aplicando-se às coisas menos frequentemente que em melanésio. (N.T.)

Esse texto capital merece alguns comentários. Puramente maori, impregnado do espírito teológico e jurídico ainda impreciso das doutrinas da "casa dos segredos", mas por momentos surpreendentemente claro, ele oferece apenas uma obscuridade: a intervenção de uma terceira pessoa. Mas, para bem compreender o jurista maori, basta dizer: "Os *taonga* e todas as propriedades rigorosamente ditas pessoais têm um *hau*, um poder espiritual. Você me dá um, eu o dou a um terceiro; este me retribui um outro, porque ele é movido pelo *hau* de minha dádiva; e sou obrigado a dar-lhe essa coisa, porque devo devolver-lhe o que em realidade é o produto do *hau* do seu *taonga*."

Assim interpretada, a ideia não apenas se torna clara, mas aparece como uma das ideias dominantes do direito maori. Se o presente recebido, trocado, obriga, é que a coisa recebida não é inerte. Mesmo abandonada pelo doador, ela ainda conserva algo dele. Por ela, ele tem poder sobre o beneficiário, assim como por ela, sendo proprietário, ele tem poder sobre o ladrão. Pois o *taonga* é animado pelo *hau* de sua floresta, de seu território, de seu chão; ele é realmente "nativo": o *hau* acompanha todo detentor.

Ele acompanha não apenas o primeiro donatário, mesmo eventualmente um terceiro, mas todo indivíduo ao qual o *taonga* é simplesmente transmitido. No fundo, é o *hau* que quer voltar ao lugar de seu nascimento, ao santuário da floresta e do clã, ao proprietário. É o *taonga* ou seu *hau* – que é, aliás, ele próprio uma espécie de indivíduo – que se prendem a essa série de usuários, até que estes retribuam com seus próprios *taonga*, suas propriedades ou então seu trabalho ou comércio, através de banquetes, festas e presentes, um equivalente ou um valor superior que, por sua vez, darão aos doadores autoridade e poder sobre o primeiro doador, transformado em último donatário. Eis aí a ideia dominante que parece presidir, em Samoa e na Nova Zelândia, à circulação obrigatória das riquezas, dos tributos e das dádivas.

Tal fato esclarece dois sistemas importantes de fenômenos sociais na Polinésia e mesmo fora da Polinésia. Em primeiro lugar, compreende-se a natureza do vínculo jurídico criado pela transmissão de uma coisa. Voltaremos daqui a pouco a esse ponto. Mostraremos de que maneira esses fatos podem contribuir para uma teoria geral da obrigação. Mas, por ora, é nítido que, em direito maori, o vínculo de direito, vínculo pelas coisas, é um vínculo de almas, pois a própria coisa tem uma alma, é alma. Donde resulta que apresentar alguma coisa a alguém é apresentar algo de si. Em segundo lugar, fica mais clara a natureza mesma da troca por dádivas, de tudo aquilo que chamamos prestações totais, e, entre estas, o potlatch. Compreende-se logicamente, nesse sistema de ideias, que seja preciso retribuir a outrem o que na realidade é parcela de sua natureza e substância; pois aceitar alguma coisa de alguém é aceitar algo de sua essência espiritual, de sua alma; a conservação dessa coisa seria perigosa e mortal, e não simplesmente porque seria ilícita, mas também porque essa coisa que vem da pessoa, não apenas moralmente, mas física e espiritualmente, essa essência, esse alimento, esses bens, móveis ou imóveis, essas mulheres ou esses descendentes, esses ritos ou essas comunhões, todos têm poder mágico e religioso sobre nós. Enfim, a coisa dada não é uma coisa inerte. Animada, geralmente individualizada, ela tende a retornar ao que Hertz chamava seu "lar de origem", ou a produzir para o clã e o solo do qual surgiu um equivalente que a substitua.

3. Outros temas: a obrigação de dar, a obrigação de receber

Para compreender completamente a instituição da prestação total e do potlatch, resta buscar a explicação dos outros dois momentos que são complementares deste; pois a prestação total não implica somente a obrigação de retribuir os presentes recebidos, mas supõe duas outras igualmente importantes: obrigação de dar, de um lado, obrigação de receber, de outro. A teoria completa dessas três obrigações, desses três temas do mesmo complexo, daria a explicação fundamental satisfatória dessa forma de contrato entre clãs polinésios. Por ora, podemos apenas indicar a maneira de tratar o assunto.

Será fácil encontrar um grande número de fatos relativos à obrigação de receber. Pois um clã, os membros da família, um grupo de pessoas, um hóspede não são livres para não pedir a hospitalidade, para não receber presentes, para não negociar, para não contrair aliança, pelas mulheres e pelo sangue. Os Dayak desenvolveram inclusive todo um sistema de direito e de moral sobre o dever de não deixar de partilhar a refeição a que se assiste ou que se viu preparar.

Não menos importante é a obrigação de dar; seu estudo poderia fazer compreender de que maneira os homens passaram a trocar coisas. Podemos indicar apenas alguns fatos. Recusar dar, negligenciar convidar, assim como recusar receber, equivale a declarar guerra; é recusar a aliança e a comunhão. A seguir, dá-se porque se é forçado a isso, porque o donatário tem uma espécie de direito de propriedade sobre tudo o que pertence ao doador. Essa propriedade se exprime e se concebe como um vínculo espiritual. Assim, na Austrália, o genro, que deve todos os produtos de sua caça ao sogro e à sogra, nada pode consumir diante deles, sob pena de que pela simples respiração eles envenenem o que ele come. Vimos mais acima os direitos desse tipo que possui o *taonga* sobrinho uterino em Samoa, e que são totalmente comparáveis aos que possui o sobrinho uterino (*vasu*) em Fiji.

Em tudo isso há uma série de direitos e deveres de consumir e de retribuir, correspondendo a direitos e deveres de dar e de receber. Mas essa mistura íntima de direitos e deveres simétricos e contrários deixa de parecer contraditória se pensarmos que há, antes de tudo, mistura de vínculos espirituais entre as coisas, que de certo modo são alma, e os indivíduos e grupos que se tratam de certo modo como coisas.

E todas essas instituições exprimem unicamente apenas um fato, um regime social, uma mentalidade definida: é que tudo, alimentos, mulheres, filhos, bens, talismãs, solo, trabalho, serviços, ofícios sacerdotais e funções, é matéria de transmissão e de prestação de contas. Tudo vai e vem como se houvesse troca constante de uma matéria espiritual que compreendesse coisas e homens, entre os clãs e os indivíduos, repartidos entre as funções, os sexos e as gerações.

QUESTÕES E TEMAS PARA DISCUSSÃO

1. Pense em exemplos da troca de presentes na sociedade brasileira contemporânea à luz do texto de Mauss. Como sugestão, consulte o artigo da antropóloga Maria Claudia Coelho, "Dádiva e emoção: obrigatoriedade e espontaneidade nas trocas materiais." *RBSE*, vol.2, n.6, p.335-50, João Pessoa, GREM, dez 2003. Disponível em: http://www.cchla.ufpb.br/rbse/RBSE%20v2,n6,dezl2003.pdf
2. Discuta a percepção sobe a expressão obrigatória dos sentimentos, também afirmada por Durkheim e Radcliffe-Brown em seus capítulos. Inclua a leitura do artigo de Mauss "A expressão obrigatória de sentimentos" (1921), disponível em: https://repositorio.ufsc.br/xmlui/handle/123456789/3508
3. O "Ensaio sobre a dádiva" é um dos textos mais referidos na tradição da antropologia, muitas vezes com interpretações distintas ou mesmo contraditórias. A partir dos dois artigos de antropólogos brasileiros sugeridos abaixo, faça um inventário do "legado" dessa obra de Mauss.

LEITURAS SUGERIDAS

Lanna, Marcos. "Nota sobre Marcel Mauss e o *Ensaio sobre a dádiva*", *Revista de sociologia e política*, 14, p.173-94, Curitiba, jun 2000. Disponível em: http://www.scielo.br/pdf/rsocp/n14/a10n14.pdf

Mauss, Marcel. *Ensaios de sociologia*. São Paulo, Perspectiva, 2ª ed., 2015.

_____. *Sociologia e antropologia*. São Paulo, Cosac Naify, 2003.

Sigaud, Lygia. "As vicissitudes do 'Ensaio sobre o dom'", *Mana* 5(2), p.89-124, 1999. Disponível em: http://www.scielo.br/pdf/mana/v5n2/v5n2a04.pdf

7. Malinowski e a mágica da pesquisa de campo antropológica

Mesmo sem ter sido o primeiro antropólogo a fazer pesquisa de campo (ou trabalho de campo, numa tradução literal do inglês *fieldwork*), Bronislaw Malinowski (1884-1942) entrou para a tradição antropológica como uma espécie de "inventor" desse método de pesquisa, em particular na sua dimensão de "observação participante" da vida dos nativos.

Nascido na Polônia, Malinowski teve formação em ciências exatas antes de apaixonar-se pela antropologia, a partir da leitura de *O ramo de ouro*, de James Frazer, e emigrar para a Inglaterra, em 1910. Estudante na London School of Economics, Malinowski viajou em 1914 para fazer pesquisas na Nova Guiné, mas com o início da Primeira Guerra Mundial permaneceu na região até o final do conflito. Aproveitou então para fazer pesquisa de campo entre os nativos das ilhas Trobriand, localizadas na costa oriental da Nova Guiné.

A partir dessa experiência, Malinowski escreveu três monografias importantes: *Argonautas do Pacífico ocidental* (1922), *A vida sexual dos selvagens* (1926) e *Jardins de coral* (1935), além de outros trabalhos menores. Na primeira, descreveu o circuito do kula, forma de troca de caráter intertribal bastante amplo, praticado por comunidades localizadas num extenso círculo de ilhas. Essa descrição, um dos monumentos da tradição antropológica, foi muito útil como fonte para Marcel Mauss em seu estudo sobre a dádiva, incluído nesta coletânea.

Talvez o mais importante para sua fama posterior tenha sido a defesa apaixonada que Malinowski fez da pesquisa de campo com observação participante. A introdução de *Argonautas*, primeiro dos textos incluídos neste capítulo, pode ser lida como um manifesto a favor de uma antropologia "ao ar livre", na qual o pesquisador passa a conviver com os nativos em suas aldeias por um longo período de tempo, aprende sua língua e vive situações existenciais que apenas seriam possíveis com essa inserção. A partir dessa experiência, ele estará mais bem habilitado a captar a totalidade da vida de uma determinada cultura, observada "do ponto de vista dos nativos" e, acima de tudo, sua "visão de mundo". Para convencer o leitor, Malinowski usou fartamente recursos literários para transmitir sua experiência, como que o convidando a participar da aventura antropológica: "Imagine-se deixado de repente sozinho, cercado por todo o seu equipamento, numa praia tropical próxima a uma aldeia nativa, enquanto a lancha ou o barco inflável que o trouxe se afasta até sumir de vista."

O sucesso desse texto fez com que a pesquisa de campo logo se tornasse uma marca identitária da antropologia, mesmo que antropólogos importantes nunca tenham se utilizado desse método (como, por exemplo, Durkheim e Mauss). Essa aura, a "mágica do etnógrafo", só será seriamente arranhada quando da publicação, 25 anos após a sua morte, dos diários de campo de Malinowski, que registravam momentos nos quais ele demonstrava irritação ou preconceito em relação aos nativos.

Estão aqui incluídos, em primeiro lugar, dois textos de *Argonautas*: a introdução, que trata do método da pesquisa, e o último capítulo, que procura fornecer um retrato abrangente do significado do kula. Ao final, incluímos um apêndice de sua terceira grande monografia sobre as ilhas Trobriand, *Jardins de coral*, na qual Malinowski trata das "lacunas, fracassos e confusões" de sua pesquisa de campo. É um texto inédito em português e que, lido juntamente com a introdução de *Argonautas*, nos dá uma imagem muito mais precisa de sua experiência de campo.

ARGONAUTAS DO PACÍFICO OCIDENTAL

Bronislaw Malinowski

Introdução: objeto, método e âmbito desta investigação

I.

As populações litorâneas das ilhas dos mares do Sul, com muito poucas exceções, são ou foram, antes de sua extinção, formadas por navegadores e comerciantes de grande habilidade. Várias delas haviam desenvolvido excelentes tipos de canoa grande de alto-mar e costumavam embarcar para longas expedições comerciais ou incursões de guerra e conquista. Os papuomelanésios, que habitam a costa e as ilhas remotas da Nova Guiné, não são exceção a essa regra. Em geral eles são marinheiros arrojados, artesãos industriosos e comerciantes perspicazes. Os centros manufatureiros de artigos importantes como cerâmica, utensílios de pedra, canoas, cestas de alta qualidade e ornamentos de grande valor estão localizados em vários lugares, segundo a habilidade de seus habitantes, a tradição tribal herdada e as instalações especiais oferecidas pelo distrito; por isso eles comerciam ao longo de amplas áreas, por vezes viajando mais de centenas de quilômetros.

É possível encontrar formas definidas de troca ao longo de rotas de comércio delimitadas e estabelecidas entre as várias tribos. ... Existe, no entanto, outro sistema de comércio muito extenso e extremamente complexo que abarca com suas ramificações não apenas as ilhas próximas do extremo leste, mas também as Luisíadas, a ilha de Woodlark, o arquipélago Trobriand e o grupo d'Entrecasteaux; ele penetra pelo continente da Nova Guiné e exerce uma influência indireta sobre vários distritos remotos, como a ilha de Rossel e algumas partes da costa setentrional e meridional da Nova Guiné. Esse sistema de comércio, o kula, é o objeto que pretendo descrever neste volume, e se verá que é um fenômeno de considerável importância teórica. Ele avulta como algo basilar na vida tribal daqueles nativos que residem em seu circuito, e sua importância é plenamente compreendida pelos próprios membros das tribos, cujas ideias, ambições, desejos e vaidades estão em grande parte associados ao kula.

II.

Antes de passar à explicação do kula, será bom dar uma descrição dos métodos usados na coleta do material etnográfico. Os resultados da pesquisa científica em qualquer ramo do conhecimento devem ser apresentados de maneira absolutamente franca e aberta. Ninguém sonharia em dar uma contribuição experimental à ciência física ou química sem fornecer uma explicação detalhada de todos os arranjos do experimento, a descrição exata: da aparelhagem usada; da maneira como as observações foram conduzidas; de seu número; do tempo dedicado a elas; e do grau de aproximação com que cada medição foi feita. Em ciências menos exatas, como a biologia ou a geologia, isso não pode ser feito de forma tão rigorosa, mas cada estudioso fará o possível para deixar claras ao leitor todas as condições em que o experimento ou as observações foram realizadas. Em etnografia, em que um relato franco desses dados talvez seja ainda mais necessário, infelizmente nem sempre ele foi fornecido com generosidade suficiente, e muitos escritores não fazem um uso diligente do holofote da sinceridade metódica à medida que se movem entre seus fatos e os retiram da completa obscuridade para apresentá-los a nós.

Seria fácil citar trabalhos de elevada reputação e que exibem um selo de autenticidade científica nos quais generalizações indiscriminadas são expostas diante de nós, e não nos é informado de maneira alguma por meio de que experiências reais os autores chegaram àquela conclusão. Nenhum capítulo ou parágrafo especial é devotado a descrever para nós as condições sob as quais as observações foram feitas e a informação foi colhida. Considero que só possuem inquestionável valor científico aquelas fontes etnográficas em que podemos traçar claramente a linha entre, por um lado, os resultados da observação direta e de afirmações e interpretações nativas, e, por outro, as inferências do autor, baseadas em seu senso comum e na perspicácia psicológica. De fato, algum levantamento como aquele contido na tabela mostrada adiante (Seção VI deste capítulo) deveria estar disponível, de modo que o leitor pudesse avaliar com precisão e num relance o grau da familiaridade pessoal do autor com os fatos que descreve, e formar uma ideia sobre as condições em que a informação foi obtida dos nativos.

Mais uma vez, na ciência histórica, ninguém esperaria ser levado a sério se mantivesse suas fontes envoltas em mistério e falasse do passado como se o conhecesse por adivinhação. Em etnografia, o autor é ao mesmo tempo seu próprio cronista e o historiador, enquanto suas fontes sem dúvida são facilmente acessíveis, mas também supremamente esquivas e complexas; elas não estão corporificadas em documentos materiais, fixos, mas no comportamento e na memória de homens vivos. Em etnografia, muitas vezes há enorme distância entre o material bruto da informação – tal como é apresentado ao estudioso em suas próprias observações, nas afirmações dos nativos, no caleidoscópio da vida tribal – e a apresentação final autorizada dos resultados. O etnógrafo tem de transpor essa distância nos laboriosos anos que decorrem entre o momento no qual pisa numa praia nativa, faz suas primeiras tentativas de entrar em contato com os nativos, e o momento em que redige a versão final de seus resultados. Um breve esboço das tribulações de um etnógrafo, tal como experimentadas por mim mesmo, pode lançar mais luz sobre a questão que qualquer longa discussão abstrata.

III.

Imagine-se deixado de repente sozinho, cercado por todo o seu equipamento, numa praia tropical próxima a uma aldeia nativa, enquanto a lancha ou o barco inflável que o trouxe se afasta até sumir de vista. Como irá residir nas instalações de algum homem branco vizinho, comerciante ou missionário, você não tem nada a fazer além de começar de imediato seu trabalho etnográfico. Imagine além disso que você é iniciante, sem experiência prévia, sem nada para guiá-lo e ninguém para ajudá-lo, porque o branco está temporariamente ausente, ou é incapaz, ou não se dispõe a perder qualquer tempo com você. Isso descreve exatamente minha primeira iniciação no trabalho de campo na costa meridional da Nova Guiné. Lembro-me bem das longas

Malinowski e a mágica da pesquisa de campo antropológica 97

visitas que fiz às aldeias durante as primeiras semanas; o sentimento de desesperança e desalento depois que muitas tentativas obstinadas, mas fúteis, haviam fracassado inteiramente em me pôr em contato verdadeiro com os nativos, ou em me fornecer algum material. Eu tinha períodos de desânimo, quando me enterrava na leitura de romances do mesmo modo que alguém, num acesso de depressão e tédio tropicais, começaria a beber.

Imagine-se, então, fazendo sua primeira entrada na aldeia, sozinho ou na companhia de seu cicerone branco. Alguns nativos se reúnem à sua volta, em especial se sentirem cheiro de fumo. Outros, os mais dignos e idosos, permanecem sentados onde estão. Seu companheiro branco tem sua forma rotineira de tratar os nativos e não compreende a maneira como você, um etnógrafo, terá de abordá-los, nem se interessa muito por isso. Você sai da primeira visita com um sentimento confiante de que, quando voltar sozinho, as coisas serão mais fáceis. Pelo menos essa foi a minha esperança.

Voltei no momento apropriado e logo reuni um público à minha volta. Alguns cumprimentos em inglês pidgin* de ambos os lados e algum fumo mudado de mãos induziram uma atmosfera de mútua amabilidade. Tentei então dar início ao trabalho. Primeiro, para começar com assuntos que não podiam despertar nenhuma desconfiança, passei a "fazer" tecnologia. Alguns nativos estavam ocupados em fabricar um objeto ou outro. Era fácil olhar aquilo e obter o nome das ferramentas e até algumas expressões técnicas sobre os procedimentos, mas então o assunto se esgotava. Deve-se ter em mente que o inglês pidgin é um instrumento muito imperfeito para expressarmos nossas ideias; e que, antes de obtermos um bom treinamento na formulação de perguntas e na compreensão das respostas, temos a desconfortável sensação de que com ele a livre comunicação com os nativos nunca será alcançada. A princípio fui completamente incapaz de entabular qualquer conversa mais detalhada ou explícita com eles. Eu sabia bem que o melhor remédio para isso era colher dados concretos, e assim fiz um censo da aldeia, registrei genealogias, tracei mapas e recolhi os termos de parentesco.

Mas tudo isso continuava um material morto, que não me possibilitava nenhum avanço na compreensão da verdadeira mentalidade ou comportamento nativos. Eu não podia obter uma boa interpretação nativa de qualquer desses itens nem atingir o que se poderia chamar de o significado da vida tribal. Quanto a suas ideias sobre religião e magia, suas crenças em feitiçaria e espíritos, nada estava disponível, exceto alguns itens superficiais de folclore, desfigurados por serem metidos à força num inglês pidgin.

---

* Forma muito simplificada de inglês usada como meio de comunicação entre os nativos e os "brancos". (N.O.)

A informação que recebi de alguns residentes brancos no distrito, embora valiosa em si mesma, era mais desencorajadora que qualquer outra coisa em relação ao meu próprio trabalho. Ali estavam homens que tinham vivido por anos no lugar, com oportunidades contínuas de observar os nativos e se comunicar com eles, e no entanto não sabiam praticamente nada. Como, em alguns meses ou um ano, eu poderia esperar alcançá-los e ir além deles? Ademais, a maneira pela qual meus informantes brancos falavam sobre os nativos e expressavam suas ideias era, naturalmente, a de mentes não treinadas, não acostumadas a formular seus pensamentos com qualquer grau de coerência e precisão. Em sua maior parte, eles estavam naturalmente impregnados das opiniões tendenciosas e preconceituosas, inevitáveis no homem prático comum, seja ele administrador, missionário ou comerciante; contudo, eram fortemente repulsivas para uma mente empenhada na busca da visão objetiva, científica, das coisas. O hábito de tratar com uma frivolidade complacente o que é sério para o etnógrafo; o barateamento do que para ele é um tesouro científico, isto é, as peculiaridades culturais e mentais e a independência do nativo – essas características, tão conhecidas nos escritos do amador, eu encontrei no tom da maioria dos residentes brancos.

De fato, em minha primeira pesquisa etnográfica na costa meridional, só quando fiquei sozinho no distrito é que comecei a fazer algum progresso; de qualquer maneira, descobri onde residia o segredo do efetivo trabalho de campo. Qual é então essa mágica do etnógrafo mediante a qual ele é capaz de evocar o real espírito dos nativos, o verdadeiro quadro da vida tribal? Como de costume, o sucesso só pode ser obtido pela aplicação paciente e sistemática de várias regras de senso comum e princípios científicos bem conhecidos, e não pela descoberta de um atalho maravilhoso que leve aos resultados desejados sem esforço ou dificuldade. Os princípios do método podem ser agrupados em três tópicos principais; em primeiro lugar, naturalmente, o estudioso deve possuir objetivos científicos reais e conhecer os valores e critérios da etnografia moderna. Em segundo lugar, ele deve se colocar em boas condições de trabalho, isto é, sobretudo, viver sem outros brancos, bem no meio dos nativos. Finalmente, ele tem de aplicar vários métodos especiais de coletar, manipular e fixar suas evidências. Algumas palavras devem ser ditas sobre essas três pedras fundamentais do trabalho de campo, a começar pela segunda, a mais elementar.

IV.

Condições apropriadas para o trabalho etnográfico. Como foi dito, elas consistem principalmente em afastar-se da companhia de outros brancos e permanecer no contato mais estreito possível com os nativos, o que realmente só pode ser

Malinowski e a mágica da pesquisa de campo antropológica

alcançado acampando em suas aldeias. É muito bom ter uma base nas instalações de algum homem branco para os materiais e saber que há um refúgio ali quando estamos adoentados ou cansados dos nativos. Mas ela deve estar suficientemente afastada para não se transformar no meio permanente em que você vive e do qual emerge em horas fixas somente para "trabalhar na aldeia". Não deveria nem ser próxima o bastante para que acorramos a ela a qualquer momento em busca de distração. Pois o nativo não é o companheiro natural para o homem branco, e depois que você passou várias horas trabalhando com ele, vendo como ele faz suas hortas, ou deixando-o relatar itens de folclore, ou discutindo seus costumes, você ansiará naturalmente pela companhia de seu semelhante. Mas se você estiver sozinho numa aldeia distante demais para isso, pode sair para uma caminhada solitária de cerca de uma hora, voltar e então, de maneira muito natural, procurar a companhia dos nativos, como a de qualquer outra pessoa, dessa vez como um alívio para a solidão. Por meio desse intercurso natural você aprende a conhecê-lo, se familiariza com seus costumes e crenças muito melhor do que quando ele é um informante pago e muitas vezes entediado.

Existe toda a diferença entre fazer mergulhos esporádicos na companhia dos nativos e estar realmente em contato com eles. O que esta última situação significa? Do lado do etnógrafo, significa que sua vida na aldeia, que a princípio é uma aventura estranha, por vezes desagradável, por vezes muito interessante, logo adota um curso bastante natural, bem em harmonia com o seu ambiente.

Pouco depois que eu tinha me estabelecido em Omarakana (ilhas Trobriand), de certa maneira comecei a participar da vida da aldeia, a esperar pelos eventos importantes ou festivos, a sentir um interesse pessoal pelos mexericos e os desdobramentos dos fatos no pequeno local, a acordar toda manhã para um dia que se apresentava para mim mais ou menos como para o nativo. Eu saía de baixo do mosquiteiro para encontrar à minha volta a vida da aldeia começando a se agitar, ou as pessoas bem adiantadas em seu dia de trabalho, conforme a hora e também a estação, pois eles se levantam e começam a trabalhar mais cedo ou mais tarde de acordo com ela. Quando saía para minha caminhada matinal pela aldeia, podia ver detalhes íntimos da vida familiar, a toalete, o preparo dos alimentos, as refeições; podia observar os arranjos para o trabalho do dia, pessoas dando início a seus afazeres, grupos de homens e mulheres ocupados em algumas tarefas de manufatura. Brigas, piadas, cenas de família, acontecimentos em geral triviais, algumas vezes dramáticos, mas sempre significativos, formavam a atmosfera de minha vida diária, bem como da deles. É preciso lembrar que, como me viam todos os dias, os nativos deixaram de se sentir interessados, alarmados ou embaraçados com minha presença, e deixei de ser um elemento perturbador da vida tribal que devia estudar, alterando-a com minha própria abordagem, como sempre acontece com o recém-chegado em qualquer comunidade selvagem. De fato, como eles sabiam que eu meteria meu nariz em tudo, mesmo onde um nativo de boas maneiras não sonharia em se intrometer, acabaram por me encarar como parte integrante de sua vida, um mal ou aborrecimento necessário, mitigado por doações de fumo.

Mais tarde, tudo que acontecia estava bem próximo, não havia possibilidade de escapar à minha atenção. Alarmes sobre a aproximação do feiticeiro à noite, umas duas brigas e desavenças grandes, realmente importantes dentro da comunidade, casos de doença, tentativas de cura, mortes, ritos mágicos que tinham de ser executados – eu não precisava perseguir nenhuma dessas coisas, temeroso de perdê-las, pois aconteciam bem diante de meus olhos, na soleira de minha porta, por assim dizer. Cabe enfatizar que, sempre que alguma coisa dramática ou importante acontece, é essencial investigá-la no próprio momento em que se dá, porque os nativos não conseguem falar sobre ela, ficam muito agitados e se mostram reticentes, interessados demais e mentalmente preguiçosos para fornecer os detalhes. Além disso, muitas e muitas vezes cometi gafes que os nativos, bastante familiarizados comigo, não demoravam a apontar. Tive de aprender a me comportar e, em certa medida, adquiri a "sensibilidade" para as boas e as más maneiras nativas. Com isso, e com a capacidade de sentir prazer na companhia deles e de participar de alguns de seus jogos e divertimentos, comecei a sentir que estava realmente em contato com os nativos, e esta é decerto a condição preliminar para ser capaz de levar a cabo um trabalho de campo bem-sucedido.

V.
Mas não basta ao etnógrafo lançar suas redes no lugar certo e esperar pelo que venha a cair nelas. Ele deve ser um caçador ativo e impelir sua presa para a rede, persegui-la até seus mais inacessíveis covis. E isso nos conduz aos métodos mais ativos de busca de evidências etnográficas. Foi mencionado no fim da Seção II que o etnógrafo deve ser inspirado pelo conhecimento dos resultados mais modernos do estudo científico, por seus princípios e objetivos. Não me estenderei sobre esse assunto, exceto por uma observação, para evitar a possibilidade de mal-entendido. Boa formação teórica e familiaridade com os resultados mais recentes não são o mesmo que estar sobrecarregado de "ideias preconcebidas". Se uma pessoa inicia uma expedição determinada a provar certas hipóteses, ou se é incapaz de mudar suas ideias e de livrar-se delas de bom grado sob a pressão das evidências, não é preciso dizer que seu trabalho é desprovido de valor. Contudo, quanto mais

problemas ele levar consigo para o campo, quanto mais ele tiver o hábito de moldar suas teorias de acordo com os fatos e de ver os fatos segundo sua relevância para a teoria, mais estará equipado para sua tarefa. Ideias preconcebidas são perniciosas em qualquer trabalho científico, mas problemas prenunciados são o principal dote do pensador na ciência, e esses problemas são os primeiros a serem revelados ao observador, por meio de estudos teóricos. ... O pesquisador de campo depende inteiramente da inspiração a partir da teoria. Ele pode, claro, ser também um pensador e pesquisador teórico, e nesse caso irá buscar estímulo em si mesmo. Mas as duas funções são separadas, e na pesquisa real elas têm de estar separadas tanto no tempo quanto nas condições de trabalho.

Como sempre acontece quando o interesse científico se volta para um campo até então explorado apenas pela curiosidade dos amadores e começa a trabalhar nele, a etnologia introduziu lei e ordem no que parecia caótico e extravagante. Ela transformou para nós o mundo sensacional, louco e inexplicável dos "selvagens" em várias comunidades bem-ordenadas, governadas por lei, comportando-se e pensando segundo princípios constantes. A palavra "selvagem", quaisquer que sejam as associações que possa ter tido originalmente, conota ideias de liberdade não refreada, de irregularidade, de algo extrema e extraordinariamente esquisito. No pensamento popular, imaginamos que os nativos vivem no seio da natureza, mais ou menos como podem e gostam, como presa de crenças e apreensões irregulares e fantasmagóricas. A ciência moderna mostrou, ao contrário, que suas instituições sociais têm uma organização muito definida, que eles são governados por autoridade, lei e ordem em suas relações públicas e pessoais, enquanto estas últimas estão, ademais, sob o controle de laços extremamente complexos de parentesco e pertencimento a um clã. De fato, nós os vemos enredados num emaranhado de deveres, funções e privilégios que correspondem a uma elaborada organização tribal, comunal e de parentesco. Essas crenças e práticas não estão de maneira alguma desprovidas de certo tipo de coerência, e o conhecimento que eles têm do mundo exterior é suficiente para guiá-los em muitos de seus vigorosos empreendimentos e atividades. Sua produção artística também não é desprovida de significado e beleza.

Há uma longa distância entre a famosa resposta dada muito tempo atrás por uma autoridade que, perguntada sobre quais eram as maneiras e os costumes dos nativos, respondeu, "Costume nenhum, maneiras bestiais", e a posição do etnógrafo moderno! Este último, com suas tabelas de termos de parentesco, genealogias, mapas, plantas e diagramas, prova uma extensa e grande organização, mostra a constituição da tribo, do clã, da família; e nos dá uma imagem dos nativos sujeitos a um código rigoroso de comportamento e boas maneiras, em comparação ao qual a vida na corte de Versalhes ou no Escorial era livre e fácil.

Assim, o ideal primário e básico do trabalho de campo etnográfico é fornecer um esboço claro e firme da constituição social, e desenredar das irrelevâncias as leis e regularidades de todos os fenômenos. O esqueleto firme da vida tribal tem de ser determinado primeiro. Esse ideal impõe, em primeiro lugar, a obrigação fundamental de fornecer um levantamento completo dos fenômenos, e não de selecionar o sensacional, o singular, e menos ainda o engraçado e estranho. Foi-se o tempo em que podíamos tolerar relatos que nos apresentavam o nativo como uma caricatura distorcida e infantil do ser humano. Essa imagem é falsa e, como muitas outras falsidades, foi morta pela ciência. O etnógrafo de campo tem de cobrir séria e sobriamente a extensão completa dos fenômenos em cada aspecto da cultura tribal estudada, não fazendo nenhuma diferença entre o que é banal, apagado, comum e o que o impressiona como assombroso e extraordinário. Ao mesmo tempo, toda a área da cultura tribal *em todos os seus aspectos* deve ser examinada na pesquisa. A coerência, a lei e a ordem que prevalecem dentro de cada aspecto contribuem também para a união de todos eles num único todo coerente.

Um etnógrafo que se dispõe a estudar somente a religião, ou somente a tecnologia, ou somente a organização social recorta um campo artificial para a investigação e será seriamente prejudicado em seu trabalho.

VI.

Tendo estabelecido essa regra muito geral, desçamos até uma consideração mais detalhada do método. O etnógrafo tem diante de si no campo, de acordo com o que acaba de ser dito, o dever de anotar todas as regras e regularidade da vida tribal; tudo que é permanente e fixo; de fornecer uma anatomia da cultura dos nativos, de descrever a constituição de sua sociedade. Mas essas coisas, embora cristalizadas e estabelecidas, não estão *formuladas* em lugar algum. Não há nenhum código de leis escrito ou explicitamente expresso, e toda a tradição tribal dos nativos, toda a estrutura de sua sociedade, está corporificada no mais evasivo dos materiais: o ser humano. Contudo, nem na mente ou na memória humana é possível encontrar essas leis claramente formuladas. Os nativos obedecem às forças e ordens do código tribal, mas não as compreendem; exatamente como obedecem a seus instintos e impulsos, mas seriam incapazes de formular uma única lei de psicologia. As regularidades nas instituições nativas são um resultado automático da interação das forças mentais da tradição e das condições materiais do ambiente. Exatamente como um humilde membro de qualquer instituição moderna, seja ela o Estado, a Igreja ou o Exército, é *dela* e está *nela*, mas não tem nenhuma visão da ação integral resultante do todo, e seria ainda menos capaz de fornecer qualquer explicação sobre sua organização. Assim, seria inútil tentar questionar um nativo em termos sociológicos abstratos.

A diferença é que em nossa sociedade toda instituição tem seus integrantes informados, seus historiadores, seus arquivos e documentos, ao passo que numa sociedade nativa não há nenhuma dessas coisas. Depois que isso é compreendido, é preciso encontrar um expediente para superar essa dificuldade. Para o etnógrafo, esse expediente consiste em colher dados concretos de evidência e fazer as inferências gerais por si mesmo. Isso parece óbvio à primeira vista, mas só foi descoberto ou pelo menos praticado na etnografia depois que o trabalho de campo foi assumido por homens de ciência. Ademais, ao dar efeito prático a isso, não é fácil conceber as aplicações concretas desse método nem levá-las a cabo de maneira sistemática e congruente.

Embora não possamos interrogar um nativo sobre regras gerais, abstratas, podemos sempre indagar como um dado caso seria tratado. Assim, por exemplo, ao perguntar como eles tratariam o crime, ou o puniriam, seria inútil fazer a um nativo uma pergunta abrangente como "De que maneira você trataria e puniria um criminoso?", porque não seria possível sequer encontrar palavras para expressá-la em idioma nativo ou pidgin. Mas um caso imaginário ou, melhor ainda, uma ocorrência real estimulará o nativo a expressar sua opinião e a fornecer informações abundantes. Um caso real, de fato, lançará os nativos numa onda de debates, evocará expressões de revolta, os mostrará tomando partido – haverá toda uma conversa, provavelmente com uma riqueza de ideias definidas, de censuras morais, revelando também o mecanismo social acionado pelo crime cometido.

A partir daí, será fácil levá-los a falar de outros casos semelhantes, a lembrar de outras ocorrências reais ou a debatê-las em todas as suas implicações e seus aspectos. A partir desse material, que deve cobrir a série mais vasta possível de fatos, a inferência é obtida por simples indução. O tratamento *científico* difere daquele do senso comum: primeiro, na medida em que o estudioso irá estender muito mais a completude e a minúcia do levantamento, de maneira escrupulosamente sistemática e metódica; segundo, na medida em que a mente treinada pela ciência levará a investigação adiante ao longo de linhas relevantes e na direção de metas dotadas de real importância. Na verdade, o objetivo da formação científica é fornecer ao pesquisador empírico um *mapa mental* de acordo com o qual ele possa se orientar e traçar seu curso.

Para voltar ao nosso exemplo, vários casos específicos debatidos revelarão ao etnógrafo a maquinaria social para a punição. Isso é uma parte, um aspecto da autoridade tribal. Imagine também que, por um método similar de inferência a partir de dados definidos, ele chegue a uma compreensão da liderança na guerra, nos empreendimentos econômicos, nas festividades tribais – aí ele tem ao mesmo tempo todos os dados necessários para responder às questões sobre governo tribal e autoridade social. No trabalho de campo real, a comparação desses dados, a tentativa de reuni-los num todo, revelará muitas vezes brechas e lacunas na informação que levam a investigações adicionais.

A partir de minha própria experiência, posso dizer que muitas vezes um problema parecia resolvido, tudo estabelecido e claro, até que eu começasse a escrever um curto esboço preliminar dos resultados. E só então eu percebia as enormes deficiências, que me mostravam onde se situavam novos problemas e me conduziam a novo trabalho. De fato, passei alguns meses entre a primeira expedição e a segunda, e mais de um ano entre esta e a subsequente, examinando todo o material e cada vez deixando partes dele quase prontas para publicação, embora eu soubesse que teria de reescrevê-las. Descobri que essa fertilização cruzada de trabalho construtivo e observação era extremamente valiosa, e creio que sem ela eu não teria feito progresso real. Forneço esse pedacinho de minha própria história apenas para mostrar que o que foi dito até agora não é apenas um projeto vazio, mas resultado de experiência pessoal.

Neste volume, descreve-se uma grande instituição ligada a muitíssimas atividades associadas e apresentando muitos aspectos. Para qualquer pessoa que reflita sobre o assunto, ficará evidente que a informação sobre um fenômeno de tão elevada complexidade e com tantas ramificações não poderia ser obtida com algum grau de exatidão e completude sem uma constante interação de tentativas construtivas e verificação empírica. De fato, redigi um esboço da instituição kula ao menos meia dúzia de vezes enquanto estava no campo e nos intervalos entre minhas expedições. A cada vez novos problemas e dificuldades se apresentavam.

A coleta de dados concretos de uma ampla série de fatos é, portanto, um dos principais pontos do método do trabalho de campo. A obrigação não é enumerar alguns exemplos apenas, mas esgotar tanto quanto possível todos os casos a nosso alcance; e, nessa busca de casos, o investigador registrará a maior parte daqueles cujo mapa mental é mais claro. Contudo, sempre que o material da investigação o permitir, esse mapa mental deve ser transformado em mapa real; ele deve se materializar num diagrama, um mapa, um quadro sinóptico exaustivo de casos. Já há muito tempo, em todos os livros modernos toleravelmente bons sobre nativos, esperamos encontrar uma lista completa ou tabela de termos de parentesco que inclua todos os dados relativos ao tema, e não apenas uma escolha de alguns tipos de parentesco ou expressões estranhos e anômalos. Na investigação do parentesco, o acompanhamento de uma relação após outra em casos concretos leva naturalmente à construção de tabelas genealógicas. ...

Da mesma maneira, ao se estudarem os dados concretos de transações econômicas para traçar a história de um objeto valioso e aferir a natureza de sua circulação, o princípio da completude e da minúcia nos levaria a construir tabelas de transações ... . O método de reduzir a informação, se possível, a mapas ou tabelas sinópticas deveria ser estendido para o estudo de quase todos os aspectos da vida nativa. Todos os tipos de transação econômica podem ser estudados seguindo-se casos reais conectados e inserindo-os numa tabela sinóptica; mais uma vez, caberia fazer uma tabela de todas as dádivas e presentes costumeiros numa determinada sociedade, tabela que deveria incluir a definição sociológica, cerimonial e econômica de cada item. Além disso, sistemas de magia, séries correlatas de cerimônias, tipos de atos legais, tudo isso poderia ser mapeado, permitindo que cada registro fosse sinopticamente definido sob vários tópicos. Ademais, claro, o censo genealógico de toda a comunidade, estudado em maior detalhe, mapas extensos, plantas e diagramas ilustrando a propriedade dos terrenos de horta, privilégios de caça e pesca etc. servem como os documentos mais fundamentais da pesquisa etnográfica.

Uma genealogia nada mais é que um quadro sinóptico de muitas relações de parentesco conectadas. Seu valor como instrumento de pesquisa consiste no fato de permitir ao investigador fazer perguntas que ele formula para si mesmo de maneira abstrata, mas pode dirigir concretamente ao informante nativo. Como documento, seu valor consiste em fornecer muitos dados autenticados, apresentados em seu agrupamento natural. Um quadro sinóptico de magia preenche a mesma função. Como instrumento de pesquisa, utilizei-o para verificar, por exemplo, as ideias sobre a natureza do poder mágico. Com uma tabela diante de mim, eu podia examinar de maneira fácil e conveniente um item após outro, e anotar as práticas e crenças relevantes contidas em cada um deles. A resposta para meu problema abstrato podia então ser obtida extraindo-se uma inferência geral de todos os casos ... . Não posso ir além na discussão dessa questão, que exigiria outras distinções, como entre uma tabela de dados concretos, reais, como é a genealogia, e um quadro resumindo os contornos de um costume ou crença, como seria a tabela de um sistema mágico.

Retornando mais uma vez à questão da franqueza metodológica já debatida na Seção II, quero ressaltar aqui que o procedimento da apresentação concreta e tabulada de dados deve ser aplicado em primeiro lugar às credenciais do próprio etnógrafo. Isto é, um etnógrafo que se deseja confiável deve mostrar de maneira clara e concisa, de forma tabulada, quais são suas próprias observações diretas e quais as informações indiretas que formam a base de seu relato. A lista a seguir servirá como exemplo desse procedimento e ajudará o leitor deste livro a fazer uma ideia acerca da confiabilidade de qualquer afirmação que ele esteja especialmente ansioso para verificar. Com a ajuda dessa lista e das muitas referências espalhadas ao longo de todo o texto, sobre como, sob que circunstâncias e com que grau de precisão eu cheguei a um dado item de conhecimento, não restará, espero, nenhuma obscuridade em relação às fontes do livro.

Lista cronológica de eventos kula testemunhados pelo autor

Primeira expedição, agosto, 1914-março, 1915.
Março, 1915. Na aldeia dos Dikoya (ilha de Woodlark) avistam-se algumas oferendas cerimoniais. Informações preliminares obtidas.

Segunda expedição, maio, 1915-maio, 1916.
Junho, 1915. Uma visita kabigidoya chega de Vakuta para Kiriwina. Sua ancoragem em Katavaria testemunhada, e os homens vistos em Omarakana, onde informação colhida.
Julho, 1915. Vários grupos vindos de Kitawa desembarcam de Kaulukuba. Homens examinados em Omarakana. Muita informação colhida nesse período.
Setembro, 1915. Tentativa malograda de navegar para Kitava com To'uluwa, o chefe de Omarakana.
Outubro-novembro, 1915. Partida observada de três expedições de Kiriwina para Kitava. De cada vez To'uluwa leva para casa uma grande quantidade de *mwali* (braceletes de concha).
Novembro, 1915-*março*, 1916. Preparativos para uma grande expedição além-mar de Kiriwina às ilhas Marshall Bennett. Construção de uma canoa; conserto de outra; feitura de vela em Omarakana; lançamento; *tasasoria* na praia de Kaulukuba. Ao mesmo tempo, são obtidas informações sobre esses temas e outros associados. Obtidos alguns textos mágicos de construção de canoa e magia kula.

Terceira expedição, outubro, 1917-outubro, 1918.
Novembro, 1917-*dezembro*, 1917. Kula no interior; alguns dados obtidos em Tukwaukwa.

Dezembro-fevereiro, 1918. Grupos de Kitava chegam a Wawela. Coleta de informação sobre o *yoyova*. Obtidos magia e encantamentos de Kaygau.

Março, 1918. Preparativos em Sanaroa; preparativos nos Amphletts; a frota dobuan chega aos Amphletts. A expedição *uvalaku* de Dobu seguiu para Boyowa.

Abril, 1918. Chegada deles; a recepção deles em Sinaketa; as transações kula; a grande reunião intertribal. Obtidas algumas fórmulas mágicas.

Maio, 1918. Grupo vindo de Kativa visto em Vakuta.

Junho, julho, 1918. Informação sobre magia e costumes kula verificadas e ampliadas em Omarakana, especialmente em relação a seus ramos meridionais.

Agosto, setembro, 1918. Textos mágicos obtidos em Sinaketa.

Outubro, 1918. Informação obtida de vários nativos em Dobu e no distrito de Massim meridional (examinado em Samarai).

Para resumir o primeiro ponto fundamental de método, posso dizer que cada fenômeno deve ser estudado por meio da série mais ampla possível de suas manifestações concretas; cada qual estudada mediante um levantamento exaustivo de exemplos detalhados. Se possível, os resultados devem ser corporificados em algum tipo de tabela sinóptica, tanto para ser usada como instrumento de estudo quanto para ser apresentada como documento etnológico. Com a ajuda desses documentos e com semelhante estudo das realidades, é possível apresentar o esboço claro da estrutura cultural dos nativos no sentido mais amplo da palavra, e da constituição de sua sociedade. Esse método poderia ser chamado *o método da documentação estatística por evidências concretas*.

VII.

Nem é preciso acrescentar que, nesse aspecto, o trabalho de campo científico está muito acima até das melhores produções amadoras. No entanto, há um ponto em que estas últimas muitas vezes se destacam, isto é, na apresentação de toques íntimos da vida nativa, tornando claros para nós esses aspectos com os quais só nos familiarizamos ao ser postos em estreito contato com os nativos, de uma maneira ou de outra, por um longo período de tempo. Em certos resultados do trabalho científico – em especial daquele que foi denominado "trabalho de levantamento" – nos é dado um excelente esqueleto, por assim dizer, da constituição tribal, mas falta-lhe carne e sangue. Aprendemos muito sobre a estrutura de sua sociedade, mas, dentro dela, não podemos perceber ou imaginar as realidades da vida humana, ou mesmo o fluxo dos acontecimentos diários, as ondulações ocasionais de alvoroço em razão de um banquete, cerimônia ou alguma ocorrência singular. Ao compreender as regras e regularidades do costume nativo, e ao obter uma fórmula precisa para elas a partir da coleta de dados e de relatos nativos, descobrimos que essa exatidão é ela mesma alheia à vida real, que nunca adere rigidamente a qualquer regra. Ela deve ser suplementada pela observação da maneira pela qual um dado costume é realizado, do comportamento dos nativos ao obedecer a regra tão exatamente formulada pelo etnógrafo, das próprias exceções que quase sempre ocorrem nos fenômenos sociológicos.

Se todas as conclusões forem baseadas unicamente nas declarações dos informantes ou deduzidas de documentos objetivos, é evidente que será impossível suplementá-las com dados observados de comportamentos reais. E esta é a razão por que certas obras de amadores residentes de longa data, como comerciantes, fazendeiros, médicos, funcionários instruídos e por último, mas não menos importantes, missionários inteligentes e não tendenciosos aos quais a etnografia tanto deve, superam em plasticidade e vividez a maior parte dos relatos puramente científicos. Mas se o pesquisador de campo especializado puder adotar as condições de vida descritas acima, ele estará em posição muito melhor para se pôr em contato com os nativos que qualquer outro residente branco, porque nenhum deles vive em uma aldeia nativa, exceto por períodos muito curtos, e todos têm seus próprios afazeres, que tomam parte considerável de seu tempo. Além disso, se, como ocorre com um comerciante, um missionário ou um administrador, ele entrar em relações ativas com o nativo, se tiver de transformá-lo, influenciá-lo ou fazer uso dele, isso torna impossível a observação real, justa e imparcial, e impede a sinceridade completa, pelo menos no caso de missionários e administradores.

Morando na aldeia sem nenhuma outra ocupação senão acompanhar a vida nativa, vemos um sem-número de vezes os costumes, cerimônias e transações, temos exemplos das crenças dos nativos tais como elas são realmente experimentadas, e o corpo e sangue completos da vida nativa de verdade logo preenchem o esqueleto das construções abstratas. Essa é a razão por que, trabalhando em condições como as previamente descritas, o etnógrafo está capacitado a acrescentar algo de essencial ao esboço vazio da constituição tribal, a suplementá-lo com todos os detalhes de comportamento, cenário e pequenos incidentes. Ele é capaz, em cada caso, de declarar se um ato é público ou privado; como uma reunião pública se processa e que aspecto ela tem; pode julgar se um evento é comum ou algo estimulante e singular; se os nativos lhe atribuem grande franqueza e seriedade ou se o executam por diversão; se o levam a cabo de maneira superficial ou com grande zelo e deliberação.

Em outras palavras, há uma série de fenômenos de grande importância que não pode ser registrada mediante indagações ou computação de documentos, mas deve ser observada em sua plena realidade. Chamemos esses fenômenos *os imponderáveis da vida real*. Entre eles incluem-se coisas como a rotina do dia de trabalho de um homem, os detalhes de seu cuidado com o corpo, a maneira de consumir o alimento e prepará-lo; o tom da vida interativa e social em torno das fogueiras da aldeia; a vigência de fortes amizades, hostilidades, simpatias e antipatias passageiras entre as pessoas; a maneira sutil, mas inconfundível, como vaidades e ambições pessoais se refletem no comportamento do indivíduo e nas reações emocionais daqueles que o cercam. Todos esses fatos podem e devem ser cientificamente formulados e registrados, mas é necessário que isso não seja feito com um registro superficial de detalhes, como é costume entre os observadores não treinados, porém com um esforço para penetrar a atitude mental que neles se expressa. E essa é a razão pela qual o trabalho de observadores cientificamente treinados, depois que eles se aplicam ao estudo desse aspecto, irá produzir, acredito, resultados de valor incomparável. Até agora, ele só foi realizado por amadores, por conseguinte, em geral, com indiferença.

De fato, se nos lembrarmos que esses fatos imponderáveis e, no entanto, de extrema importância da vida corrente são parte da real substância do tecido social, que neles são tecidos os inumeráveis fios que mantêm coesa a família, o clã, a comunidade da aldeia, a tribo, sua significação se torna clara. Os laços mais cristalizados de agrupamento social, como o ritual definido, os deveres econômicos e legais, as obrigações, os presentes cerimoniais e os sinais formais de respeito, embora igualmente importantes para o estudioso, decerto são sentidos com menos força pelo indivíduo que deve cumpri-los. Aplicando isso a nós mesmos, todos sabemos que "vida familiar" significa para nós, antes de tudo, a atmosfera de casa, todos os inumeráveis pequenos atos e atenções em que se expressam a afeição, o interesse mútuo, as pequenas preferências e as pequenas antipatias que constituem a intimidade. Que podemos herdar de tal pessoa, que teremos de acompanhar o féretro de outra, esses são fatos que, embora pertençam sociologicamente à definição de "família" e "vida familiar", em geral ficam em segundo plano na perspectiva pessoal do que é a família verdadeiramente para nós.

O mesmo se aplica a uma comunidade nativa, e se o etnógrafo quiser transmitir a vida real deles para seus leitores, não deve negligenciar isso de maneira alguma. Nenhum aspecto, tanto os íntimos quanto os legais, deve ser tratado superficialmente. No entanto, em geral, nos relatos etnográficos, não temos ambos, mas ou um ou o outro – e até agora os aspectos íntimos quase nunca foram apropriadamente tratados. Em todas as relações sociais para além dos laços de família, mesmo aquelas entre meros membros da tribo e, além disso, entre membros hostis ou amigáveis de diferentes tribos que se encontram em qualquer tipo de atividade social, há esse lado íntimo, expresso pelos detalhes típicos da interação, o tom de seu comportamento na presença uns dos outros. Esse aspecto é diferente da moldura legal definida, cristalizada, da relação e deve ser estudado e anunciado em razão de seu próprio interesse.

Da mesma maneira, ao estudar os atos manifestos da vida tribal, como cerimônias, ritos, festividades etc., os detalhes e o tom do comportamento devem ser fornecidos, além do simples esboço dos eventos. A importância disso pode ser exemplificada por um caso. Muito foi dito e escrito sobre sobrevivência. No entanto, o caráter de sobrevivência de um ato não se expressa em nada tão bem quanto no comportamento concomitante, na maneira como ele é realizado. Tome um exemplo de nossa própria cultura, seja a pompa e ostentação de uma cerimônia oficial, seja um costume pitoresco mantido por meninos de rua. Seu "esboço" não lhe dirá se o rito floresce ainda com pleno vigor no coração daqueles que o executam ou que a ele assistem, ou se eles o veem quase como uma coisa morta, mantida viva em nome da tradição. Mas observe e fixe os dados do comportamento deles, e o grau de vitalidade do ato se tornará claro de imediato. Não há nenhuma dúvida, a partir de todos os pontos de análise sociológica ou psicológica, e em qualquer questão de teoria, de que a maneira e o tipo de comportamento observado na execução de um ato são da mais extrema importância. Na verdade, o comportamento é um fato, um fato relevante e que pode ser registrado. E seria realmente tolo e míope o homem de ciência que passasse por toda uma classe de fenômenos, prontos para serem coletados, e os desperdiçasse, ainda que não visse no momento para que uso teórico eles poderiam servir!

Quanto ao método efetivo de observar e registrar no trabalho de campo esses *imponderáveis da vida real e do comportamento típico*, não há dúvida de que a equação pessoal do observador entra aqui de maneira mais preeminente que na coleta de dados etnográficos cristalizados. Todavia, aqui também o principal esforço deve ser deixar os fatos falarem por si mesmos. Se, ao fazer uma ronda diária da aldeia, forem encontrados reiteradamente certos pequenos incidentes, formas características de se alimentar, de conversar, de fazer um trabalho, eles deveriam ser anotados de imediato. É também importante que esse trabalho de coleta e registro de impressões comece desde logo no curso do trabalho de exploração de um distrito.

Certas peculiaridades sutis, que causam uma impressão enquanto são novidades, deixam de ser notadas tão logo se tornam familiares. Outras só podem ser percebidas com o melhor conhecimento das condições locais. Um diário etnográfico, mantido de maneira sistemática durante todo o curso do trabalho do etnógrafo num distrito, seria o instrumento ideal para esse tipo de estudo. E se, lado a lado com o normal e o típico, ele anotar cuidadosamente os desvios ligeiros ou mais pronunciados, ele será capaz de indicar os dois extremos dentro dos quais o normal se move.

Ao observar cerimônias ou outros eventos tribais é necessário não anotar apenas essas ocorrências e os detalhes que, segundo prescrevem a tradição e o costume, devem ser o curso essencial do ato. O etnógrafo deve também registrar de maneira cuidadosa e precisa, uma após outra, as ações de atores e espectadores. Esquecendo por um momento que conhece e compreende a estrutura dessa cerimônia, as principais ideias dogmáticas que lhe são subjacentes, ele poderia se encontrar no meio de uma reunião de seres humanos que se comportam séria ou jocosamente, com grave concentração ou com entediada frivolidade, e saber se eles estão na mesma disposição de ânimo em que os encontra todos os dias ou perturbados, exibindo intensa agitação etc. Com sua atenção constantemente dirigida para esse aspecto da vida tribal, com o permanente esforço para fixá-lo, para expressá-lo em termos de fato real, uma boa quantidade de material confiável e expressivo se inclui em suas anotações. Ele será capaz de "estabelecer" o ato em seu próprio lugar na vida tribal, isto é, de mostrar se ele é excepcional ou comum, um ato no qual os nativos se comportam da forma costumeira ou se todo o seu comportamento está transformado. E será capaz também de transmitir tudo isso a seu leitor de maneira clara, convincente.

Por outro lado, nesse tipo de trabalho, é bom para o etnógrafo às vezes pôr de lado câmera, caderno e lápis, e participar ele próprio do que está acontecendo. Ele pode tomar parte nos jogos dos nativos, acompanhá-los em suas visitas e caminhadas, sentar-se e ouvir suas conversas e participar delas. Não sei ao certo se isso é igualmente fácil para todos – talvez a natureza eslava seja mais plástica e mais naturalmente selvagem que a dos europeus ocidentais –, mas ainda que o grau de sucesso varie, a tentativa é possível para todos. Desses mergulhos na vida dos nativos – e eu os dei com frequência, não somente para fins de estudo, mas porque todo mundo precisa de companhia humana –, levei comigo a clara sensação de que o comportamento deles e sua maneira de ser em todos os tipos de transações tribais tornaram-se mais transparentes e facilmente compreensíveis do que eram antes.

VIII.

Finalmente, passemos ao terceiro e último objetivo do trabalho de campo científico, ao último tipo de fenômeno que deve ser registrado para dar uma imagem completa e adequada da cultura nativa. Além do firme esboço da constituição tribal e dos itens culturais cristalizados, que formam o esqueleto, além dos dados da vida diária e do comportamento ordinário, que são, por assim dizer, sua carne e sangue, ainda há para ser registrado o espírito – ideias, opiniões e depoimentos dos nativos. Pois em cada ato da vida tribal há primeiro a rotina prescrita pelo costume e a tradição, depois a maneira como ela é executada e finalmente o comentário sobre ela, contido na mente do nativo. Um homem que se submete a várias obrigações habituais, que segue um curso de ação tradicional, o faz impelido por certos motivos, para acompanhar certos sentimentos, ser guiado por certas ideias. Tais ideias, sentimentos e impulsos são moldados e condicionados pela cultura em que os encontramos, sendo assim uma peculiaridade étnica da sociedade dada. Por conseguinte, é preciso fazer uma tentativa de estudá-los e registrá-los.

Mas isso é possível? Esses estados subjetivos não são obscuros e amorfos demais? E, ainda que admitamos que as pessoas em geral sentem, pensam ou experimentam de fato certos estados psicológicos em associação com a execução de atos costumeiros, a maioria delas decerto não é capaz de formular esses estados, de pô-los em palavras. Esse último aspecto deve ser assumido, e talvez seja o verdadeiro nó górdio no estudo dos fatos da psicologia social. Sem tentar cortar ou desatar esse nó, isto é, resolver o problema na teoria, ou entrar mais a fundo no campo da metodologia geral, passarei diretamente à questão dos meios práticos para superar algumas das dificuldades envolvidas.

Em primeiro lugar, cabe estabelecer que temos de estudar aqui maneiras estereotipadas de pensar e sentir. Como sociólogos, não estamos interessados no que A ou B podem sentir como indivíduos no curso acidental de suas próprias experiências pessoais. Estamos interessados somente no que eles sentem e pensam como membros de uma dada comunidade. Ora, nessa condição, seus estados mentais recebem certo carimbo, tornam-se estereotipados pelas instituições em que eles vivem, pela influência da tradição e do folclore, pelo próprio veículo do pensamento, isto é, pela linguagem. O ambiente social e cultural em que eles se movem força-os a pensar e sentir de determinada maneira. Desse modo, um homem que vive numa comunidade poliândrica não pode experimentar os mesmos sentimentos de ciúme que um monógamo estrito, embora ele apresente os elementos desse ciúme. Um homem que vive dentro da esfera do kula não pode se tornar apegado de maneira permanente e sentimental a alguns de seus bens, ainda que os

Malinowski e a mágica da pesquisa de campo antropológica   113

valorize acima de tudo. Estes são exemplos simples, mas outros melhores serão encontrados ao longo do livro.

Assim, o terceiro mandamento do trabalho de campo reza: encontre as maneiras típicas de pensar e sentir correspondentes às instituições e à cultura de uma dada comunidade, e formule os resultados da maneira mais convincente. Qual será o método desse procedimento? Os melhores autores etnográficos ... sempre tentaram citar *ipsis litteris* depoimentos de importância crucial. Eles também citam termos de classificação nativa; *termini technici* sociológicos, psicológicos e industriais, e apresentam o contorno verbal do pensamento nativo da maneira mais precisa possível. Um passo além nessa linha pode ser dado pelo etnógrafo que adquire o conhecimento da língua nativa e pode usá-la como instrumento de investigação.

Ao trabalhar na língua kiriwiniana, ainda encontro alguma dificuldade em redigir o depoimento diretamente traduzido, o que a princípio eu costumava fazer no ato de tomar notas. A tradução muitas vezes privava o texto de todas as suas características significativas – apagava todas as suas peculiaridades –, de modo que aos poucos fui levado a anotar certas frases importantes exatamente como eram faladas na língua nativa. À medida que meu conhecimento nessa língua progrediu, fui anotando cada vez mais em kiriwiniano, até que por fim me vi escrevendo apenas nessa língua, tomando notas depressa, palavra por palavra, de cada depoimento. Mal havia chegado a esse ponto, e reconheci que, dessa maneira, eu estava adquirindo ao mesmo tempo um abundante material linguístico e uma série de documentos etnográficos que deveriam ser reproduzidos tal como eu os fixara, além de utilizá-los na redação de meu relato. Esse *corpus inscriptionum Kiriwiniensium* pode ser utilizado não apenas por mim, mas por todos aqueles que, graças à sua melhor acurácia e capacidade de interpretação, talvez encontrem pontos que escaparam à minha atenção, mais ou menos como os outros *corpora* formam a base para as várias interpretações de culturas antigas e pré-históricas; com a diferença de que essas inscrições etnográficas são todas decifráveis e claras, foram quase todas traduzidas de maneira completa e sem ambiguidade; e são objeto de comentários cruzados nativos ou *scholia* obtidos de fontes vivas.

IX.

Nossas considerações indicam que o objetivo do trabalho de campo etnográfico dever ser abordado seguindo três caminhos.

1) *A organização da tribo e a anatomia de sua cultura* devem ser registradas num esboço firme, claro. O método de *documentação concreta, estatística*, é o meio pelo qual esse esboço deve ser feito.

2) Os *imponderáveis da vida real* e o tipo de comportamento devem ser inseridos no interior dessa estrutura. Eles têm de ser colhidos mediante observações minuciosas, detalhadas, na forma de algum tipo de diário etnográfico, possibilitando estreito contato com a vida nativa.

3) Uma compilação de depoimentos etnográficos, narrativas características, pronunciamentos típicos, itens de folclore e fórmulas mágicas deve ser considerada um *corpus inscriptionum*, como documentos da mentalidade nativa.

Essas três linhas de abordagem levam ao objetivo final, aquele que o etnógrafo nunca deveria perder de vista. Esse objetivo, em resumo, é compreender, do ponto de vista do nativo, sua relação com a vida, perceber *sua* visão de *seu* mundo. Cumpre estudar o homem, e devemos estudar o que lhe diz respeito mais intimamente, isto é, o controle que a vida exerce sobre ele. Em cada cultura os valores são um pouco diferentes; as pessoas aspiram a diferentes objetivos, seguem diferentes impulsos, anseiam por diferentes formas de felicidade. Em cada cultura encontramos instituições diversas, em que o homem persegue seu interesse vital, costumes distintos mediante os quais ele satisfaz suas aspirações, diferentes códigos de lei e moralidade que recompensam suas virtudes ou punem suas defecções. Estudar instituições, costumes e códigos ou estudar o comportamento e a mentalidade sem o desejo subjetivo de sentir o motivo pelo qual essas pessoas vivem, sem compreender a substância de sua felicidade, em minha opinião, é perder a maior recompensa que podemos esperar do estudo do homem.

O leitor encontrará essas generalidades ilustradas nos capítulos seguintes. Veremos o selvagem se esforçando para satisfazer certas aspirações, para alcançar seu tipo de valor, para seguir sua linha de ambição social. Nós o veremos impelido a empreendimentos perigosos e difíceis segundo uma tradição de façanhas mágicas e heroicas, e o observaremos seguir a fascinação de sua própria narrativa. Talvez, à medida que lermos o relato desses costumes remotos, emerja um sentimento de solidariedade com as lutas e ambições desses nativos. Talvez a mentalidade do homem nos seja revelada e trazida para perto de nós, ao longo de algumas linhas que nunca seguimos antes. Talvez por meio da compreensão da natureza humana numa forma muito distante e muito estranha para nós venhamos a lançar alguma luz sobre nossa própria natureza. Nisso, e apenas nesse caso, estará justificado o sentimento de que valeu a pena compreender esses nativos, suas instituições e seus costumes, e que o kula nos proporcionou algum proveito.

O significado do kula

Seguimos as várias rotas e ramificações do kula, penetrando minuciosa e meticulosamente suas regras e seus costumes, suas crenças e práticas, e a tradição mitológica tecida em torno dele, até que, chegando ao fim de nossas informações, costuramos suas pontas. Iremos agora pôr de lado a lupa do exame detalhado e olhar de certa distância o objeto de nossa investigação, abranger toda a instituição num único relance, deixá-la assumir uma forma definida diante de nós. Essa forma talvez nos pareça algo incomum, algo não encontrado antes nos estudos etnológicos. Será conveniente tentar encontrar seu lugar entre os outros objetos da etnologia sistemática, avaliar sua importância, estimar quanto aprendemos ao conhecê-lo.

Afinal, para a ciência, não há nenhum valor nos fatos isolados, por mais impressionantes e novos que eles possam parecer em si mesmos. A pesquisa científica genuína difere da mera caça de curiosidades na medida em que esta última busca o exótico, o singular e o extravagante – a ânsia do sensacional e a mania de colecionar fornecendo um duplo estímulo. A ciência, por outro lado, deve analisar e classificar fatos no intuito de situá-los num todo orgânico, de incorporá-los em um dos sistemas nos quais ela tenta agrupar os vários aspectos da realidade.

Não farei, é evidente, qualquer tipo de especulação nem adicionarei qualquer suposição aos dados empíricos apresentados nos capítulos anteriores. Vou me limitar a algumas reflexões sobre os aspectos mais gerais da instituição e tentar expressar um pouco mais claramente o que me parece ser a atitude mental que está na base dos vários costumes kula. Esses pontos de vista gerais devem, penso eu, ser considerados e postos à prova em novos trabalhos de campo sobre temas afins ao kula, bem como na pesquisa teórica, podendo assim se mostrar férteis para um futuro trabalho científico. Dessa forma, é possível assegurar que é o privilégio do cronista de um novo fenômeno transmiti-lo à consideração de seus colegas de trabalho; mas esse é tanto seu privilégio quanto seu dever. Pois, afora seu conhecimento em primeira mão dos fatos – e, na verdade, se seu relato for bom, ele deve ter conseguido transferir a melhor parte de seu conhecimento para o leitor –, os aspectos e as características fundamentais de um fenômeno etnográfico não são menos empíricos por serem gerais. Portanto, é tarefa do cronista encerrar seu relato com um panorama abrangente e sintético da instituição descrita.

Como se disse, o kula, em certa medida, parece constituir um novo tipo de fato etnológico. Sua novidade reside em parte em sua extensão sociológica e geográfica. Grande relação intertribal, unindo com vínculos sociais definidos uma vasta área e grande número de pessoas, ligando-as com laços definidos de obrigações recíprocas, fazendo-as seguir regras e observações minuciosas, de maneira combinada, o kula é um mecanismo sociológico de tamanho e complexidade incomparáveis considerando-se o nível da cultura em que o encontramos. Essa ampla rede de correlações sociais e influências culturais não pode tampouco ser considerada nem por um momento efêmera, nova ou precária. Sua mitologia muitíssimo desenvolvida e seu ritual mágico mostram quão profundamente ela se enraizou na tradição desses nativos e o quanto deve resultar de um processo antigo.

Outro traço incomum é o caráter da própria transação, a substância propriamente dita do kula. Troca semicomercial, semicerimonial, ele é realizado como um fim em si mesmo, para preencher um profundo desejo de possuir. Mas aqui, novamente, não se trata de posse comum, mas de um tipo especial, em que um homem possui por curto período de tempo e de maneira alternada espécimes individuais de duas classes de objetos. Embora seja incompleta do ponto de vista da permanência, a propriedade é melhorada no que se refere ao número de coisas sucessivamente possuídas, e pode ser chamada de posse cumulativa.

Outro aspecto de grande importância, talvez da maior, e que pode revelar melhor o caráter incomum do kula é a atitude mental dos nativos em relação aos sinais de riqueza. Estes últimos não são usados nem considerados como dinheiro ou moeda, e assemelham-se muito pouco a esses instrumentos econômicos, se é que há de fato alguma semelhança, exceto porque tanto o dinheiro quanto o *vaygu'a** representam riqueza condensada. O *vaygu'a* nunca é usado como meio de troca ou medida de valor, que são as duas mais importantes funções da moeda ou do dinheiro. Cada peça de *vaygu'a* do tipo kula tem um objetivo principal ao longo de toda a sua existência: ser possuída e trocada; tem uma função principal e serve a um propósito principal: transitar pelo circuito kula, ser possuída e exibida de certa maneira, da qual logo falaremos. E a troca por que constantemente passa cada peça de *vaygu'a* é de um tipo muito especial; limitada na direção geográfica em que pode ocorrer, estreitamente circunscrita ao círculo social dos homens entre os quais pode ser feita, ela está sujeita a todos os tipos de regras e regulamentos estritos; não pode ser descrita como permuta nem como simples dádiva e recebimento de presentes, não sendo tampouco a encenação de uma troca. De fato, ela é kula, uma troca de tipo inteiramente novo. E é apenas por meio dessa troca, por ser ela constantemente acessível e objeto de desejo

---

* Objetos de troca no kula, os *vaygu'a* são colares ou braceletes considerados preciosos, porém, na maioria das vezes, não podem sequer ser usados, por serem grandes ou pequenos demais. Numa passagem famosa do livro, Malinowski os compara às joias da Coroa ou a heranças de família, possuídas em função do simples prazer da posse em si e estimados por causa de seus aspectos históricos. (N.O.)

competitivo, por ser ela o meio de despertar inveja e conferir distinção social e renome, que esses objetos alcançam seu elevado valor. Na verdade, eles formam um dos principais interesses da vida nativa e são um dos principais itens no inventário de sua cultura. Desse modo, um dos traços mais importantes e incomuns do kula é a existência dos *vaygu'a* do kula, os objetos de valor em incessante circulação e sempre permutáveis, que devem seu valor exatamente a essa circulação e a seu caráter.

Os atos de troca dos objetos valiosos têm de se conformar a um código definido. O principal pressuposto desse código declara que a transação não é uma pechincha. A equivalência dos valores trocados é essencial, mas deve resultar do próprio sentido de adequação da pessoa que retribui, numa avaliação relativa aos costumes e à sua própria dignidade. O cerimonial associado ao ato de dar, a maneira de transportar e manusear o *vaygua'a* mostra claramente que este é encarado como algo além de pura mercadoria. De fato, ele é para o nativo algo que confere dignidade, que o exalta, e que ele trata, portanto, com veneração e afeto. O comportamento dos nativos na transação deixa claro que o *vaygu'a* não é considerado apenas algo que possui valor elevado, mas é tratado de maneira ritual e desperta reação emocional. Esse reconhecimento é confirmado e aprofundado pela consideração de alguns dos outros usos do *vaygu'a*, nos quais outros objetos estimados, como cintos *kaloma* e grandes lâminas de pedra, também valem, além dos artigos do kula.

Assim, quando um espírito maligno, *tauva'u*, é encontrado numa aldeia ou perto dela na forma de uma cobra ou de um caranguejo terrestre, um *vaygu'a* é posto diante dele cerimonialmente, e isso é feito menos para subornar o espírito sacrificialmente com um presente que para exercer uma ação direta sobre sua mente e para torná-lo benévolo. No período anual de festas e danças, os *milamala*, os espíritos, retornam às suas aldeias. Os objetos valiosos do kula que estão naquele momento nas mãos da comunidade, bem como os *vaygu'a* permanentes, como lâminas de pedra, cintos *kaloma* e pingentes *doga*, são exibidos sacrificialmente para os espíritos sobre uma plataforma, arranjo e costume chamado *yolova*. Assim, os *vaygu'a* representam a mais adequada oferenda a ser feita aos espíritos, e eles dispõem esses espíritos numa disposição agradável, "tornam as mentes deles boas", como diz a frase estereotipada dos nativos.

No *yolova*, faz-se aos espíritos uma oferenda do que é mais valorizado pelos vivos. Espera-se que os visitantes sombrios levem o espírito ou parte da sombra do *vaygu'a* para casa e façam um *tanarere** dele na praia de Tuma, assim como um grupo kula faz um *tanarere* dos objetos valiosos adquiridos

---

* Exibição pública dos objetos trocados no kula, após o retorno à aldeia. (N.O.)

na praia de sua casa. Em tudo isso há uma clara expressão da atitude mental dos nativos, que consideram os *vaygu'a* supremamente bons em si mesmos, e não uma riqueza conversível, ou ornamentos potenciais, nem instrumentos de poder. Possuir *vaygu'a* é estimulante, confortador e consolador em si mesmo. Eles olharão para o *vaygu'a* e o manipularão durante horas; dessa maneira, mesmo um toque dele transmite suas virtudes.

Isso é expresso da maneira mais clara por um costume observado por ocasião da morte. Um moribundo é cercado e coberto de objetos valiosos que todos os seus parentes de sangue e por afinidade trazem emprestados para a ocasião, a fim de levá-los de volta quando tudo estiver terminado, ao passo que os *vaygu'a* do próprio homem são deixados sobre o cadáver por algum tempo depois da morte. Várias versões e justificativas racionalizadas desse costume são propostas. Assim, diz-se que eles são um presente para Topileta, o guardião do mundo inferior; ou, por outro lado, que eles têm de ser tomados em sua forma espiritual para proporcionar uma posição social elevada em Tuma; ou simplesmente que são dispostos para enfeitar e tornar mais felizes os últimos momentos do moribundo.

Todas essas crenças sem dúvida existem lado a lado, e todas são compatíveis, expressando de fato a atitude emocional subjacente: a ação confortadora dos objetos de valor. Ela é aplicada ao moribundo como algo cheio de virtude, que exerce uma ação ao mesmo tempo agradável, consoladora e revigorante. Eles o põem sobre sua testa, sobre seu peito, esfregam com ele o ventre e as costelas, penduram alguns dos *vaygu'a* no nariz. Muitas vezes os vi fazer isso; de fato, observei-os fazendo-o durante horas, e creio que há uma atitude complexa, emocional e intelectual, na base disso tudo; o desejo de inspirar com vida e ao mesmo tempo de preparar para a morte; de segurar o moribundo com firmeza neste mundo, de equipá-lo para o outro; mas, acima de tudo, o profundo sentimento de que os *vaygu'a* são o supremo conforto, que envolver um homem com eles, mesmo em seu pior momento, torna esse momento menos negativo. A mesma atitude mental provavelmente está na base do costume prescrevendo que os irmãos da viúva devem dar um *vaygu'a* aos irmãos do morto, sendo devolvido no mesmo dia. Mas ele é conservado tempo suficiente para servir de consolo àqueles que, segundo as ideias de parentesco dos nativos, se veem mais diretamente atingidos pela morte.

Em tudo isso encontramos a expressão da mesma atitude mental, o extremo valor positivo associado à riqueza condensada, a maneira séria e respeitosa de tratá-la, a ideia e o sentimento de que ela é o reservatório do bem mais elevado. Os *vaygu'a* são valorizados de forma muito diferente daquela que valorizamos nossa riqueza. O símbolo bíblico do bezerro de ouro poderia ser ainda mais bem aplicado à atitude dos nativos que à nossa, embora não seja de todo correto dizer que eles "adoram" os *vaygu'a*, porque não adoram nada. Os *vaygu'a* poderiam talvez ser chamados "objetos de culto" no sentido expressado pelos fatos do kula e dos dados que acabamos de citar; isto é, na medida em que são manipulados ritualmente em alguns dos atos mais importantes da vida nativa.

Assim, sob vários aspectos, o kula nos apresenta um novo tipo de fenômeno, situado na região fronteiriça entre o comercial e o cerimonial, e expressando uma complexa e interessante atitude mental. Contudo, embora ela seja nova, dificilmente pode ser única. Pois decerto não podemos imaginar que um fenômeno social de tamanha escala, e obviamente conectado de maneira tão profunda com camadas fundamentais da natureza humana, fosse apenas um esporte e um capricho encontrado num só ponto da Terra. Depois que descobrimos esse novo tipo de fato etnográfico, podemos ter esperança de que outros semelhantes ou aparentados se mostrem em outros lugares. A história de nossa ciência exibe muitos casos em que, depois de ter sido descoberto, aceito pela teoria, discutido e analisado, um novo tipo de fenômeno foi subsequentemente encontrado no mundo inteiro.

O tabu, palavra e costume polinésios, serviu como protótipo e epônimo para regras semelhantes vigentes entre todas as raças selvagens bárbaras, bem como as civilizadas. O totemismo, encontrado primeiro no seio de uma tribo de indígenas norte-americanos e trazido à luz pelo trabalho de Frazer, foi mais tarde documentado de forma tão ampla e cabal em todos os lugares que, ao reescrever seu livrinho anterior, seu historiador encheu quatro volumes. Por meio do trabalho de Hubert e Mauss, Marett e outros, provou-se que a concepção de mana, descoberta numa pequena comunidade melanésia, possuía importância fundamental; e não há dúvida de que o mana, quer seja nomeado, quer não, figura, e amplamente, nas crenças e práticas de todos os nativos. Estes são os exemplos mais clássicos e mais conhecidos, e eles poderiam se multiplicar, caso fosse necessário. Fenômenos do "tipo totêmico" ou "tipo mana" ou "tipo tabu" podem ser encontrados em todas as províncias etnográficas, uma vez que cada um desses conceitos representa uma atitude fundamental do selvagem em relação à realidade.

Assim, com o kula, se ele representar um novo embora não excêntrico tipo fundamental de atividade do homem e de atitude mental humana, esperamos encontrar fenômenos aliados e aparentados em várias outras províncias etnográficas. E podemos ficar atentos a transações econômicas que expressem uma atitude reverencial de quase adoração aos objetos de valor trocados ou manipulados; que sugiram um novo tipo de propriedade – temporária, intermitente e cumulativa; que envolvam um mecanismo social vasto e complexo, e sistemas de empreendimentos econômicos por meio dos quais sejam levadas a cabo. Assim é o tipo kula de atividade semieconômica, semicerimonial. Sem dúvida seria inútil esperar que réplicas exatas dessa instituição venham a ser encontradas em algum lugar e com os mesmos detalhes, tal como o caminho circular pelo qual os objetos de valor se deslocam, a direção fixa em que cada classe deve viajar e a existência de dádivas solicitadoras e intermediárias. Todas essas tecnicidades são valiosas e interessantes, mas provavelmente estão associadas de uma maneira ou de outra às condições locais específicas do kula. O que se espera encontrar em outras partes do mundo são as ideias fundamentais do kula e os arranjos em seu esquema essencial, e para eles o pesquisador de campo deve estar atento.

Para o estudioso teórico interessado sobretudo nos problemas de evolução, o kula propiciaria algumas reflexões sobre a origem da riqueza e do valor, do comércio e das relações econômicas em geral. Poderia também lançar alguma luz sobre o desenvolvimento da vida cerimonial, a influência das ambições e dos objetivos econômicos sobre a evolução do intercurso intertribal e o direito internacional primitivo. Para o estudioso que vê principalmente os problemas da etnologia do ponto de vista do contato entre culturas e o interessado na difusão de instituições, crenças e objetos por transmissão, o kula não é menos importante. Aqui está um novo tipo de contato intertribal, de relação entre várias comunidades que diferem em cultura de maneira sutil, mas indubitável, e que é uma relação não espasmódica ou acidental, mas regulada e permanente. Afora o fato de que, ao tentar explicar como a relação kula entre as várias tribos se originou, somos confrontados com um claro problema de contato de culturas.

Essas breves observações devem bastar, pois não quero entrar eu mesmo em nenhuma especulação teórica. Há um aspecto do kula, no entanto, para o qual é preciso chamar atenção do ponto de vista de sua importância teórica. Vimos que essa instituição apresenta vários aspectos estreitamente entrelaçados e que se influenciam uns aos outros. Para tomar apenas dois, empreendimento econômico e ritual mágico, eles formam um todo inseparável, as forças da crença mágica e os esforços do homem moldam-se e influenciam-se mutuamente. Já se descreveu em detalhe nos capítulos anteriores como isso acontece.

Parece-me, porém, que uma análise mais profunda e uma comparação da maneira como dois aspectos da cultura dependem funcionalmente um do outro poderiam fornecer algum material interessante para reflexão teórica. Na verdade, creio que há espaço para um novo tipo de teoria. A sucessão no tempo, e a influência do estágio anterior sobre o subsequente, é o principal objeto dos estudos evolutivos tal como praticados pela escola clássica da antropologia britânica (Tylor, Frazer, Westermarck, Sidney Hartland, Crawley).

Malinowski e a mágica da pesquisa de campo antropológica 121

A escola etnológica (Ratzel, Foy, Gräbner, W. Schmidt, Rivers e Eliott Smith) estuda a influência de culturas por contato, infiltração e transmissão. A influência do ambiente sobre instituições culturais e raça é estudada pela antropogeografia (Ratzel e outros). A influência dos vários aspectos de uma instituição uns sobre os outros e o estudo do mecanismo social e psicológico sobre o qual a instituição se baseia são um tipo de estudo teórico que tem sido praticado até agora apenas de forma hesitante, mas aventuro-me a prever que eles ganharão força mais cedo ou mais tarde. Esse tipo de pesquisa abrirá caminho e fornecerá material para as outras iniciativas.

Em um ou dois lugares, nos capítulos anteriores, fez-se uma digressão um tanto detalhada para criticar a visão sobre a natureza econômica do homem primitivo tal como ela sobrevive em nossos hábitos mentais, bem como em alguns livros-texto – a concepção de um ser racional que não quer nada além de satisfazer suas necessidades simples, e o faz de acordo com o princípio econômico do menor esforço. Esse homem econômico sempre sabe exatamente onde estão seus interesses materiais e se move em direção a eles em linha reta. Na base da chamada concepção materialista da história encontra-se a ideia um tanto análoga de um ser humano que, em tudo que arquiteta e persegue, não deseja outra coisa além de vantagem material de um tipo puramente utilitário. Ora, espero que, seja qual for o significado que o kula tenha para a etnologia, para a ciência geral da cultura, ele será útil para dissipar essas cruas concepções racionalistas da humanidade primitiva e induzir tanto o especulador quanto o observador a aprofundar a análise dos fatos econômicos. De fato, o kula nos mostra que toda a concepção de valor primitivo; o hábito muito incorreto de chamar todos os objetos de valor de "dinheiro" ou "moeda"; as ideias correntes de comércio primitivo e propriedade primitiva – tudo isso deve ser revisto à luz de nossa instituição.

No início deste livro, na Introdução, prometi de certo modo ao leitor que ele receberia uma vívida impressão dos eventos que lhe permitiriam vê-los em sua perspectiva nativa, sem perder de vista por um só momento, ao mesmo tempo, o método pelo qual obtive meus dados. Tentei apresentar tudo, na medida do possível, em termos de fato concreto, deixando que os nativos falassem por si mesmos, executassem suas transações, levassem a cabo suas atividades diante da visão mental do leitor. Tentei embasar meu relato em fatos e detalhes, abastecê-lo com documentos, números, exemplos de ocorrência real. Ao mesmo tempo, porém, minha convicção, tal como muitas vezes expressada, é de que o que realmente importa não é o detalhe, não é o fato, mas o uso científico que dele fazemos. Assim, os detalhes e tecnicidades do kula adquirem seu significado somente na medida em que expressam alguma atitude mental basilar dos nativos, e dessa maneira alargam nosso conhecimento, ampliam nossa perspectiva e aprofundam nossa compreensão da natureza humana.

O que me interessa realmente no estudo do nativo é sua visão sobre as coisas, sua *Weltanschauung*,* o fôlego de vida e realidade que ele inala e pelo qual vive. Toda cultura humana dá a seus membros uma visão definida do mundo, um sabor definido da vida. Nas minhas andanças pela história humana e pela superfície da Terra, sempre foi a possibilidade de ver a vida e o mundo a partir dos vários ângulos, peculiares a cada cultura, que mais me encantou e inspirou com o real desejo de penetrar outras culturas, de compreender outros tipos de vida.

Parar por um momento diante de um fato estranho e singular; divertir-se com ele e ver sua estranheza exterior; contemplá-lo como uma curiosidade e colecioná-lo no museu de nossa memória ou em nosso repertório de casos – essa atitude sempre me foi alheia e repugnante. Algumas pessoas são incapazes de compreender o significado interior e a realidade psicológica de tudo que é externamente estranho, incompreensível à primeira vista, numa cultura diferente. Essas pessoas não nasceram para ser etnólogos. É no amor pela síntese final, alcançada pela assimilação e compreensão de todos os itens de uma cultura, e mais ainda no amor pela variedade e independência das várias culturas, que reside o teste do verdadeiro estudioso na verdadeira ciência do homem.

No entanto, há um ponto de vista ainda mais profundo e mais importante que o gosto de saborear a variedade dos modos humanos de vida: trata-se do desejo de transformar esse conhecimento em sabedoria. Embora possa nos ser dada por um momento a faculdade de penetrar na alma de um selvagem, olhar o mundo exterior através de seus olhos e sentir como deve ser para *ele* ser ele mesmo, nosso objetivo final é enriquecer e aprofundar nossa própria visão de mundo, compreender nossa própria natureza e torná-la melhor, intelectual e artisticamente. Ao compreender a visão essencial de outros, com reverência e real compreensão devidas até aos selvagens, não podemos deixar de alargar nossa própria visão. Não temos como chegar à sabedoria socrática final, de conhecermos a nós mesmos, se nunca deixarmos o estreito confinamento de costumes, crenças e preconceitos em que cada homem nasce. Nada pode nos ensinar uma lição melhor nessa matéria de suprema importância que o hábito mental que nos permite tratar as crenças e valores de outro homem a partir do seu ponto de vista. A humanidade civilizada nunca precisou tanto dessa tolerância como agora, quando todos os ideais cultivados e proclamados como as mais elevadas conquistas da civilização, da

---

* "Visão de mundo" ou "cosmovisão" são as traduções mais apropriadas dessa palavra, em alemão no original. (N.O.)

Malinowski e a mágica da pesquisa de campo antropológica 123

ciência e da religião foram atirados aos ventos.* A ciência do homem, em sua versão mais refinada e profunda, deveria nos conduzir a esse conhecimento e a tolerância e generosidade, baseados na compreensão do ponto de vista de outros homens.

O estudo da etnologia – tantas vezes confundido por seus próprios devotos com uma vã caça de curiosidades, com uma perambulação entre as formas selvagens e fantásticas de "costumes bárbaros e superstições grosseiras" – poderia se tornar uma das disciplinas mais profundamente filosóficas, iluminadoras e enobrecedoras da pesquisa científica. Lamentavelmente, o tempo é curto para a etnologia. Será que essa verdade sobre seu real significado e importância irá alvorecer antes que seja tarde demais?

CONFISSÕES DE IGNORÂNCIA E FRACASSO

1. "Nada a dizer"

Ao lidar com o registro de um trabalho de campo, talvez a maior dificuldade que há para o estudioso teórico consista em formar algum julgamento em relação à natureza das lacunas que abundam naturalmente em qualquer registro. Elas se devem à negligência? Ou à falta de oportunidade? Ou ao fato de não haver realmente "nada a dizer" sobre o assunto? Esta última possibilidade pode ser desde logo descartada. Lembro-me bem de debater alguns pontos sobre uma área etnográfica que estava estudando com um dos mais eminentes pesquisadores naquele campo. Isso se deu alguns anos antes de eu mesmo ir a campo. Chamei a atenção do meu amigo para o fato de que não havia absolutamente nenhuma informação em suas obras sobre determinado assunto. "Eu não tinha nada a dizer sobre isso", foi a resposta; quando indaguei por quê, ele simplesmente me lançou um olhar furioso. Eslavo sem mistura, continuei pressionando meu amigo anglo-saxão e tentei mostrar que um pesquisador de campo não tem direito de não ter "nada a dizer" sobre qualquer assunto relevante. O assunto nesse caso era a família, e a área era a Austrália aborígine. Insisti em que havia um lar ou não, em que marido, mulher e filhos moravam juntos, comiam juntos e dormiam juntos ou não. Finalmente, posto contra a parede, meu amigo concluiu: "Bem, não descobri

---

* Lembrar que Malinowski escreveu essas linhas pouco após o final da Primeira Guerra Mundial. (N.O.)

nada sobre isso." Calei minha observação: "Mas não era mais que sua obrigação descobrir tudo sobre o tema", e contudo era o que devia ter sido dito sobre a questão, da maneira mais polida. O antropólogo deve pelo menos declarar que esteve à procura de certo fenômeno e não conseguiu encontrá-lo, ou então que deixou de procurá-lo.

O princípio do "nada a dizer sobre isso" talvez seja a principal razão pela qual a antropologia não fez progresso suficiente no aspecto empírico; e é dever do pesquisador de campo apresentar um relato cuidadoso e sincero de todos os seus fracassos e incorreções. Talvez o primeiro registro em que isso tenha sido feito segundo um espírito realmente científico esteja em *Os ilhéus andamaneses*,* de Radcliffe-Brown. Em meu *Argonautas do Pacífico ocidental*, publicado ao mesmo tempo que o livro dele, esbocei brevemente os métodos pelos quais obtive minhas evidências. Mas no curso de minha narrativa não mencionei, com nada semelhante à minúcia cuidadosa necessária, a delimitação de meu conhecimento e a provável existência de certas lacunas. Ao escrever este livro, decidi não negligenciar essa questão. Ao constatar, contudo, que as advertências e digressões negativas tornavam-se tão frequentes que interrompiam o curso da narrativa, decidi substituí-las por um breve sumário de "lacunas, fracassos e confusões", na medida em que tenho consciência deles. Como a matéria tem mais interesse para o especialista que para o leitor em geral, releguei-a a um apêndice. Contudo, antes de indicar essas lacunas das quais estou claramente consciente e dar algumas pistas de como vim a deixar escapar certos fatos importantes ou até aspectos em meu estudo de campo, é necessário expor brevemente minhas credenciais em termos de trabalho de campo e resumir meus métodos, os quais já foram plenamente debatidos no Capítulo 1 de *Argonautas*.

2. Método de coleta de informações

Meu trabalho de campo na Melanésia consistiu em três expedições; o tempo realmente passado entre os nativos foi de cerca de dois anos e meio (ver quadro cronológico, p.106-7). Contando o tempo dedicado, entre as três expedições, a pôr minhas anotações em ordem e redigi-las, a formular problemas e fazer o trabalho construtivo de digerir e remodelar as evidências, pode-se dizer que meu trabalho de campo abrangeu mais de quatro anos (início de setembro de 1914 até fim de outubro de 1918). Dou alguma ênfase a isso porque acredito firmemente que o intervalo de alguns meses entre duas ex-

---

* Ver o Capítulo 5, nesta coletânea. (N.O.)

pedições de um ano cada proporciona aos antropólogos oportunidades infinitamente maiores que dois anos consecutivos no campo. Em minha estada na Nova Guiné nativa, passei seis meses na costa meridional e o resto na área de Massim setentrional. Nesta última fiz apenas curtas visitas à ilha de Woodlark (Marua) e duas longas estadas entre os trobriandeses.

Eu tinha estudado a estrutura das línguas melanésias teoricamente e estava familiarizado com uma delas (motu) quando cheguei a Port Moresby nos primeiros dias de setembro de 1914. Tive de usar essa língua, e exclusivamente ela, em meu trabalho de campo entre os Mailu. Quando, na segunda expedição, cheguei às ilhas Trobriand (junho de 1915), não tinha me preparado para trabalhar naquela língua, porque não pretendia me instalar naquele distrito nem por um curto período. Em setembro daquele ano, no entanto, descobri que podia usar a língua facilmente em conversas com meus informantes, embora tenha levado muito mais tempo para acompanhar com facilidade as conversas entre os próprios nativos. De fato, creio que só alcancei esse estágio depois que havia feito um estudo muito meticuloso de meu material linguístico registrado durante o intervalo subsequente (Melbourne, maio de 1916 a agosto de 1917), e praticado por um mês ou dois na terceira expedição. A partir de então, não tive dificuldade em fazer rápidas anotações na língua de Trobriand e em acompanhar a conversação geral entre os nativos. A dificuldade reside em preencher depressa as lacunas de uma declaração a partir de dados contextuais. Em outras palavras, acho que um conhecimento completo de qualquer língua nativa é muito mais uma questão de familiaridade com seus hábitos sociais e arranjos culturais que de memorizar longas listas de palavras ou de compreender os princípios de gramática e sintaxe, que – no caso das línguas melanésias – são espantosamente simples.

Quanto a meu modo de residência, insisti várias vezes no fato de que um trabalho de campo satisfatório só pode ser feito por alguém que viva entre os nativos. Somente por breves intervalos, ao todo não mais que seis semanas, desfrutei da hospitalidade de meu amigo Billy Hancock de Gusaweta, e do sr. e sra. Brudo de Sinaketa. O resto do tempo foi passado realmente no meio das cabanas nativas, onde eu costumava armar minha barraca.

Como o cultivo é uma atividade que permeia a vida nativa e penetra na aldeia, tanto material quanto espiritualmente, não tive dificuldade em ver cada fase dele sempre que desejasse. Por uma série de coincidências, porém, vi muito mais dos estágios iniciais do cultivo e dos fatos relativos à colheita que das fases intermediárias. ...

Em relação ao progresso do conhecimento e à compreensão da vida nativa, eu deveria distinguir o que poderia ser chamado de abordagem superficial de um fenômeno cultural, como a agricultura, de dois estágios adicionais em termos de penetração analítica. Por "abordagem superficial" entendo a coleta de fatos bem cristalizados, claramente definidos, concernentes à atividade em questão, e o registro de pontos relevantes referentes a direito nativo, prática econômica e crença, como itens isolados mais ou menos independentes. Assim, o tema deste volume nos daria os seguintes tópicos: posse da terra, técnica de cultivo, tratamento das safras colhidas, uso subsequente dessas safras, mitologia do cultivo, cerimônias de magia. Avançando para a segunda linha de abordagem do trabalho de campo, eu consideraria que relações os vários fatos institucionalizados mantêm uns com os outros.

Em relação à posse da terra, por exemplo, a pesquisa realmente frutífera começa quando, dada a repartição puramente formal de títulos de propriedade, indagamos que papel cada um desses títulos desempenha na produção. Essa investigação é equivalente a uma análise da relação entre propriedade legal, por um lado, e produção organizada, por outro. Novamente, a questão "Como a posse da terra se relaciona com tradições nativas relacionadas ao vínculo do homem com o solo?" leva a toda a base mitológica e legal da posse da terra. Não preciso enfatizar aqui que a informação mais importante contida nesta monografia consiste não tanto numa enunciação de fatos e aspectos isolados, mas na análise da inter-relação e interdependência deles. O leitor terá visto que o significado da magia agrícola nas ilhas Trobriand reside em sua influência organizadora sobre a produção nativa e em sua conexão com a mitologia do cultivo, da posse da terra e da cidadania local. O lugar da agricultura na vida tribal não é definido meramente pelo estudo da técnica de cultivo. As forças motoras para o cultivo efetivo não podem ser entendidas a menos que compreendamos que elas são fornecidas pelos sistemas de distribuição e troca de presentes. Essas coisas estão estreitamente conectadas e por sua vez nos levam ao estudo do armazém como implemento para preservar e manejar o taytu [inhame]. A fim de avaliar a importância de tudo isso, devemos ver como o taytu é usado nas distribuições cerimoniais, no comércio e no tributo político.

A terceira linha de ataque consistiria não apenas no estudo de relações entre as várias instituições parciais da agricultura, como o presente de casamento em relação à produção, a magia do cultivo em relação ao trabalho na plantação. Ela avançaria para uma cuidadosa síntese das inter-relações de aspectos em uma única avaliação geral do papel desempenhado pela agricultura como um todo no interior da vida tribal. Essa síntese, no entanto, transcende a tarefa própria do pesquisador de campo. Chegar a ela deveria ser sua constante inspiração; ele pode ter uma visão pessoal sobre ela, mas não é seu dever nem sua prerrogativa formulá-la no registro do trabalho de campo. Exatamente como me abstive de dar minha teoria privada em relação à instituição papuo-melanésia oriental do kula, aqui também minhas ideias no tocante à função geral da agricultura trobriandesa e minha interpretação teórica acerca do "valor social do taytu" (para usar a expressão de meus amigos, sra. Winifred Hoernlé e professor Radcliffe-Brown) podem ser deduzidas, acredito, pelo sociólogo comparativo, mas não são dadas explicitamente.

Estou reafirmando minha inocência de qualquer avaliação teórica definitiva tanto sobre a instituição do kula quanto sobre a agricultura, mesmo depois de reler cuidadosamente o último capítulo de *Argonautas do Pacífico ocidental*, intitulado "O significado do kula". Faço ali, de fato, o sumário das relações entre os aspectos componentes do kula. Analiso a influência da magia em expedições ultramarinas e o papel das ambições e dos desejos individuais integrados a essa atividade. Examino também de forma breve uma série de fatos colaterais, selecionados a partir de outros aspectos da vida nativa, que lançam luz sobre o uso de objetos de valor fora do kula e sobre algumas características da troca nativa em geral. Mas nunca discorro longamente sobre a função integral dessa instituição, embora espere ser capaz de fazê-lo em breve, num livro teórico sobre guerra primitiva e outros métodos de "empreendimento heroico". Tentarei então mostrar que, pelo menos para os trobriandeses, o kula como atividade cultural é em grande medida um substituto da caça de cabeças e da guerra. Desenvolverei também a ideia ... de que no kula o fato econômico mais importante é que a troca não utilitária de objetos de valor fornece o impulso e a estrutura cerimonial para um sistema extremamente importante de comércio utilitário. Por rigor metodológico, abstive-me de expressar qualquer dessas ideias no registro de meu trabalho de campo sobre o assunto.

O mesmo rigor me fez não entrar nesse último estágio de análise ou síntese teórica em meu livro *Sexual Life of Savages*, embora eu tenha lidado dessa maneira com alguns aspectos da vida sexual em outras publicações. Assim, neste volume, a função da agricultura terá de ser formulada pelo próprio leitor a partir dos fatos que lhe são apresentados.

Retornando agora ao método em trabalho de campo: acabo de afirmar que a primeira camada de abordagem, ou de investigação, consiste na observação real de fatos isolados e no registro completo de cada atividade concreta, cerimônia ou regra de conduta. A segunda linha de abordagem é a correlação dessas instituições. A terceira linha de abordagem é uma síntese dos vários aspectos. Quando passo os olhos pela longa lista de entradas em minhas anotações de campo, vejo que, em grande medida, esse aprofundamento gradual de meu conhecimento dos aspectos relacionais da agricultura foi um avanço mais tardio que o estudo fragmentado dos detalhes.

Ao mesmo tempo, a apreciação do valor geral das safras colhidas e de sua grande importância na vida tribal ficou clara para mim desde o início, graças à simples confusão caótica de detalhes observados. A princípio eu ainda estava recebendo essa informação. Vejo-me lutando desde cedo com o calendário nativo, onde uma referência a atividades agrícolas me era imposta por meus informantes. Encontro entradas registrando minha inspeção dos cultivos, planos iniciais para lotes de plantação e de latadas nela erguidas na colheita; descrições detalhadas do transporte do taytu, da contagem das cestas, da exibição e do armazenamento das safras. O termo *tokwaybabula*, "bom cultivador", foi registrado nas primeiras semanas, dando-me já uma vaga ideia do elevado valor atribuído à eficiência no cultivo. Depois veio meu primeiro testemunho do rito *vitamalia*, estudos de técnica de plantio, descrições etnográficas referentes a mudas de inhame (*yagogu*) e a classificação dos vários tipos de inhame; e depois a longa lista de cerimônias mágicas testemunhadas, analisadas e comentadas uma após outra. Durante minha primeira estada em Omarakana fui capaz, graças aos bons ofícios de Badigo'u, de obter uma visão excepcionalmente completa e bem documentada do trabalho de cultivo.

Eu tinha claro o princípio de uma relação entre magia e trabalho como uma das regras orientadoras nas observações de campo. ... Muito antes de ir para o campo, eu estava convencido de que a relação entre crença religiosa e magia, por um lado, e atividade econômica, por outro, abririam importantes linhas de abordagem. O notável desenvolvimento de magia agrícola, magia da pesca e magia associada ao comércio e à navegação entre os Mailu impressionou-me muito no curso de meu primeiro trabalho de levantamento entre as tribos motuanas perto de Port Moresby e entre os Massim meridionais. Essa relação, como nem é preciso dizer, talvez seja o motivo dominante ao longo de todo o livro. Algumas das outras dependências mútuas ficaram mais claras para mim à medida que eu desenvolvia meu trabalho, em especial a extraordinária importância da agricultura na vida política trobriandesa, alcançada através dos numerosos presentes *urigubu*, e o fato de que a poligamia é uma das principais prerrogativas de posição social e poder.

No campo, sempre me pareceu expediente inestimável organizar os fatos já obtidos, considerar como eles se relacionavam uns com os outros e avançar com a investigação do tipo de fato maior, mais amplamente integrado, a que tivesse chegado com esse procedimento. Por vezes fenômenos relacionais são descobertos no estudo de dados documentais concretos. Assim, descobri o princípio do *urigubu* – que uma grande cota da produção da plantação de cada homem tem de ser dada à sua irmã – ouvindo a palavra *urigubu* empregada na classificação de safras na colheita. Mas o significado só ficou claro para mim quando acompanhei a história de vida de um tubérculo taytu, desde o momento em que ele deixa a terra até aquele em que é guardado no

Malinowski e a mágica da pesquisa de campo antropológica   129

armazém do marido da irmã do cultivador. A história adicional de lá até o estômago de algum consumidor não é menos instrutiva.

3. Lacunas e desvios

Mas há alguns perigos em integrar fatos, sobretudo em integrá-los prematuramente. E isso me leva ao principal tema deste Apêndice: o relato dos erros que cometi, das armadilhas e becos sem saída para os quais fui conduzido. Descobri alguns deles depois de deixar o campo, embora em um ou dois casos só tenha sido capaz de remediá-los parcialmente. Alguns emergiram do tratamento comparativo e da redação completa de meu material. De outras lacunas posso apenas suspeitar, sem conseguir localizá-las claramente.

Retornando agora à relação entre magia e produção agrícola organizada, eu tinha feito, em meu trabalho de gabinete sobre as "cerimônias Intichiuma", e mais tarde sobre magia em geral, uma descoberta que considerei de real importância. Foi a descoberta de um princípio teórico geral da sociologia e das relações culturais, a saber: que a real função da magia do ponto de vista sociológico consiste não meramente em dar a um feiticeiro público o prestígio de um indivíduo com poderes sobrenaturais, mas em depositar em suas mãos a técnica de realmente controlar o trabalho. Essa descoberta me levou a dirigir a atenção muito amplamente para o que poderia ser chamado de o papel inaugural de ritos mágicos, papel que se ajustava muito bem a mais de três quartos da magia do cultivo trobriandês.

Depois que eu tinha descoberto que o corte da vegetação rasteira, a queima, o plantio preliminar e a limpeza, o plantio principal, e assim por diante, eram assim introduzidos cada um por um rito; depois que tinha observado que alguns desses ritos impunham tabus; que, em conexão com outros, o feiticeiro dirigia o trabalho no sentido de anunciar publicamente o momento de início, supervisionando-o etc., construí um quadro sinóptico mais ou menos no padrão. Revisando as atividades remanescentes nas plantações, notei a inauguração da capina e do desbaste das raízes. Exatamente no momento em que a magia do crescimento teria se imposto à minha atenção, deixei Omarakana por algumas semanas para ir à costa oeste. Além disso, eu estava ocupado com outros assuntos nessa época e, tendo obtido o sistema completo de encantamentos e um relato detalhado dos ritos, deixei as plantações de lado. Se eu não tivesse retornado uma terceira vez à Nova Guiné, minha explicação da magia do cultivo teria sido completamente errada, pela ausência da magia do crescimento. Na verdade, o cultivo era o único assunto que eu havia redigido inteiramente naquela ocasião, e tenho em minha posse o volumoso manuscrito sobre o assunto em que o relato cessa de repente, um pouco depois do fim do rito do *kamkokola*; após uma breve descrição do que significa a capina e o desbaste, ele passa a abordar a magia da colheita.

Foi só muito depois do início de minha terceira expedição, isto é, durante minha primeira visita a Vakuta, no início de março de 1918, quando eu estava a caminho de Dobu, que descobri a existência da magia do crescimento. M'Bwasisi, o feiticeiro das plantações da aldeia, que eu não tinha seduzido como fizera com Bagido'u, convencendo-o de que o que eu queria eram ritos inaugurais, deu-me uma série completa de suas cerimônias e explicou-me a teoria da magia do crescimento. Quando voltei a Omarakana, em junho de 1918, ao ser indagado, Bagido'u contou-me de imediato que sua magia continha encantos de crescimento, e em dois dias eu tinha obtido as fórmulas completas, com traduções livres. Naquela altura, esse trabalho não impôs mais os meses de dolorosa investigação e indagação necessários no início de minha educação na magia. Entretanto, só fui capaz de testemunhar algumas dessas cerimônias, e a qualidade de minha informação sobre a magia do crescimento seria inquestionavelmente melhor se eu não tivesse sido influenciado pela ideia de que toda magia tinha uma função inaugural.

Esse é um bom exemplo de como é indispensável verificar o material obtido de um informante e confrontá-lo com o material proveniente de outros informantes em outras localidades. Além disso, de como é imprescindível conservar a fluidez das ideias. A organização de evidências durante todo o trabalho de campo é indispensável; mas a organização prematura e rígida pode realmente se tornar fatal.

Outra lacuna séria em minha informação refere-se, como já indiquei no texto, às plantações de taro. Nesse caso, fui induzido ao erro por considerações de peso. O taytu é sem dúvida mais importante economicamente que o taro. A possibilidade de armazená-lo lhe confere uma importância na criação de riqueza, na troca, no cerimonial associado à sociologia, que supera tanto a dos inhames quanto a do taro. Por outro lado, há muitas indicações de que o taro é o produto agrícola de cultivo mais antigo. A preponderância do taro na magia e o papel especial que lhe é atribuído nos presentes dados aos espíritos no *Milamala* indicam, penso eu – mesmo descontando qualquer inclinação antiquária ou histórica indevida –, que esse vegetal teve outrora a maior importância econômica.

Como o etnógrafo deve manter seus olhos abertos para qualquer indicação relevante de atraso evolutivo ou estratificação histórica, o cultivo do taro devia ter sido estudado de maneira tão completa e séria quanto o do taytu. Mas foi só quando voltei para casa que me dei conta de que o cotejo dos dois tipos de cultivo e a discussão completa deles com alguns de meus amigos especialistas, e até com o próprio Bagido'u, poderiam ter lançado uma luz valiosa sobre questões históricas ou evolutivas. Quero declarar definitivamente, portanto, que há aqui uma séria inadequação em meu material. É possível que a investigação adicional não venha a revelar muito. Pode ser, por outro lado, que alguns meses no campo e um estudo tão minucioso do ritual e do trabalho *tapopu* quanto do *kaymugwa* e *kaymata* abrissem perspectivas imprevistas. Ainda espero que um dos magistrados excepcionalmente inteligentes que residem nas ilhas Trobriand, ou um missionário bem qualificado, ou mesmo um etnógrafo de campo, seja capaz de vencer minha negligência.

Outra inadequação importante refere-se ao que poderia ser chamado de avaliação quantitativa de certos aspectos materiais do cultivo. Só então se terá uma estimativa aproximada da extensão das terras de uma comunidade. O tamanho dos campos e lotes poderia ter sido medido mesmo sem a ajuda de instrumentos de agrimensura. Por outro lado, é difícil dizer que panoramas teóricos isso abriria. Mas, se eu pudesse me aventurar outra vez no trabalho de campo, decerto teria muito mais cuidado em medir, pesar e contar tudo que pode legitimamente ser medido, pesado e contado. Teria sido fácil estimar o peso de uma típica cesta cheia de inhames. Não fiz isso. Estimei grosseiramente o número de cestas produzidas por um cultivador médio. Um estudo muito mais preciso não teria sido difícil. O consumo diário de taytu *per capita* seria um dado extremamente interessante. Não há razão para que isso não tenha sido averiguado, e devo apenas assinalar essa lacuna.

Minha ignorância botânica foi uma grande desvantagem para mim. Algum conhecimento acerca dos cultivares tropicais teria sido de imensa ajuda. Não fui capaz de julgar por mim mesmo onde o procedimento racional terminava e quais eram as atividades supérfluas, fossem elas mágicas ou estéticas. Assim, faltou a toda a questão do direcionamento das videiras e ao método de plantar taro, taytu e inhames grandes uma dimensão cultural importante. Acima de tudo, não fui verdadeiramente capaz de ver se alguns aspectos da técnica e da teoria nativas de plantio, desbaste e capina eram, sem dúvida alguma, ditados por princípios científicos empiricamente estabelecidos e traduzidos de forma correta em prática. Considero que minha descrição tecnológica do cultivo fica muito aquém daquela das cerimônias que a cercam, e essa é uma grave crítica ao meu material. As desvantagens que me foram impostas por minha ignorância botânica ficarão claras em especial para o leitor que saiba alguma coisa sobre botânica tropical e que leia detidamente as seções sobre teoria nativa a respeito do crescimento e desenvolvimento das plantas, sua classificação e as terminologias de suas várias partes e aspectos.

As dificuldades que ainda tenho para introduzir ordem e coerência na tabela de cálculo do tempo foram indicadas; acima de tudo, o fato de que eu não estava absolutamente seguro no campo e, em razão de incoerências em minhas anotações, de que não consigo me decidir agora de maneira satisfatória quanto ao lugar exato do conselho da plantação, o *kayaku*. Por outro lado, gostaria de dizer que, excetuando-se isso e um ou dois pontos que foram indicados no curso da narrativa, o cotejo de inúmeros assentamentos dispersos produziu uma tabela razoavelmente adequada.

Minha ignorância de certos princípios tecnológicos revela-se com clareza e foi especialmente indicada no capítulo onde debato o *bwayma*. Ali, a falta de competência em um aspecto – a tecnologia – talvez não tenha resultado numa inadequação dentro de seu próprio domínio. À custa de trabalho árduo, julgo que consegui fazer uma descrição bastante precisa da estrutura do armazém. Mais afetada foi a relação entre o produto técnico, por um lado, e a teoria nativa acerca de estabilidade, fundações e ventilação. Como sociólogo, sempre tive certo grau de impaciência com os entusiasmos puramente tecnológicos do etnólogo de museu. De certa maneira, não quero me afastar um centímetro de minha posição intransigente segundo a qual o estudo apenas da tecnologia e a reverência fetichista por um objeto da cultura material são cientificamente estéreis. Ao mesmo tempo, passei a compreender que o conhecimento da tecnologia é indispensável como meio de abordar as atividades econômicas e sociológicas e o que poderia ser adequadamente chamado de ciência nativa. Uma completa compreensão do modo como os nativos constroem uma casa do inhame me teria permitido julgar por que a constroem daquela maneira, e discutir com eles, como entre iguais, os fundamentos científicos de seus sistemas artesanais. Isso teria me possibilitado também avaliar mais depressa as implicações sociológicas de detalhes tecnológicos e estruturais. Aqui, mais uma vez, o leitor encontrará frequentes referências no texto a certas lacunas em meu material.

Uma nódoa capital em meu trabalho de campo deve ser mencionada; refiro-me às fotografias. Talvez, comparando meus livros com outros relatos de trabalho de campo, o leitor não perceba como o meu livro está mal documentado em termos pictóricos. Mais razão ainda para que eu insista nisso. Tratei a fotografia como ocupação secundária e uma maneira meio sem importância de colher evidências. Isso foi um erro sério. Ao redigir meu material sobre as plantações, verifico que o controle de minhas anotações de campo por meio de fotografias levou-me a reformular minhas declarações em inúmeros pontos. Ao fazê-lo, descobri também que, no cultivo, talvez ainda mais que nos volumes descritivos anteriores, cometi um ou dois pecados mortais contra o método do trabalho de campo. Em particular, grosseiramente falando, segui o princípio de fotografar o que era pitoresco e acessível. Sempre que alguma coisa importante ia acontecer, eu tinha minha câmera

Malinowski e a mágica da pesquisa de campo antropológica

comigo. Se a imagem parecia bonita na câmera e se encaixava bem, eu batia a foto. Assim, certas fases da colheita, como a exibição do taytu na aldeia e nas plantações e as cerimônias do *kamkokola* com sua atraente moldura de estruturas mágicas, estão bem representadas. Mas só testemunhei a primeira cerimônia nas plantações uma vez, e mesmo assim com mau tempo e muito pouca luz; nas outras oportunidades, por alguma razão, eu não levava a câmera comigo. Novamente, vi um rito do *vilamalia* ser encenado sob chuva torrencial e o outro no raiar do dia. Assim, em vez de fazer uma lista de cerimônias que deviam ser documentadas com fotografias a qualquer preço, assegurando depois que cada uma dessas fotos fosse feita, pus a fotografia no mesmo nível que a coleta de curiosidades – quase como uma distração acessória do trabalho de campo. E como a fotografia não era uma distração para mim, porque não tenho nenhuma aptidão natural nem inclinação para esse tipo de coisa, com demasiada frequência perdi boas oportunidades.

Não há absolutamente nenhuma razão para que eu não fosse capaz de mostrar o corte da vegetação rasteira, o desbaste dos tubérculos, mulheres capinando seus lotes e, principalmente, cada uma das fases da colheita. Se registrei esses atos uma vez, eu os vi centenas de vezes. Alguns deles, em especial o corte da vegetação rasteira, eram claramente ingratos para a fotografia. Os homens não se destacam nitidamente do segundo plano embaçado, e *takaiwa* no vidro fosco de uma câmera reflex parece homens flanando nos arredores de uma floresta. A colheita, por outro lado, é atraente. Em geral é realizada sob luz boa e apresenta grande número de detalhes característicos da expressão emocional e do interesse dos nativos por comida, assim como da tecnologia. Dia após dia eu me sentei e observei, com – talvez o mais imperdoável dos pecados – o sentimento de que amanhã seria mais um dia. Em alguns atos, por outro lado, como a primeira cerimônia nas plantações ou a *vilamalia*, teria sido infinitamente melhor fazer os nativos posarem; convidar Bagido'u para aparecer e reproduzir num dia de tempo firme o mesmo gesto e pose que havia adotado num dia chuvoso, ou no raiar do dia, ou no crepúsculo.

Se você conhece bem um assunto e pode controlar os atores nativos, fotografias posadas são quase tão boas quanto as feitas em flagrante. Lamento dizer, no entanto, que nunca recorri a esse expediente, exceto quando, como em uma ou duas fotografias de magia da guerra, eu sabia que nunca mais iria vê-la executada de verdade. O fato de eu nunca ter fotografado um *kayaku* me enfurece agora, embora, *de facto*, um conselho da plantação real não difira de maneira alguma de qualquer reunião social comum. Mas isso decerto possui um valor documental afetivo, e deveria ter sido feito.

Uma fonte geral de inadequações em meu material, seja ele fotográfico, linguístico ou descritivo, consiste no fato de que, como todo etnógrafo, fui seduzido pelo dramático, o excepcional e o sensacional. Indiquei quão terrivelmente meu material linguístico é viciado porque não registrei os tipos mais importantes de fala – aqueles corporificados em atividades cotidianas comuns. Na fotografia, o fato de eu ter deixado de registrar um grupo de homens sentados em frente a uma cabana porque eles pareciam apenas um grupo de homens comuns diante de uma cabana é exemplo disso. Esse foi também um pecado mortal contra o método funcional, cujo ponto principal é que a forma importa menos que a função. Doze pessoas sentadas em torno de uma esteira em frente a uma casa, que foram parar lá por acidente e ficaram mexericando, têm a mesma "forma" que as mesmas doze pessoas reunidas para resolver uma importante questão relacionada ao cultivo. Como fenômeno cultural, os dois grupos estão tão fundamentalmente separados quanto uma canoa de guerra de uma colher de sagu. Em meu estudo da vida trobriandesa eu negligenciei também grande parte do que era corriqueiro, pouco aparente, monótono e de pequena escala. O único consolo que posso extrair disso é que, em primeiro lugar, o trabalho de campo funcional, que começou em grande medida nas ilhas Trobriand, deu início a uma mudança nesse aspecto; e, em segundo lugar, que meus erros podem ser úteis para os outros.

QUESTÕES E TEMAS PARA DISCUSSÃO

1. Embora tanto Radcliffe-Brown quanto Malinowski defendam, nos textos aqui publicados, a importância da pesquisa de campo na antropologia, compare o estilo de cada autor ao defender essa ideia.

2. Contraponha a visão sobre a troca dos *vaygu'a* no kula, bem como a dádiva no sentido estudado por Mauss, à ideia de uma racionalidade econômica universal de fins utilitários.

3. Reflita a respeito das peculiaridades da pesquisa de campo quando realizadas no meio urbano e na própria sociedade do observador. Como sugestão, consulte os capítulos "Observando o familiar" e "O antropólogo pesquisando em sua cidade: sobre conhecimento e heresia", de Gilberto Velho, em *Um antropólogo na cidade: ensaios de antropologia urbana* (Rio de Janeiro, Zahar, p.69-86, 2013).

LEITURAS SUGERIDAS

Clifford, James. "Sobre a autoridade etnográfica". In: *A experiência etnográfica: antropologia e literatura no século XX.* Rio de Janeiro, Ed. UFRJ, 1998.

Geertz, Clifford. "Do ponto de vista dos nativos". In: *O saber local: novos ensaios em antropologia interpretativa.* Petrópolis, Vozes, 2013.

Malinowski, Bronislaw. *Argonautas do Pacífico ocidental: um relato do empreendimento e da aventura dos nativos nos arquipélagos da Nova Guiné, Melanésia,* Col. Os Pensadores. São Paulo, Abril Cultural, 1976.

_____. *A vida sexual dos selvagens.* Rio de Janeiro, Francisco Alves, 1982.

_____. *Um diário no sentido estrito do termo.* Rio de Janeiro, Record, 1997.

Samain, Etienne. "'Ver' e 'dizer' na tradição etnográfica: Bronislaw Malinowski e a fotografia", *Horizontes antropológicos,* ano 1, n.2, p.23-60, Porto Alegre, jul-set 1995. Disponível em: http://www.ufrgs.br/ppgas/ha/pdf/n2/HA-v1n2a04.pdf

8. Ruth Benedict e os padrões de cultura

No período entre as duas grandes guerras mundiais floresceu nos Estados Unidos uma das mais importantes tradições da história da antropologia, muitas vezes referida como "Escola de Cultura e Personalidade", que incluiu autores como Edward Sapir (1884-1939), Ruth Benedict (1887-1948) e Margaret Mead (1901-1978). Não por acaso os três foram alunos de Franz Boas, e por ele profundamente influenciados. A reunião desses dois termos reflete de imediato seus interesses centrais. Por um lado, a importância do conceito de "cultura", vista, na perspectiva de Boas, relativizadora e não hierarquizante das diferentes culturas. Por outro lado, "personalidade" reflete o impacto decisivo que a psicologia e em particular a psicanálise tiveram no mundo durante esse período, especialmente a partir da obra de Sigmund Freud e Carl Jung.

Se "cultura" se reportava a conjuntos de indivíduos que adotavam visões de mundo e seguiam estilos de vida específicos, "personalidade" referia-se a diferenças entre os indivíduos em relação a padrões de comportamento, cognição e emoção.

Seguindo a tradição boasiana de pesquisas de campo, Ruth Benedict estudou os índios Serrano na Califórnia e os Zuñi, Cochiti e Pima nas planícies do Sudoeste americano. Seu livro mais importante foi *Patterns of Culture* [Padrões de cultura] (1934), que se tornou um best-seller. Seu artigo "Configurações de cultura na América do Norte", aqui parcialmente reproduzido, foi escrito na mesma época e resume algumas das ideias centrais do livro, como a de que cada cultura reúne elementos de origens díspares, porém mais ou menos integrados segundo uma configuração ou um *padrão* singular.

Tomando de empréstimo os termos "apolíneo" e "dionisíaco" usados por Friedrich Nietzsche em seu estudo sobre a Grécia clássica, Ruth Benedict classifica dois tipos opostos de cultura de índios do Sudoeste americano: o dos Pueblo – "apolíneos" – e o de várias culturas ao seu redor – "dionisíacos". O ethos apolíneo enfatiza a sobriedade e a moderação, desconfiando do excesso e da orgia; o dionisíaco valoriza o excesso, tanto psíquico (sonhos, transe) quanto físico (embriaguez, uso de drogas, orgias etc.). Nesse sentido, ela vê as culturas como projeções ampliadas da psicologia individual, dotadas de grandes proporções e de uma longa duração.

CONFIGURAÇÕES DE CULTURA NA AMÉRICA DO NORTE

Ruth Benedict

Nos últimos 25 anos, o fato mais importante na antropologia foi, sem dúvida, a acumulação de alguns retratos de corpo inteiro de povos primitivos. É difícil relembrar um tempo em que a possibilidade de reconstruir uma imagem mesmo que sofrível de qualquer tribo primitiva ainda se limitava a duas ou três regiões, todas cercadas por dificuldades. ... A vasta quantidade de material antropológico disponível era francamente anedótica, como nas narrativas de viajantes, ou era esquematicamente dissecada e tabulada, como nos relatos de muitos etnólogos. Nessas circunstâncias, o necessário debate antropológico geral recorria, como na época de Tylor, ao método comparativo, por definição episódico e esquemático. Ele buscava, mediante a reunião de grandes séries de observações dissociadas de seu contexto, estabelecer "a" mente primitiva, ou "o" desenvolvimento da religião, ou "a" história do casamento.

Por força das necessidades impostas por essa mesma situação, floresciam também as escolas estritamente difusionistas, que transformavam em virtude a limitação dos materiais a seu dispor e operavam unicamente com objetos isolados, nunca com seu cenário ou sua função na cultura de que provinham.

A crescente insatisfação com essas duas abordagens teóricas dominantes do que por certo podemos chamar de período anedótico da etnologia esteve sempre explícita na insistência de Boas no estudo exaustivo de qualquer cultura primitiva, e é atualmente proclamada da maneira mais clara por Malinowski. O vigor deste último volta-se contra o grupo difusionista, não contra os Frazer e os Westermarck do método comparativo; mas, em seu trabalho, ele insiste sempre que a teoria antropológica não deve levar em conta itens isolados, mas culturas humanas como totalidades orgânicas e funcionais. Ele queria que compreendêssemos que, quando uma coleção de museu de objetos dos Niam-Niam é instalada, ou quando uma monografia de tipo semelhante é publicada, continuamos sem conhecer coisa alguma sobre esse povo, a menos que saibamos de que maneira o arranjo da casa, os artigos de vestuário, as regras de evitação ou de casamento, as ideias sobre o sobrenatural, sobre como cada objeto e cada traço cultural, em outras palavras, é empregado em sua vida nativa.

De modo um pouco decepcionante, Malinowski não passa em seguida ao exame dessas totalidades culturais, mas contenta-se em concluir sua argumentação assinalando, em cada contexto, que todo traço funciona no complexo cultural total, conclusão que se assemelha mais ao início da investigação que ao seu término. Pois se trata de uma posição que conduz diretamente à necessidade de investigar em que espécie de totalidade esses traços funcionam e que referência eles mantêm com a cultura total. Em que medida os traços conseguem estabelecer uma inter-relação orgânica? Os leitmotiven* no mundo pelos quais eles podem ser integrados são muitos ou poucos? Os funcionalistas não formulam essas questões.

Ora, o que se torna cada vez mais patente à medida que longas descrições de povos primitivos são publicadas é que essas culturas, embora compostas de forma tão esmagadora por elementos díspares, reunidos ao acaso, a partir de todas as direções, pela difusão, nem por isso deixam de ser, de modo reiterado, integradas segundo padrões muito diferentes e individuais. A ordem alcançada não é um mero reflexo do fato de que cada traço tem uma função pragmática ... . A ordem deve-se antes à circunstância de que, nessas sociedades, foi estabelecido um princípio segundo o qual o material cultural reunido é transformado em padrões coerentes segundo certas necessidades internas, desenvolvidas dentro do grupo. Essas sínteses são de várias espécies. Para algumas delas temos terminologia conveniente, para outras, não. Em todos os casos, elas são a consecução mais ou menos bem-sucedida de um comportamento integrado, que se torna ainda mais notável para o antropólogo em razão de seu conhecimento dos materiais dispersos e híbridos a partir dos quais a integração foi alcançada.

...

Uma das justificações filosóficas para o estudo de povos primitivos é que os dados etnológicos tornam claros fatos sociais fundamentais que de outro modo ficariam confusos e impossíveis de demonstrar. Entre eles, nenhum me parece mais importante que o das configurações fundamentais e características da cultura que padronizam a existência e condicionam as reações emocionais e cognitivas de seus portadores de tal modo que elas se tornam incomensuráveis, cada qual se especializando em certos tipos selecionados de comportamento, cada qual excluindo o comportamento próprio de seus opostos.

---

* Em alemão no original, significa "motivos condutores". (N.O.)

Recentemente examinei desse ponto de vista dois tipos de cultura representados no Sudoeste, a dos índios pueblos em contraposição às dos vários povos que os circundam. Chamei o ethos dos Pueblo de apolíneo, no sentido nietzschiano da busca cultural de sobriedade e moderação, da desconfiança em relação ao excesso e à orgia. Por outro lado, o tipo contrastante de Nietzsche, o dionisíaco, é ilustrado com abundância em todas as culturas circundantes. Esse tipo valoriza o excesso como fuga para uma ordem de existência além daquela dos cinco sentidos e encontra sua expressão na criação, no plano da cultura, de experiências dolorosas e arriscadas, e no cultivo de excessos emocionais e psíquicos, na embriaguez, nos sonhos e no transe.

A situação do Sudoeste fornece uma oportunidade excepcionalmente boa para o estudo do grau em que cenários psicológicos contrastantes desse tipo, depois de institucionalizados, podem moldar as culturas resultantes. Os índios pueblos são uma civilização muito bem delimitada e sabidamente muito antiga, ilhada em meio a culturas extremamente divergentes. Mas o insulamento de sua cultura não pode ser atribuído, como na Oceania, ao isolamento físico. Não há qualquer cadeia de montanhas, qualquer deserto intransponível, nem mesmo muitos quilômetros a separá-los de seus vizinhos. Esse é um insulamento cultural alcançado quase a despeito das condições geográficas. Os Pueblo orientais iam regularmente às planícies caçar búfalos, e o centro da região dos Pima fica a um dia de viagem a pé dos Hopi e dos Zuñi. O fato, portanto, de eles terem uma cultura complexa, contudo, mais notavelmente distinta da de seus vizinhos muito próximos que qualquer outra na América do Norte, torna sua situação inconfundível. A resistência que manteve afastados dos Pueblo traços como o espírito guardião e a visão, o xamã, a tortura, a orgia, o uso cultural de substâncias tóxicas, as ideias de perigo místico associado ao sexo, a iniciativa do indivíduo e a autoridade pessoal em assuntos sociais, é uma resistência cultural, e não o resultado de um isolamento decorrente de fatos físicos do ambiente.

A cultura dos índios pueblos do Sudoeste é uma elaboração completa, institucionalizada, do tema da sobriedade e da moderação no comportamento. Esse tema dominante, na verdade, impediu o desenvolvimento daquelas situações dionisíacas típicas, que a maioria das tribos norte-americanas elabora a partir de cada fase da vida, cultivando o abandono e os excessos emocionais e transformando o nascimento, a adolescência, a menstruação, os mortos, o ato de matar e qualquer das outras crises da vida em ocasiões carregadas de ambivalência, cheias de perigo e força. Essa cultura recusou igualmente traços das culturas circundantes, como a autotortura, o uso cerimonial de drogas e a visão inspiradora, juntamente com toda a autoridade usualmente derivada do contato pessoal com o sobrenatural, isto é, o xamanismo. Ela abomina os impulsos perturbadores do indivíduo – falo numa taquigrafia animística, querendo dizer que sua propensão cultural opõe-se aos potenciais impulsos humanos para ter visões, fazer experiências com o prazer e extravasar sua energia em excessos da carne, acabando por reduzi-los ao mínimo.

Entre esses impulsos perturbadores, o ethos dos Pueblo inclui também a vontade de poder. Com a mesma firmeza com que agiu para obliterar a autotortura, ele agiu no sentido de apagar o impulso humano para o exercício da autoridade. O homem ideal dessa cultura evita a autoridade no lar ou num cargo público. O cargo acaba lhe sendo imposto, mas mesmo então a cultura já retirou da posição que ele deve ocupar qualquer coisa que se assemelhe a autoridade pessoal, no nosso sentido; ela continua a ser um cargo de confiança, um centro de referência no planejamento do programa comunal, não muito mais que isso.

A sanção para todos os atos decorre sempre da estrutura formal, não do indivíduo. Ele não pode matar, a menos que tenha o poder de escalpar ou planeje ser iniciado nesse poder – isto é, na sociedade guerreira organizada. Não pode curar só por saber como fazê-lo nem adquire sanção a partir de qualquer encontro pessoal com o sobrenatural, mas porque pagou para ascender ao posto mais elevado nas sociedades de cura. Mesmo que seja o sumo sacerdote, não plantará uma vara de prece, exceto nas estações institucionalmente prescritas; se o fizer, será acusado de praticar feitiçaria, pois, segundo demonstram as histórias em que essas situações ocorrem, de fato é isso que está fazendo. Portanto, o indivíduo devota-se às formas constituídas de sua sociedade. Ele participa de todas as atividades de culto e, segundo seus recursos, aumentará o número de máscaras possuídas pelos Zuñi, mandando fazer uma para si – o que envolve jejum e uma considerável despesa. Ele se encarregará de patrocinar as danças kachina segundo o calendário; irá promovê-las na grande dança de inverno, construindo para elas uma nova casa e assumindo as despesas de sua parte da cerimônia. Mas faz tudo num anonimato para o qual é difícil encontrar paralelo em outras culturas. Não as promove na tentativa de angariar prestígio. Socialmente, o bom homem nunca se eleva acima de seu próximo, exibindo autoridade. Ele põe todos à vontade, "fala muito", não dá ensejo a ofensa. Nunca é violento nem fica à mercê de suas emoções.

Todo o interesse da cultura está voltado para fornecer a cada situação conjuntos de regras e práticas por meio das quais se sobrevive sem recorrer à violência e à perturbação, aspectos de que sua cultura desconfia. Embora faça delas o principal motivo de sua religião, até as práticas de fertilidade, associadas tão universalmente em outras culturas ao excesso e à orgia, são ritos não eróticos baseados em analogias e na magia compassiva.

Essas configurações de cultura, construídas em torno de traços humanos selecionados e trabalhando em prol da obliteração de outros, são de importância capital para a compreensão da cultura. Traços objetivamente semelhantes e geneticamente associados podem ser utilizados em diferentes configurações, talvez, sem mudanças nos detalhes. Os fatos relevantes são o cenário emocional contra o qual o ato tem lugar nas duas culturas. Formaremos uma ideia sobre isso se imaginarmos a dança da cobra dos índios pueblos no cenário de nossa própria sociedade.

Entre os índios pueblos ocidentais, pelo menos, quase não se sente repulsa pela cobra. Eles não têm nenhum estremecimento fisiológico ao toque de seu corpo; na cerimônia, não experimentam profunda aversão nem horror. Quando nós nos comparamos com eles, nos situamos no polo emocionalmente oposto, mesmo que nos adaptemos com minúcia a seu padrão de comportamento. Para eles, depois de removido o veneno das cascavéis, todo o procedimento é equiparável a uma dança com águias ou com gatinhos. Essa é uma expressão apolínea de dança completamente característica, ao passo que, entre nós, com nossas reações emocionais à cobra, a dança não é possível nesse nível. Sem mudar um item no comportamento exterior da dança, sua significação emocional e seu funcionamento na cultura são invertidos. No entanto, com muita frequência, em monografias etnográficas, não temos como conhecer esse cenário emocional, nem mesmo nos traços em que ele se torna de importância básica, como, por exemplo, no sentimento em relação ao cadáver. Precisamos de dados muito mais relevantes, tomados em pesquisa de campo, para avaliar o panorama emocional.

...

As configurações culturais estão para a compreensão do comportamento grupal assim como os tipos de personalidade estão para a compreensão do comportamento individual. No campo psicológico, o comportamento não recebe mais a mesma interpretação, digamos, para o tipo cicloide e o tipo esquizoide. Reconhece-se que a organização da personalidade total é decisiva na compreensão ou mesmo na mera descrição do comportamento individual. Se isso é verdade na psicologia individual, em que a diferenciação individual deve ser sempre limitada pelas formas culturais e pela curta duração de uma existência humana, é ainda mais imperativo na psicologia social, em que as limitações de tempo e de conformidade são transcendidas. É evidente que o grau de integração possível de alcançar é incomparavelmente maior do que jamais pode ser encontrado em psicologia individual. As culturas, desse ponto de vista, são projeções ampliadas da psicologia individual, dotadas de proporções gigantescas e de uma longa duração.

Essa é uma leitura do cultural a partir da psicologia individual, mas não está aberta às objeções que sempre devem ser feitas contra versões como as de Frazer ou Lévy-Bruhl. O problema com a interpretação das prerrogativas do marido a partir do ciúme e das sociedades secretas a partir da exclusividade de grupos de idade e sexo é que ela ignora o ponto crucial, que não é a ocorrência do traço, mas a escolha social que elegeu sua institucionalização naquela cultura. A fórmula é sempre impotente diante da situação oposta. Na interpretação de configurações culturais o ponto crucial do processo é a escolha seletiva da sociedade. É provável que haja potencialmente mais ou menos a mesma variedade de temperamentos e dons individuais; todavia, do ponto de vista do indivíduo no limiar dessa sociedade, cada cultura já escolheu alguns desses traços para torná-los seus e outros para ignorar. O fato central é que a história de cada traço pode ser compreendida exatamente em termos de sua passagem através do buraco dessa agulha de aceitação social.

Isso envolve outro aspecto do problema das configurações culturais, que diz respeito ao ajustamento do indivíduo à sua sociedade. Como dissemos, é provável que mais ou menos a mesma variedade de temperamentos individuais seja encontrada em qualquer grupo. Mas o grupo já fez sua escolha cultural daqueles dotes e peculiaridades humanos que utilizará. A partir de pequenas inclinações numa direção ou em outra, ela se curvou tanto em direção a algum ponto da bússola que nenhuma manipulação pode mudá-la. A maioria das pessoas nascidas naquela cultura assumirá sua inclinação e muito provavelmente a acentuará.

São mais afortunados aqueles cujas disposições inatas estão de acordo com a cultura em que por acaso vêm a nascer – os de tendências realistas que nascem entre os índios das planícies ocidentais, aqueles propensos a delírios de referência que nascem na costa noroeste, os apolíneos que nascem entre os Pueblo, os dionisíacos que nascem entre os índios americanos que não os Pueblo. ...

Por outro lado, o desajustado é a pessoa cuja disposição não é capitalizada por sua cultura. O dionisíaco que nasceu entre os Pueblo precisa se reeducar, ou não terá valor algum na cultura. Assim também, o apolíneo, na Califórnia, será excluído de atividades sociais na medida em que não for capaz de aprender a adotar o comportamento institucionalizado do local. ...

Está claro que não é possível fazer nenhuma descrição generalizada de "o" desviante – ele é o representante daquele arco de capacidades humanas não capitalizadas em sua cultura. Na medida em que sua civilização se lançou numa direção que lhe é estranha, será ele que sofrerá. A compreensão inteligente da relação do indivíduo com sua sociedade envolve sempre, portanto, o entendimento dos tipos de motivação e de capacidades humanas capitalizados em sua sociedade, e da congruência ou incongruência destas com aquelas inatas para o indivíduo em discussão, ou resultantes do condicionamento familiar nos primeiros anos. Sempre se pode supor, sem questionamento, que a grande maioria de qualquer população será completamente assimilada aos padrões de sua cultura – eles aprenderão a interpretar a vida em termos de violência, de sobriedade ou de insultos, conforme o caso. Mas a pessoa que não sabe o que fazer em sua sociedade, a pessoa não adequada, não é algum tipo a ser especificado e descrito com base numa psicologia anormal universalmente válida, mas representa o tipo não capitalizado na sociedade em que nasceu.

Tudo isso tem uma relação de extrema importância com a formação e o funcionamento de traços culturais. Estamos habituados demais a estudar a religião, digamos, ou os regimes de propriedade, como se o fato fundamental acerca deles fosse uma resposta humana dependente, como assombro, por exemplo, ou "instinto aquisitivo", do qual eles derivassem. Ora, houve instituições humanas que mostram de fato essa correspondência direta com emoções humanas simples – práticas de morte que expressam pesar, costumes de acasalamento que expressam preferência sexual, práticas agrícolas que começam e terminam com o abastecimento da tribo. No entanto, mesmo listá-las dessa maneira deixa forçosamente claro como é difícil encontrar tais exemplos.

Na verdade, a agricultura e a vida econômica costumam estabelecer para si mesmas outros fins que não a satisfação da necessidade de alimento; o casamento em geral expressa outras coisas, de maneira mais visível, que a preferência sexual; e o luto não enfatiza com clareza o pesar. Quanto mais intimamente conhecemos o funcionamento interno de diferentes culturas, com mais facilidade podemos ver que a variabilidade quase infinita em qualquer traço cultural, se ele for observado em volta do globo, não é um mero eco das mudanças em alguma simples resposta humana subjacente. Esteve em ação uma força diferente e maior, que usou as situações recorrentes de acasalamento, morte, abastecimento e as demais quase como matéria-prima, e as elaborou para expressar sua própria intenção. Podemos chamar essa força que curva ocasiões segundo seus propósitos e as molda a seu próprio idioma dentro dessa sociedade de sua tendência dominante.

Algumas sociedades puseram toda essa matéria-prima em evidente harmonia com a tendência dominante, aquelas a que, numa base a priori, Sapir concederia a denominação de "culturas genuínas".[1] Muitas não o fizeram.

---

1. Edward Sapir, "Culture, genuine and spurious", *American Journal of Sociology*, n.29, p.401-17, 1921. Disponível em português em: http://revistappgsa.ifcs.ufrj.br/wp-content/uploads/2015/05/4-ano2-v2n4_artigo_edward-sapir.pdf

Sapir sustenta que uma verdadeira coerência interna que exclui simulações hipócritas é a marca da cultura genuína. Parece-me que culturas podem ser construídas de maneira sólida e harmoniosa sobre fantasias, construtos de medo ou complexos de inferioridade e se comprazer até o limite em hipocrisia e simulações. A pessoa que tem uma tendência inextirpável a encarar os fatos e a evitar a hipocrisia pode ser o proscrito de uma cultura que, não obstante, é simétrica e harmoniosa em seus próprios termos. O fato de uma configuração ser bem definida não a torna consequentemente honesta.

É, no entanto, a realidade de tais configurações que está em questão. Não me parece que o desenvolvimento dessas configurações em diferentes sociedades seja mais místico ou difícil de compreender do que, por exemplo, o desenvolvimento de um estilo de arte. Em ambos, se tivermos material suficiente, poderemos ver a integração gradual de elementos e a crescente dominação de um pequeno número de tendências estilísticas. Em ambos, também, se tivéssemos material, poderíamos sem dúvida traçar a influência de indivíduos talentosos que curvaram a cultura na direção de suas próprias capacidades. A configuração da cultura, no entanto, sempre transcende os elementos individuais que participaram de sua feitura. A configuração cultural constrói-se ao longo de gerações, descartando, como nenhum indivíduo poderia fazê-lo, os traços que não lhe são convenientes. Ela toma para si modos rituais, artísticos e de ativação de expressão que solidificam sua atitude e a explicitam.

Muitas culturas jamais alcançaram essa harmonia completa. Há povos que parecem oscilar para lá e para cá entre diferentes tipos de comportamento. Como nossa própria civilização, eles podem ter recebido um número excessivo de influências contraditórias de diferentes fontes exteriores, e ter sido incapazes de reduzi-las a um denominador comum. No entanto, o fato de certos povos não terem feito isso não torna desnecessário estudar a cultura a partir desse ângulo, tanto quanto o fato de algumas línguas oscilarem para lá e para cá entre diferentes dispositivos gramaticais fundamentais na formação do plural ou na designação dos tempos verbais não torna desnecessário estudar as formas gramaticais.

Essas tendências dominantes são tão características de áreas individuais quanto as formas das casas ou as regras que regulamentam a herança. Ainda somos prejudicados demais pela falta de descrições relevantes de culturas para saber se essas distribuições de tendências são muitas vezes coextensivas à distribuição da cultura material, ou se em algumas regiões há muitas delas para uma só área de cultura definida a partir de traços mais objetivos. Descrições de cultura desse ponto de vista devem incluir grande parcela que trabalhos de campo mais antigos ignoraram. Sem o trabalho de campo pertinente, todas as nossas proposições são pura fantasia.

QUESTÕES E TEMAS PARA DISCUSSÃO

1. Comente a afirmação de Benedict de que diferentes culturas podem ser associadas a tipos psicológicos diversos.
2. Discuta a visão da autora sobre os indivíduos "desviantes" ou "desajustados".

LEITURAS SUGERIDAS

Benedict, Ruth. *Padrões de cultura*. Petrópolis, Vozes, 2013.

Mead, Margaret. *Sexo e temperamento*. São Paulo, Perspectiva, 5ª ed., 2015.

____, Ruth Benedict e Edward Sapir. *Cultura e personalidade*. Organização de Celso Castro. Rio de Janeiro, Zahar, 2015.

9. Bruxaria, lógica e racionalidade: Evans-Pritchard entre os Azande

Após a geração inovadora de Radcliffe-Brown e Malinowski, as principais posições na antropologia britânica passaram a ser ocupadas por Edward Evan Evans-Pritchard (1902-1973) e Raymond Firth (1901-2002). O primeiro, ligado à tradição estrutural-funcionalista iniciada por Radcliffe-Brown, fez pesquisa de campo na África; o segundo, aluno de Malinowski, pesquisou no Pacífico.

Evans-Pritchard esteve entre as tribos Azande e Nuer do sul do Sudão nas décadas de 1920 e 1930. Dois livros que publicou a respeito, *Bruxaria, oráculos e magia entre os Azande* (1937) e *Os Nuer* (1940), garantiram seu lugar no cânone antropológico.

Neste capítulo, retirado de *Bruxaria, oráculos e magia...*, Evans-Pritchard analisa a onipresente crença zande* na bruxaria e refuta a ideia, até então forte, de que haveria uma mentalidade "primitiva" específica, pré-lógica ou irracional, fundamentalmente diferente da mentalidade "racional" ou "científica" da civilização ocidental. Seu estudo mostra como a crença na bruxaria tem sua própria lógica e não contradiz de forma alguma o conhecimento empírico de causa e efeito, mas superpõe-se a eles, concedendo aos eventos sociais um valor moral: une-se, assim, a uma causalidade natural uma causalidade mística. Os ocidentais, ao contrário, não conseguiriam explicar por que duas cadeias causais independentes se interceptam em um determinado momento do tempo e em determinado ponto do espaço. Já a filosofia zande pode acrescentar, através da explicação sobre a bruxaria, o elo que falta.

A visão de Evans-Pritchard sobre a bruxaria zande teve grande impacto, nas décadas seguintes, na sociologia do conhecimento e nos debates sobre a filosofia das ciências e a racionalidade (por exemplo, em autores como Thomas Kuhn e Paul Feyerabend), bem como na obra de historiadores que se dedicaram ao estudo da feitiçaria na Europa pré-industrial.

---

* Azande/zande: o prefixo /a- / indica plural na língua zande, e será usado aqui como o plural em português. Por exemplo: as crenças azande etc. (N.O.)

A NOÇÃO DE BRUXARIA COMO EXPLICAÇÃO DE INFORTÚNIOS

E.E. Evans-Pritchard

 1.

Da forma como os Azande os concebem, bruxos não podem evidentemente existir. No entanto, o conceito de bruxaria fornece a eles uma filosofia natural por meio da qual explicam para si mesmos as relações entre os homens e o infortúnio, e um meio rápido e estereotipado de reação aos eventos funestos. As crenças sobre bruxaria compreendem, além disso, um sistema de valores que regula a conduta humana.

A bruxaria é onipresente. Ela desempenha um papel em todas as atividades da vida zande: na agricultura, pesca e caça; na vida cotidiana dos grupos domésticos tanto quanto na vida comunal do distrito e da corte. É um tópico importante da vida mental, desenhando o horizonte de um vasto panorama de oráculos e magia; sua influência está claramente estampada na lei e na moral, na etiqueta e na religião; ela sobressai na tecnologia e na linguagem. Não existe nicho ou recanto da cultura zande em que não se insinue. Se uma praga ataca a colheita de amendoim, foi bruxaria; se o mato é batido em vão em busca de caça, foi bruxaria; se as mulheres esvaziam laboriosamente a água de uma lagoa e conseguem apenas uns míseros peixinhos, foi bruxaria; se as térmitas não aparecem quando era hora de sua revoada, e uma noite fria é perdida à espera de seu voo, foi bruxaria; se uma esposa está malhumorada e trata seu marido com indiferença, foi bruxaria; se um príncipe está frio e distante com seu súdito, foi bruxaria; se um rito mágico fracassa em seu propósito, foi bruxaria; na verdade, qualquer insucesso ou infortúnio que se abata sobre qualquer pessoa, a qualquer hora e em relação a qualquer das múltiplas atividades da vida, ele pode ser atribuído à bruxaria. O zande atribui todos esses infortúnios à bruxaria, a menos que haja forte evidência, e subsequente confirmação oracular, de que a feitiçaria ou um outro agente maligno estavam envolvidos, ou a menos que tais desventuras possam ser claramente atribuídas à incompetência, à quebra de um tabu ou ao não cumprimento de uma regra moral.

Dizer que a bruxaria estragou a colheita de amendoim, que espantou a caça, que fez fulano ficar doente equivale a dizer, em termos de nossa própria cultura, que a colheita de amendoim fracassou por causa das pragas, que a caça é escassa nessa época e que fulano pegou uma gripe. A bruxaria participa de todos os infortúnios e é o idioma em que os Azande falam sobre eles – e por meio do qual eles são explicados. Para nós, bruxaria é algo que provocava pavor e repugnância em nossos crédulos antepassados. Mas o zande espera cruzar com a bruxaria a qualquer hora do dia ou da noite. Ficaria tão surpreso se não a encontrasse diariamente quanto nós o ficaríamos se topássemos com ela. Para ele, nada há de milagroso a seu respeito. É de esperar que uma caçada seja prejudicada por bruxos, e o zande dispõe de meios para enfrentá-los. Quando ocorrem infortúnios, ele não fica paralisado de medo diante da ação de forças sobrenaturais; não se põe aterrorizado pela presença de um inimigo oculto. O que ele fica é extremamente aborrecido. Alguém por maldade arruinou seus amendoins, ou estragou a caçada, ou deu um susto em sua mulher, e isso certamente é para se ficar com raiva! Ele nunca fez mal a ninguém, então que direito tem alguém de se meter nos seus negócios? É uma impertinência, um insulto, uma manobra suja e insultuosa. É a agressividade, e não a estranheza sobrenatural dessas ações, que os Azande sublinham quando falam delas, e é raiva, e não temor, o que se observa em sua resposta a elas.

A bruxaria não é menos esperada que o adultério. Está tão entrelaçada ao curso dos acontecimentos cotidianos que é parte do mundo ordinário de um zande. Nada há de extraordinário num bruxo – você mesmo pode ser um, e com certeza muitos de seus vizinhos mais próximos. Tampouco existe algo de atemorizante na bruxaria. Nós não ficamos psicologicamente transtornados quando ouvimos dizer que alguém está doente – é de esperar que pessoas fiquem doentes –, e dá-se o mesmo com os Azande. Eles esperam que as pessoas fiquem doentes, isto é, sejam embruxadas, e isso não é algo que cause surpresa ou assombro.

Achei a princípio estranho viver entre os Azande e ouvir explicações ingênuas sobre infortúnios que, a nosso ver, tinham causas evidentes. Mas em pouco tempo aprendi o idioma de seu pensamento e passei a aplicar as noções de bruxaria tão espontaneamente quanto eles, nas situações em que o conceito era relevante. Certa vez um rapaz deu uma topada num pequeno toco de árvore no meio de uma trilha no mato – acontecimento frequente na África – e veio a sentir dores e desconforto em consequência disso. Foi impossível, pela sua localização no artelho, manter o corte limpo, e ele começou a infeccionar. O rapaz declarou que a bruxaria o fizera chutar o toco. Eu sempre discutia com os Azande e criticava suas afirmações, e assim fiz nessa ocasião. Disse ao rapaz que ele batera com o pé no toco porque tinha sido descuidado, e que não fora bruxaria que colocara o toco na trilha, pois ele crescera lá naturalmente. Ele concordou que a bruxaria nada tinha a ver com o toco estar na trilha, mas observou que tinha ficado de olhos abertos para tocos, como realmente todo zande faz, e que, portanto, se não tivesse sido embruxado, tê-lo-ia visto. Como argumento definitivo, a seu ver, lembrou que os cortes não levam dias para cicatrizar – ao contrário, fecham logo, pois esta é a natureza dos cortes. Por que então sua ferida infeccionara e continuava aberta, se não havia bruxaria por trás dela? Como não tardei a descobrir, essa pode ser considerada a explicação zande básica para as doenças.

Pouco depois de minha chegada ao país zande, ao passar por um aldeamento do governo, vimos uma cabana que tinha sido destruída pelo fogo na noite anterior. O proprietário estava acabrunhado, pois ela abrigava a cerveja que estava preparando para uma festa mortuária. Ele nos contou que na noite do acidente fora até lá examinar a cerveja. Acendeu um punhado de palha e levantou-o sobre a cabeça para iluminar os potes, e com isso incendiou o telhado de palha. Ele – assim como meus companheiros – estava convencido de que o desastre fora causado por bruxaria.

Um de meus principais informantes, Kisanga, era hábil entalhador, um dos melhores em todo o reino de Gbudwe. De vez em quando, como bem se pode imaginar naquele clima, as gamelas e os bancos que esculpia rachavam durante a operação. Embora se escolham as madeiras mais duras, elas às vezes racham durante o entalhe ou no processo de acabamento, mesmo quando o artesão é cuidadoso e está bem familiarizado com as regras técnicas de sua arte. Quando isso ocorria com as gamelas e os bancos desse artesão em particular, ele atribuía o acidente à bruxaria, e costumava reclamar comigo sobre o despeito e ciúme de seus vizinhos. Quando eu respondia que achava estar ele enganado, que as pessoas gostavam dele, brandia o banco ou gamela rachado em minha direção, como prova concreta de suas conclusões. Se não tivesse gente embruxando seu trabalho, como eu iria explicar aquilo? Assim também um oleiro atribuirá a quebra de seus potes durante a cozedura à bruxaria. Um oleiro experiente não precisa temer que os potes rachem por causa de erros. Ele seleciona a argila adequada, amassa-a bem até que tenha extraído todas as pedrinhas e impurezas e molda-a lenta e cuidadosamente. Uma noite antes de ir buscar a argila, ele se abstém de relações sexuais. Portanto ele não deveria ter nada a temer. E, no entanto, alguns potes racham, mesmo nas mãos de oleiros exímios, e isso só pode ser explicado por bruxaria. "Quebrou-se – aí tem bruxaria", diz simplesmente o oleiro. Muitas situações similares a essas, em que a bruxaria é citada como um agente, serão referidas neste capítulo e nos seguintes.

2.

Ao conversar com os Azande sobre bruxaria, e observando suas reações em situações de infortúnio, tornou-se óbvio para mim que eles não pretendiam explicar a existência de fenômenos, ou mesmo a ação de fenômenos, por uma causação mística exclusiva. O que explicavam com a noção de bruxaria eram as condições particulares, numa cadeia causal, que ligaram de tal forma um indivíduo a acontecimentos naturais em que ele sofreu dano. O rapaz que deu uma topada no toco de árvore não justificou o toco por referência à bruxaria, e tampouco sugeriu que sempre que alguém dá uma topada num toco isso acontece necessariamente por bruxaria; também não explicou o corte como se tivesse sido causado por bruxaria, pois sabia perfeitamente que fora causado pelo toco. O que ele atribuiu à feitiçaria foi que, nessa ocasião em particular, enquanto exercia sua cautela costumeira, ele bateu com o pé num toco de árvore, ao passo que em centenas de outras ocasiões isso não acontecera; e que nessa ocasião em particular, o corte, que ele esperava resultar naturalmente da topada, infeccionou, ao passo que já sofrera antes dúzias de cortes que não haviam infeccionado. Certamente essas condições peculiares exigem uma explicação. Ou ainda: todos os anos centenas de Azande inspecionam sua cerveja à noite, e eles sempre levam um punhado de palha para iluminar a cabana de fermentação. Por que esse homem em particular, nessa única ocasião, incendiou o teto de sua cabana? Ou ainda: meu amigo entalhador fizera uma quantidade de gamelas e bancos sem acidentes, e ele sabia tudo o que é preciso sobre a madeira apropriada, o uso das ferramentas e as condições de entalhe. Suas gamelas e seus bancos não racham como os produtos de artesãos inábeis; portanto, por que em certas raras ocasiões as gamelas e os bancos racham, se usualmente isso não acontece e se ele tinha exercido todo seu cuidado e conhecimento usuais? Sabia muito bem a resposta, como também a sabiam muito bem, em sua opinião, seus invejosos e traiçoeiros vizinhos. Do mesmo modo um oleiro faz questão de saber por que seus potes quebraram numa ocasião particular, visto que ele usou os mesmos materiais e técnicas que das outras vezes; ou melhor, ele já sabe por quê – a resposta é como que sabida de antemão. Se os potes se quebraram, foi por causa de bruxaria.

Estaríamos dando uma imagem falsa da filosofia zande se disséssemos que eles acreditam que a bruxaria é a única causa dos fenômenos. Essa proposição não está contida nos esquemas azande de pensamento, os quais afirmam apenas que a bruxaria põe um homem em relação com os eventos de uma maneira que o faz sofrer algum dano.

No país zande, às vezes um velho celeiro desmorona. Nada há de notável nisso. Todo zande sabe que as térmitas devoram os esteios com o tempo, e que até as madeiras mais resistentes apodrecem após anos de uso. Mas o celeiro é a residência de verão de um grupo doméstico zande; as pessoas sentam à sua sombra nas horas quentes do dia para conversar, jogar ou fazer algum trabalho manual. Portanto, pode acontecer que haja pessoas sentadas debaixo do celeiro quando ele desmorona; e elas se machucam, pois se trata de uma estrutura pesada, feita de grossas vigas e de barro, que pode, além disso, estar carregada de eleusina. Mas por que estariam essas pessoas em particular sentadas debaixo desse celeiro em particular, no exato momento em que ele desabou? É facilmente inteligível que ele tenha desmoronado – mas por que ele tinha que desabar exatamente naquele momento, quando aquelas pessoas em particular estavam sentadas ali embaixo? Ele já poderia ter caído há anos – por que, então, tinha que cair justamente quando certas pessoas buscavam seu abrigo acolhedor? Diríamos que o celeiro desmoronou porque os esteios foram devorados pelas térmitas: essa é a causa que explica o desabamento do celeiro. Também diríamos que havia gente ali sentada àquela hora porque era o período mais quente do dia, e acharam que seria um bom lugar para conversar e trabalhar. Essa é a causa de haver gente sob o celeiro quando ele desabou. Em nosso modo de ver, a única relação entre esses dois fatos independentemente causados é sua coincidência espaçotemporal. Não somos capazes de explicar por que duas cadeias causais interceptaram-se em determinado momento e determinado ponto do espaço, já que elas não são interdependentes.

A filosofia zande pode acrescentar o elo que falta. O zande sabe que os esteios foram minados pelas térmitas e que as pessoas estavam sentadas debaixo do celeiro para escapar ao calor e à luz ofuscante do sol. Mas também sabe por que esses dois eventos ocorreram precisamente no mesmo momento e no mesmo lugar: pela ação da bruxaria. Se não tivesse havido bruxaria, as pessoas estariam ali sentadas sem que o celeiro lhes caísse em cima, ou ele teria desabado num momento em que as pessoas não estivessem ali debaixo. A bruxaria explica a coincidência desses dois acontecimentos.

3.

Espero não ser necessário salientar que o zande não é capaz de analisar suas doutrinas da forma como eu fiz por ele. Não adianta dizer para um zande: "Agora me diga o que vocês Azande pensam da bruxaria", porque o tema é demasiado geral e indeterminado, a um só tempo vago e imenso demais para ser concisamente descrito. Mas é possível extrair os princípios do pensamento zande a partir de dezenas de situações em que a bruxaria é invocada como explicação, e de dezenas de outras em que o fracasso é atribuído a alguma outra causa. Sua filosofia é explícita, mas não formalmente afirmada como uma doutrina. Um zande não diria: "Acredito na causação natural, mas não acho que ela explique inteiramente as coincidências, e me parece que a teoria da bruxaria fornece uma explicação satisfatória sobre elas." Em vez disso, exprime seu pensamento em termos de situações reais e particulares. Ele diz: "um búfalo ataca", "uma árvore cai", "as térmitas não estão fazendo seu voo sazonal quando deveriam", e assim por diante. Está se pronunciando sobre fatos empiricamente atestados. Mas também diz: "um búfalo atacou e feriu fulano", "uma árvore caiu na cabeça de sicrano e o matou", "minhas térmitas recusam-se a voar em quantidade suficiente, mas outras pessoas estão coletando-as normalmente", e assim por diante. Ele vai dizer que essas coisas devem-se à bruxaria, comentando, para cada evento: "Fulano foi embruxado." Os fatos não se explicam a si mesmos, ou fazem-no apenas parcialmente. Eles só podem ser integralmente explicados levando-se em consideração a bruxaria.

Podemos captar a extensão total das ideias de um zande sobre causalidade apenas se o deixarmos preencher as lacunas sozinho; caso contrário nos perderíamos em convenções linguísticas. Ele diz: "Fulano foi embruxado e se matou." Ou, mais simplesmente: "Fulano foi morto por bruxaria." Mas ele está falando da causa última da morte de fulano, não das causas secundárias. Você pode perguntar: "Como ele se matou?", e seu interlocutor dirá que fulano cometeu suicídio enforcando-se num galho de árvore. Você pode também inquirir: "Por que ele se matou?", e ele dirá que foi porque fulano estava zangado com os irmãos. A causa da morte foi enforcamento numa árvore, e a causa do enforcamento foi a raiva dos irmãos. Se então você perguntar a um zande por que ele disse que o homem estava embruxado, se cometeu suicídio em razão de uma briga com os irmãos, ele lhe dirá que somente os loucos cometem suicídio, e que se todo mundo que se zangasse com seus irmãos cometesse suicídio, em breve não haveria mais gente no mundo; se aquele homem não tivesse sido embruxado, não faria o que fez. Se você persistir e perguntar por que a bruxaria levou o homem a se matar, o zande lhe dirá que acha que alguém odiava aquele homem; e se você perguntar por que alguém o odiaria, seu informante vai dizer que assim é a natureza humana.

Se os Azande não podem enunciar uma teoria da causalidade em termos aceitáveis para nós, eles descrevem, entretanto, os acontecimentos num idioma que é explanatório. Estão cientes de que são circunstâncias particulares de eventos em sua relação com o homem, sua nocividade para uma pessoa em particular, que constituem a evidência da bruxaria. A bruxaria explica *por que* os acontecimentos são nocivos, e não *como* eles acontecem. Um zande percebe como eles acontecem da mesma forma que nós. Não vê um bruxo atacando um homem, mas um elefante. Não vê um bruxo derrubar um celeiro, mas térmitas roendo seus esteios. Não vê uma labareda psíquica incendiando o telhado, mas apenas um feixe de palha aceso. Sua percepção de como os eventos ocorrem é tão clara quanto a nossa.

4.

A crença zande na bruxaria não contradiz absolutamente o conhecimento empírico de causa e efeito. O mundo dos sentidos é tão real para eles como para nós. Não nos devemos deixar enganar por seu modo de exprimir a causalidade e imaginar que, por dizerem que um homem foi morto por bruxaria, negligenciem inteiramente as causas secundárias que, em nosso modo de ver, são as razões reais daquela morte. O que eles estão fazendo aqui é abreviando a cadeia de eventos e selecionando a causa socialmente relevante numa situação social particular, deixando o restante de lado. Se um homem é morto por uma lança na guerra, uma fera numa caçada, ou uma mordida de cobra, ou de uma doença, a bruxaria é a causa socialmente relevante, pois é a única que permite intervenção, determinando o comportamento social.

A crença na morte por causas naturais e a crença na morte por bruxaria não são mutuamente exclusivas. Pelo contrário, elas se suplementam, cada uma justificando o que a outra não explica. Além disso, a morte não é somente um fato natural – é também um fato social. Não se trata simplesmente de um coração ter parado de bater e dos pulmões não mais bombearem ar para o interior de um organismo; trata-se também da destruição de um membro de uma família e grupo de parentesco, de uma comunidade e uma tribo. A morte leva à consulta de oráculos, à realização de ritos mágicos e à vingança. Dentre todas as causas de morte, a bruxaria é a única que possui alguma relevância para o comportamento social. A atribuição do infortúnio à bruxaria não exclui o que nós chamamos de "causas reais", mas superpõe-se a estas, dando aos eventos sociais o valor moral que lhes é próprio.

O pensamento zande é capaz de exprimir com muita clareza as relações entre as noções de causalidade mística e causalidade natural por meio de uma metáfora venatória. Os Azande sempre dizem da bruxaria que ela é a *umbaga*, ou "segunda lança". Quando os Azande matam a caça, há uma divisão da carne entre o homem que primeiro atingiu o animal e o que lhe cravou a segunda lança. Esses dois são considerados os matadores do animal, e o dono da segunda lança é chamado o *umbaga*. Assim, se um homem é morto por um elefante, os Azande dizem que o elefante é a primeira lança, que a bruxaria é a segunda lança, e que, juntas, elas o mataram. Se um homem mata outro com uma lançada na guerra, o homicida é a primeira lança, a bruxaria é a segunda; juntas, as duas o mataram.

Como os Azande reconhecem a pluralidade das causas, e é a situação social que indica qual a causa relevante, podemos entender por que a doutrina da bruxaria não é usada para explicar qualquer fracasso ou infortúnio. Por vezes a situação social exige um julgamento causal de senso comum, não místico.

Assim, se você conta uma mentira, comete adultério, rouba ou trai seu príncipe e é descoberto, não pode escapar à punição dizendo que foi embruxado. A doutrina zande declara enfaticamente que "bruxaria não faz uma pessoa dizer mentiras", "bruxaria não faz uma pessoa cometer adultério". "A bruxaria não coloca o adultério dentro de um homem; essa 'bruxaria' está em você mesmo (você é o responsável), isto é, seu pênis fica ereto; ele vê os cabelos da esposa de um homem e fica ereto, porque a única 'bruxaria' é ele mesmo" ("bruxaria" aqui está sendo usada metaforicamente). "Bruxaria não faz uma pessoa roubar"; "bruxaria não torna uma pessoa desleal". Apenas uma vez ouvi um zande alegar que estava embruxado quando havia cometido uma ofensa, e isso foi quando mentiu para mim; mesmo nessa ocasião, todos os presentes riram dele e lhe disseram que bruxaria não faz ninguém dizer mentiras.

Se um homem assassina outro membro da tribo com lança ou faca, ele é executado. Num caso como este, não é preciso procurar um bruxo, pois já se tem o alvo contra o qual a vingança pode ser dirigida. Se, por outro lado, é um membro de outra tribo que lanceou um homem, seus parentes ou seu príncipe tomarão medidas para descobrir o bruxo responsável pelo fato.

Seria traição afirmar que um homem executado por ordem de seu rei, por ofensa à autoridade real, foi morto por bruxaria. Se um homem consultasse os oráculos para descobrir o bruxo responsável pela morte de um parente que foi executado por ordem do rei, correria o risco de ser ele próprio executado. Pois aqui a situação social exclui a noção de bruxaria, como em outras ocasiões negligencia os agentes naturais e focaliza apenas a bruxaria. Do mesmo modo, se um homem for morto por vingança porque os oráculos disseram que era um bruxo e assassinara outro homem com sua bruxaria, então seus parentes não poderão dizer que ele foi morto por bruxaria. A doutrina zande decide que ele morreu nas mãos dos vingadores porque era um homicida. Se um de seus parentes insistisse que, na verdade, aquele homem morrera por bruxaria, e levasse o caso adiante até consultar o oráculo de veneno, poderia ser punido por ridicularizar o oráculo real – pois fora o oráculo de veneno real que confirmara oficialmente a culpa do bruxo, e fora o próprio rei que permitira a realização da vingança.

Nessas situações, a bruxaria é irrelevante e, se não completamente excluída, não é indicada como o principal fator causal. Assim como, em nossa própria sociedade, uma teoria científica da causalidade é, embora não excluída, considerada irrelevante em questões de responsabilidade moral e legal, assim também na sociedade zande a doutrina da bruxaria, embora não excluída, é tida por irrelevante nas mesmas situações. Nós aceitamos explicações científicas das causas das doenças e mesmo das causas da loucura, mas negamos essas explicações nos casos de crime e pecado, porque aqui elas entram em conflito com a lei e a moral, que são axiomáticas. O zande aceita uma explicação mística das causas de infortúnios, doenças e mortes, mas recusa essa explicação se ela se choca com as exigências sociais expressas na lei e na moral.

Portanto, a bruxaria não é considerada uma causa do fracasso de algo, se um tabu foi quebrado. Se uma criança adoece, e é sabido que seus pais tiveram relações sexuais antes que ela fosse desmamada, a causa da morte já está contida na ruptura de um interdito ritual, e a questão da bruxaria não se coloca. Se um homem contrai lepra, e existe, no seu caso, uma história de incesto, então o incesto é a causa da lepra, não a bruxaria. Nesses casos, porém, dá-se uma situação curiosa, porque se a criança ou o leproso morrerem, é necessário vingar sua morte, e o zande não vê a menor dificuldade em explicar o que para nós parece um comportamento extremamente ilógico. E faz segundo os mesmos princípios aplicados quando um homem é morto por um animal feroz, e ele invoca a mesma metáfora da "segunda lança". Nos casos mencionados, há realmente três causas da morte de uma pessoa. Existe a doença de que ela morreu – lepra, no caso do homem, e alguma febre, talvez, no caso da criança. Essas doenças não são em si produtos de bruxaria, pois existem nelas mesmas, exatamente como um búfalo ou um celeiro existem em si mesmos. Há ainda, em seguida, a quebra de um tabu, no caso do desmame e no caso do incesto. A criança e o homem tiveram febre e lepra porque um tabu foi quebrado. A quebra do tabu foi a causa das doenças, mas as doenças não os teriam matado se a bruxaria não estivesse agindo também. Se a bruxaria não estivesse presente como "segunda lança", eles teriam tido febre e lepra do mesmo modo, mas não morreriam por isso. Nesses exemplos há duas causas socialmente significantes: quebra de tabu e bruxaria, ambas relativas a diferentes processos sociais, e cada uma é sublinhada por pessoas diferentes.

Mas quando há quebra de um tabu e a morte não ocorre, a bruxaria não será mencionada como causa de infortúnio. Se um homem come um alimento proibido depois de ter realizado uma poderosa magia punitiva, ele pode morrer, e nesse caso a razão de sua morte é conhecida de antemão, pois ela está contida nas condições da situação em que ele morreu, mesmo que a bruxaria também estivesse operando. Mas isso não quer dizer que ele morrerá. O que inevitavelmente sucederá é que a droga mágica que ele preparou deixará de funcionar contra a pessoa a que se destinava, e deve ser destruída sob pena de se voltar contra o mago que a enviou. O fracasso da droga em atingir seu objetivo deve-se à quebra de um tabu, e não à bruxaria. Se um homem teve relações sexuais com a esposa e no dia seguinte consulta o oráculo de veneno, este não revelará a verdade, e sua eficácia oracular estará permanentemente prejudicada. Se um tabu não tivesse sido quebrado, dir-se-ia que a bruxaria fez o oráculo mentir, mas o estado da pessoa que assistiu à sessão dá uma razão para seu malogro em ouvir a verdade, sem que seja preciso invocar a noção de bruxaria como agente causal. Ninguém vai admitir que tenha quebrado um tabu antes de consultar o oráculo de veneno, mas quando um oráculo mente todos estão prontos a admitir que algum tabu deve ter sido quebrado por alguém.

Do mesmo modo, quando o trabalho de um ceramista se quebra na cozedura, a bruxaria não é a única causa possível da calamidade. Inexperiência e falta de habilidade artesanal podem ser outras razões do fracasso, ou o ceramista pode ter tido relações sexuais na noite anterior. O próprio artesão atribuirá seu fracasso à bruxaria, mas outras pessoas podem não ser da mesma opinião.

Nem mesmo todas as mortes são invariável e unanimemente atribuídas à bruxaria ou à quebra de um tabu. As mortes de bebês causadas por certas doenças são vagamente atribuídas ao Ser Supremo. Assim também, se um homem cai repentina e violentamente doente, morrendo logo a seguir, seus parentes podem ter certeza de que um feiticeiro fez magia contra ele, e não que um bruxo o matou. Uma quebra das obrigações entre irmãos de sangue pode exterminar grupos inteiros de parentes; assim, quando irmãos e primos vão morrendo uns após os outros, é ao sangue, e não à bruxaria, que as outras pessoas atribuirão as mortes, embora os parentes dos mortos procurem vingá-los nos bruxos. Quando morre um homem muito idoso, os não aparentados dizem que ele morreu de velhice, mas não o fazem em presença de parentes, pois estes declaram que a bruxaria foi responsável pela morte.

Acredita-se também que o adultério possa causar infortúnios, embora seja apenas um fator concorrente, já que a bruxaria também está presente. Diz-se que um homem pode ser morto na guerra ou num acidente de caça por causa das infidelidades de sua esposa. Portanto, antes de ir à guerra ou partir para uma grande expedição de caça, o homem pode pedir à esposa que divulgue o nome de seus amantes.

Mesmo quando não ocorrem infrações à lei ou à moral, a bruxaria não é a única razão a que se atribui um fracasso. Incompetência, preguiça, ignorância podem ser indicadas como causas. Quando uma menina quebra a bilha d'água, ou um menino se esquece de fechar a porta do galinheiro à noite, eles serão severamente repreendidos pelos pais por sua estupidez. Os erros das crianças são atribuídos ao descuido ou à ignorância, e ainda pequenas elas são ensinadas a evitá-los. Os Azande não dizem que esses erros são causados por bruxaria, ou, embora dispostos a aceitar a possibilidade da bruxaria, consideram a estupidez a causa principal. Ademais, o zande não é ingênuo a ponto de culpar a bruxaria pela quebra de um pote durante a cozedura se exames posteriores revelam que um seixo foi deixado na argila; ou pela fuga de um animal de sua armadilha se alguém o espantou com um movimento ou barulho. As pessoas não culpam a bruxaria se uma mulher queima o mingau, ou se o serve cru ao marido. E quando um artesão inabilidoso faz um banco grosseiro, ou que racha, isso é atribuído à sua inexperiência.

Em todos esses casos, o homem que sofre o infortúnio possivelmente dirá que ele se deve à bruxaria, mas os outros não farão o mesmo. Devemos lembrar contudo que um infortúnio sério, em particular se resulta em morte, é em geral atribuído por todos à ação da bruxaria – e especialmente pela vítima e seus parentes, por mais que tal desgraça tenha sido causada pela incompetência ou falta de autocontrole. Se um homem cai no fogo e se queima seriamente, ou cai num fojo e quebra o pescoço ou a perna, isso será automaticamente atribuído à bruxaria. Assim, quando seis ou sete filhos do príncipe Rikita ficaram encurralados num anel de fogo ao caçar ratos do brejo, morrendo queimados, suas mortes sem dúvida foram causadas por bruxaria.

Desse modo, vemos que a bruxaria tem sua própria lógica, suas próprias regras de pensamento, e que estas não excluem a causalidade natural. A crença na bruxaria é bastante consistente com a responsabilidade humana e com uma apreciação racional da natureza. Antes de mais nada, um homem deve desempenhar qualquer atividade conforme as regras técnicas tradicionais, que consistem no conhecimento testado por ensaio e erro a cada geração. É apenas quando ele fracassa, apesar de sua adesão a essas regras, que vai imputar sua falta de sucesso à bruxaria.

5.

Frequentemente indaga-se se os povos primitivos distinguem entre o natural e o sobrenatural. Essa questão pode ser respondida de forma preliminar no que concerne aos Azande. Como tal, a questão pode querer dizer: os povos primitivos distinguem entre o natural e o sobrenatural em termos abstratos? Nós possuímos a noção de um mundo ordenado de acordo com o que chamamos leis naturais; mas algumas pessoas em nossa sociedade acreditam que podem ocorrer certas coisas misteriosas que não têm explicação por meio dessas leis naturais; e que, portanto, essas coisas transcendem supostamente tais leis; e chamamos esses eventos de sobrenaturais. Para nós, sobrenatural significa quase o mesmo que anormal ou extraordinário. Os Azande decerto não possuem tais noções a respeito da realidade. Eles não têm uma concepção do "natural" tal como nós o entendemos, e, por conseguinte, tampouco do "sobrenatural" tal como nós o entendemos. A bruxaria representa para os Azande um evento que, embora talvez infrequente, é ordinário, e não extraordinário. É um acontecimento normal, e não anormal. Mas embora não atribuam a natural e sobrenatural os significados que os europeus cultos concedem a essas noções, eles distinguem os dois domínios. Assim, nossa pergunta pode ser formulada, e deve ser formulada, de outra maneira. O que deveríamos perguntar é se os povos primitivos veem alguma diferença entre os acontecimentos que nós – os observadores – classificamos como naturais e os acontecimentos que classificamos como místicos. Os Azande sem dúvida percebem uma diferença entre aquilo que consideramos as ações da natureza, por um lado, e as ações da magia, dos espíritos e da bruxaria, por outro, embora, na ausência de uma doutrina formulável sobre a legalidade natural, não possam exprimir a diferença tal como nós o fazemos.

A noção zande de bruxaria é incompatível com nossos modos de pensar. Mas mesmo para os Azande existe algo de peculiar na ação da bruxaria. Ela só pode ser percebida normalmente em sonhos. Não se trata de uma noção evidente; ela transcende a experiência sensorial. Os Azande não afirmam que compreendem muito bem a bruxaria. Sabem que ela existe e age maleficamente, mas podem apenas conjeturar sobre a maneira pela qual age. E realmente, sempre que eu discutia sobre bruxaria com os Azande, surpreendia-me pela atitude dubitativa e hesitante que assumiam diante do assunto, não apenas no que diziam, mas sobretudo em sua maneira de dizê-lo, em contraste com o conhecimento desembaraçado e fluente que demonstram a respeito dos eventos sociais e das técnicas econômicas. Eles se sentiam perdidos ao tentar explicar de que forma a bruxaria alcança seus objetivos. Que ela mata pessoas é óbvio, mas como as mata, não se sabe exatamente. Sugeriam-me que talvez fosse melhor consultar um homem mais velho, ou um adivinho, para maiores informações. Mas os homens mais velhos e os adivinhos são capazes de dizer pouco mais que os jovens e os leigos. Eles sabem apenas o que todos sabem: que a alma da bruxaria vaga à noite e devora a alma de suas vítimas. Só os próprios bruxos entendem desses assuntos em profundidade. Na verdade, os Azande experimentam sentimentos, mais que ideias, sobre a bruxaria, pois seus conceitos intelectuais sobre ela são fracos, e eles sabem mais o que fazer quando atacados por ela do que como explicá-la. A resposta é a ação, não a análise.

Não existe uma representação elaborada e consistente da bruxaria que dê conta em detalhes de seu funcionamento, como tampouco há uma representação elaborada e consistente da natureza que esclareça sua conformidade com sequências e inter-relações funcionais. O zande atualiza essas crenças, mais que as intelectualiza, e seus princípios são exprimidos mais em comportamentos socialmente controlados que em doutrinas. Daí a dificuldade em se discutir o tema da bruxaria com os Azande, pois suas ideias a esse respeito estão aprisionadas na ação, não podendo ser utilizadas para explicar e justificá-la.

QUESTÕES E TEMAS PARA DISCUSSÃO

1. A partir das ideias de Evans-Pritchard sobre bruxaria e do texto de Yvonne Maggie abaixo indicado, pense em noções comuns na sociedade brasileira como feitiço, "olho grande" e mau-olhado, inclusive relacionadas a doenças e morte.
2. Por outro lado, a partir do texto de Emerson Giumbelli sugerido abaixo, pense em que medida a ciência moderna também não guarda, em relação ao nosso cotidiano, a mesma onipresença da bruxaria entre os Azande.

LEITURAS SUGERIDAS

Giumbelli, Emerson. "Os Azande e nós: experimento de antropologia simétrica", *Horizontes antropológicos*, vol.12, n.26, p.261-97, Porto Alegre, jul-dez 2006. Disponível em: http://dx.doi.org/10.1590/S0104-718320060 00200011

Maggie, Yvonne. "A lógica da bruxaria e as causas da doença e da morte no Brasil", *G1*, 5 out 2012. Disponível em: http://g1.globo.com/platb/yvonnemaggie/2012/10/05/a-logica-da-bruxaria-e-as-causas-da-doenca-e-da-morte-no-brasil/

10. Raymond Firth: estrutura e organização social

Nascido na Nova Zelândia, Raymond Firth (1901-2002) estudou com Malinowski na London School of Economics, obtendo seu doutorado em 1927. Seguindo a tradição de seu mestre, fez pesquisas de campo intensivas entre nativos das ilhas Salomão, pescadores na Malásia e os Maori na Nova Zelândia. Tornou-se professor na LSE a partir de 1933.

No texto a seguir, Firth inova o campo do estudo das relações sociais, indo além dos conceitos de *estrutura* e *função* ao tratar da *organização social*. Este conceito permitiria, de modo complementar, porém diferentemente dos outros dois, dar conta da mudança social. "Organização social" é por ele pensada em termos de ação social. Desse modo, numa disciplina até então dominada por conceitos muito afastados da experiência concreta dos indivíduos, Firth introduz o exercício da escolha, a tomada de decisões e o estudo de como os indivíduos interpretam, na prática, normas e valores gerais do grupo a que pertencem. Essa perspectiva introduz com clareza a possibilidade do *conflito* em relação a essas normas e valores, bem como o fator *tempo* na ordenação das relações sociais.

Como resultado, a antropologia estaria mais bem equipada para lidar com o aparente dilema e a dificuldade em explicar ao mesmo tempo a continuidade e a variação ou mudança sociais.

O SIGNIFICADO DA ANTROPOLOGIA SOCIAL

Raymond Firth

❝ ...

Na descrição e na análise da vida em grupo de seres humanos, os termos mais gerais utilizados são sociedade, cultura e comunidade. Esses termos são na maior parte empregados para expressar a ideia de uma totalidade. Como abstrações, cobrem apenas uma pequena parte selecionada das qualidades da matéria que pretendem representar. Logo, naturalmente, sua definição tende a marcar qualidades contrastadas, mais que compartilhadas. Os tipos de contraste tornados familiares pelos sociólogos alemães delinearam uma distinção entre as associações com propósitos que servem a objetivos individuais e aquelas decorrentes de princípios menos bem definidos de agregação. Essa distinção tem valor como um artifício analítico para classificar relações sociais. Mas, num nível mais amplo, que abarque a escala quase completa da associação, essa exclusão mútua estaria deslocada. Os termos representam diferentes facetas ou componentes de situações humanas básicas. Se, por exemplo, se considerar a sociedade um conjunto organizado de indivíduos com um determinado modo de vida, a cultura será esse modo de vida. Se se considerar a sociedade uma agregação de relações sociais, a cultura é o conteúdo dessas relações. A sociedade enfatiza o componente humano, a agregação de pessoas e a relação entre elas. A cultura enfatiza o componente de recursos acumulados, tanto imateriais quanto materiais, que as pessoas herdam, utilizam, transformam, enriquecem e transmitem. Possuindo uma substância, mesmo que em parte apenas ideacional, esse componente atua como um regulador para a ação. Do ponto de vista do comportamento, a cultura é todo o comportamento aprendido que foi socialmente adquirido. Inclui os efeitos residuais da ação social. É também necessariamente um incentivo à ação. O termo comunidade enfatiza o componente espaçotemporal, o aspecto da vida em conjunto. Implica o reconhecimento, derivado da experiência e da observação, de que é preciso haver condições mínimas de concordância quanto aos objetivos comuns, e, inevitavelmente, algumas maneiras comuns de se comportar, pensar e sentir. Sociedade, cultura e comunidade implicam-se portanto mutuamente, ainda que, ao serem concebidas como grandes unidades isoladas para o estudo concreto, suas fronteiras necessariamente não coincidam.

De qualquer forma, essas fronteiras são arbitrárias. O processo associativo humano caracteriza-se pelo fato de que os homens estão continuamente superando barreiras ao intercâmbio social – mesmo aquelas que eles próprios construíram. As relações sexuais e econômicas, que implicam igualmente o uso da linguagem, criam laços tais que, a menos que haja um absoluto isolamento físico, é impossível atribuir um limite definido a qualquer sociedade. Os aborígines australianos e os brancos que adquiriram suas terras à distância muitas vezes são situados em extremidades praticamente opostas da escala das realizações humanas. Entretanto, o proprietário da estância de gado, o mineiro, o caçador de dingos e o missionário introduziram seu companheiro negro na órbita econômica europeia, e a miscigenação reforçou o laço social existente mesmo nas situações em que ele é menos reconhecido. A noção mais empírica de agregações sociais deve ser constituída pelos campos de relações sociais, e não pelas sociedades nitidamente delineadas.

Ao estudar um campo de relações sociais, seja empregando as noções de sociedade, cultura ou comunidade, podemos distinguir a estrutura, a função e a organização dessas relações. Esses aspectos são separáveis, porém relacionados. Todos eles são necessários para a plena consideração do processo social. Resumindo, por aspecto estrutural das relações sociais entendemos os princípios de que depende sua forma; por aspecto funcional entendemos o modo pelo qual elas servem a finalidades dadas; por aspecto organizativo entendemos a atividade direcional que mantém sua forma e serve às suas finalidades. Todos esses termos críticos são carregados de implicações para nosso estudo. Portanto, é melhor examinarmos um conceito de cada vez.

Para o leigo, o termo estrutura social pode parecer bastante simples. De fato, os antropólogos e outros cientistas sociais – Herbert Spencer, por exemplo – utilizaram-no durante muitos anos sem sentir necessidade de defini-lo. Consideravam apenas que o termo designava geralmente a forma ou a morfologia da sociedade e achavam natural que todos soubessem o que essa ideia significava. Estavam mais preocupados com proposições substanciais do que com proposições formais. Há quarenta anos, ao decidir examinar os resultados do cercamento dos campos comuns no século XVIII, uma dupla de historiadores da economia declarou: "Nosso problema são as mudanças que as cercas causaram na estrutura social da Inglaterra."[1] Presumiam que todos os leitores fossem entender que com isso queriam dizer mudanças na forma da sociedade inglesa, especialmente da sociedade rural. Assim, sua análise lidava com temas como mudanças no sistema de classes sociais da aldeia, conversão do camponês em operário, modificações nos seus direitos à assistência e nas suas relações com as cortes, os magistrados e as autoridades paroquiais.

Mais tarde, dois outros analistas sociais realizaram aquilo que eles mesmos chamaram de "Um estudo sobre a estrutura social da Inglaterra e do País

---

1. John Lawrence Hammond e Barbara Hammond, *The Village Labourer*, Guild, 1948 [1911], vol.I, p.19.

de Gales",[2] utilizando grande quantidade de material estatístico, sem tampouco apresentar qualquer definição específica do que entendiam por estrutura social. Afirmavam simplesmente que o objetivo do livro era tratar os dados sociais contemporâneos do ponto de vista morfológico, construir um quadro das condições sociais como um todo e apresentar um quadro coerente de alguns dos aspectos mais importantes da vida social nesse país, na medida em que pudessem ser ilustrados pela estatística. Presumia-se que o objetivo era a classificação e a taxação da grandeza das unidades sociais mais importantes e a demonstração das relações existentes entre elas. A análise se iniciava pelas unidades de população e se estendia ao exame das unidades de associação conjugal, moradia, urbanização, distribuição das facilidades industriais, das ocupações, da renda nacional e dos serviços sociais; uma atenção especial era também atribuída a assuntos importantes como a amplitude dos meios educacionais.

Como que contra esse uso um tanto amplo do termo estrutura social, muitos antropólogos sociais e alguns sociólogos têm procurado recentemente formular com maior precisão seu significado. Suas diferenças de opinião indicam que toda ciência deve possuir um estoque de termos de aplicação geral, não muito estritamente definidos, e que o termo "estrutura" pode ser um deles. Por outro lado, esses cientistas chamaram atenção para os elementos significantes do processo social e do processo do próprio estudo social.

Para se adequar ao conceito geral de estrutura, a ideia de estrutura da sociedade deve preencher certas condições.[3] Deve levar em conta as relações ordenadas das partes com o todo, o arranjo que une os elementos da vida social. Essas relações devem ser consideradas como se fossem construídas umas sobre as outras – são séries de ordens de complexidade variáveis. Devem possuir uma significação não apenas momentânea – algum fator de constância ou continuidade precisa estar envolvido nelas. O uso antropológico corrente da noção de estrutura social conforma-se a essas exigências. Mas resta ainda um campo para a diferença de opiniões: que tipos de relação social devem ser mais relevantes na descrição de uma estrutura social e que continuidade devem apresentar antes de serem incluídas.

Alguns antropólogos têm argumentado que uma estrutura social é a rede de todas as relações de pessoa para pessoa numa sociedade. Mas essa definição é demasiado ampla. Não estabelece nenhuma distinção entre os elementos efêmeros e os elementos mais duradouros da atividade social, e torna

---

2. A.M. Carr-Saunders e D. Caradog Jones, *A Survey of the Social Structure of England and Wales as Illustrated by Statistics*, Oxford, 1927. Esse livro traz também o subtítulo *The Structure of English Society*.

3. Ver, por exemplo, Bertrand Russell, *Human Knowledge*, Londres, 1948, p.267s.

quase impossível distinguir a ideia de estrutura de uma sociedade da ideia de totalidade da própria sociedade. No extremo oposto encontra-se a ideia de estrutura social compreendendo apenas as relações entre os grupos maiores da sociedade – aqueles grupos que apresentam alto grau de persistência. Aí se incluem grupos tais como clãs, que persistem por muitas gerações, mas ficam excluídos grupos como a simples família, que se dissolve de uma geração para outra. Essa definição, por sua vez, é estreita demais. Outra ideia ainda de estrutura social dá menos ênfase às relações reais entre pessoas ou grupos como as relações esperadas ou mesmo as relações ideais. De acordo com essa visão, aquilo que realmente atribui forma à sociedade e permite que seus membros prossigam em suas atividades são suas expectativas, ou mesmo suas crenças idealizadas relativas ao que será ou deveria ser feito pelos outros membros. Não há dúvida de que, para que qualquer sociedade funcione efetivamente e tenha o que se poderia chamar de uma estrutura coerente, seus membros devem ter alguma ideia do que esperar. Sem um padrão qualquer de expectativas e um esquema de ideias sobre o que pensam que os outros deveriam fazer, os membros de uma sociedade não poderiam organizar suas vidas.

Mas considerar a estrutura social apenas como um conjunto de ideias e expectativas é demasiado vago. O padrão de realizações, as características gerais das relações sociais concretas devem também fazer parte do conceito estrutural. Além disso, considerar a estrutura social apenas como o conjunto de padrões ideais de comportamento sugere a opinião velada de que estes são os padrões de importância primordial na vida social, e de que o comportamento real dos indivíduos é apenas um reflexo dos modelos socialmente determinados. Considero também importante enfatizar a maneira pela qual os modelos sociais, os padrões ideais e os conjuntos de expectativas tendem a ser modificados, de modo reconhecível ou imperceptível, pelos atos dos indivíduos em resposta a outras influências, dentre as quais inclui-se o desenvolvimento tecnológico.

Se acreditarmos que a única maneira de nos informarmos sobre os ideais e as expectativas de uma pessoa é partindo de alguns aspectos de seu comportamento – seja a partir do que ela diz ou do que faz –, a distinção entre as normas da ação e as normas da expectativa em certa medida desaparece. O conceito de estrutura social é um instrumento analítico, destinado a nos ajudar a compreender como os homens se comportam em sua vida social. A essência desse conceito são aquelas relações sociais que parecem ter uma importância fundamental para o comportamento dos membros da sociedade – relações que, se não vigorassem, nos impossibilitariam afirmar a existência da sociedade sob aquela forma. Ao descrever a estrutura social da

Inglaterra rural do século XVIII, o historiador da economia se preocupa, por exemplo, com as relações entre as diferentes classes de pessoas e a terra comum, e com as relações entre essas próprias classes. Essas relações eram fundamentais para a sociedade da época. Quando o sistema do campo comum foi substituído pelo do cercado particular, alterações consequentes afetaram as diversas classes. Os pequenos fazendeiros e os aldeãos, por exemplo, emigraram para uma cidade industrial ou tornaram-se trabalhadores diaristas. As relações do novo tipo de trabalhador com seu empregador e com as autoridades locais, estando o trabalhador privado da terra e de vários outros direitos a pequenos rendimentos, tornaram-se muito diferentes de antes. A estrutura social do país tinha se alterado radicalmente – ainda que os ideais de muitas pessoas permanecessem os mesmos de antes e que algumas de suas expectativas subsistissem.

Nos tipos de sociedade comumente estudados pelos antropólogos, a estrutura social pode incluir relações cruciais ou básicas igualmente produzidas por um sistema de classes baseado nas relações com o solo. Outros aspectos da estrutura social surgem pela vinculação a outros tipos de grupos persistentes, como clãs, castas, grupos de idade ou sociedades secretas. Outras relações básicas, ainda, devem-se à posição num sistema de parentesco, ao status com relação a um superior político ou à distribuição do conhecimento ritual. Em muitas sociedades africanas ou oceânicas, a relação especial entre o irmão da mãe e o filho da irmã constitui um importante elemento estrutural. O tio tem a obrigação de proteger o sobrinho ou a sobrinha, de dar-lhe presentes ou de ajudá-lo(a) na doença ou no infortúnio. Essa relação é tão importante que, quando uma pessoa não possui um tio, um verdadeiro irmão da mãe, propiciam-lhe socialmente um "substituto". Este pode ser um filho do falecido irmão da mãe ou algum parente mais distante que atuará como o representante do irmão da mãe, assumirá o termo de parentesco e se comportará de forma apropriada. Tal relação, portanto, é um dos elementos fundamentais da estrutura social.

Se, por influência externa sobre a sociedade, o papel do irmão da mãe se tornar menos marcado, e seus deveres deixarem de ser cumpridos, isso significa que a estrutura da sociedade foi alterada. As diferentes estruturas sociais contrastam justamente pelas diferenças dessas relações cruciais ou básicas. Entre alguns malaios, por exemplo, nas comunidades matrilineares de Negri Sembilan, o irmão da mãe desempenha o papel descrito acima. Mas entre outros malaios, em outras partes da península malaia, esse parente não tem nenhuma importância especial. Por outro lado, de acordo com a lei muçulmana, todos os malaios atribuem grande importância ao *wali*. O *wali* é o guardião de uma moça para certos fins legais, inclusive o casamento. Ele a representa no contrato de casamento e deve dar seu consentimento à união. Geralmente, esse guardião é o pai da moça. Mas se este estiver morto, o avô, o irmão ou outro parente próximo da moça ocuparão seu lugar, de acordo com as regras fixadas nos livros da lei muçulmanos. Em certas circunstâncias, os deveres e os poderes dos guardiães vão tão longe que é permitido a um guardião na linha masculina ascendente dispor da mão de uma jovem sem o seu consentimento, como um direito titular. A relação do *wali*, portanto, é um elemento primordial na estrutura de uma sociedade muçulmana. A diferença entre o papel do irmão da mãe e do *wali* é, portanto, um traço estrutural útil na comparação das diferentes estruturas sociais malaias e muçulmanas.

Essa discussão da noção de estrutura social nos levou de certo modo a entender os tipos de questão com que se envolve o antropólogo social ao tentar captar as bases das relações sociais humanas. Também nos ajuda a esclarecer dois outros conceitos, o de função social e o de organização social, tão importantes quanto o de estrutura social.

Pode-se considerar que toda ação social tem uma ou mais funções sociais. A função social pode ser definida como a relação entre uma ação social e o sistema do qual a ação faz parte, ou, alternativamente, como o resultado da ação social em termos do esquema de meios e fins de todos aqueles que são afetados por ela.[4] Com Malinowski, a ideia de função foi estendida para um esquema maior de análise do material social e cultural. A ênfase básica nesse esquema influenciou consideravelmente a antropologia social moderna. Ele enfatiza a relação de qualquer elemento social ou cultural com outros elementos sociais ou culturais. Nenhuma ação social e nenhum elemento de cultura podem ser estudados ou definidos de maneira apropriada isoladamente. Seu significado é dado por sua função, pelo papel que desempenham num sistema interativo.

Ao estudar as unidades maiores, os conjuntos de padrões de comportamento mais abstratos conhecidos por instituições – como um sistema de casamento, um tipo de família, um tipo de troca cerimonial ou um sistema de magia –, o esquema distingue vários componentes associados. O estatuto é o conjunto de valores e de princípios tradicionalmente estabelecidos, que as pessoas interessadas consideram como a base da instituição – pode ser até mesmo encarnada num conto mítico. As normas são as regras que gover-

---

4. Ver A.R. Radcliffe-Brown, "On the concept of function in social science", *American Anthropologist*, 1935, vol.37, p.394-402 (trad. bras., *Estrutura e função na sociedade primitiva*, Petrópolis, Vozes, 1973, Cap.IX); Bronislaw Malinowski, *A Scientific Theory of Culture*, Chapel Hill, 1944, p.53 (trad. bras., *Uma teoria científica da cultura*, Zahar, 2ª ed., 1970). Um tratamento esclarecedor do tema geral é dado por Talcott Parsons, *Essays in Sociological Theory Pure and Applied*, Glencoe, Illinois, 1949, *passim*.

nam a conduta das pessoas; devem ser distinguidas de suas atividades, que podem divergir das normas se seus interesses individuais interferirem nesse sentido. A instituição funciona por meio de um aparato material, cuja natureza só pode ser compreendida se relacionada aos usos a que efetivamente se presta; e de um aparato pessoal, arranjado nos grupos sociais apropriados. Finalmente, há a função ou o conjunto de funções ao qual a instituição como um todo corresponde. Por função, nesse sentido, Malinowski designava a satisfação das necessidades, tanto aquelas desenvolvidas pelo homem como membro de uma sociedade específica quanto também as necessidades mais diretamente baseadas num fundo biológico.

Essa imputação de necessidades ao comportamento social humano sugere algumas questões difíceis. As necessidades podem ser facilmente reconhecidas como os fins próximos que dão uma direção imediata a uma atividade e são normalmente encarados pelos próprios participantes. Os fins próximos de um banquete, por exemplo, incluem claramente o objetivo de consumir alimentos, e isso por sua vez envolve certas consequências sociais e econômicas. Mas os fins últimos – que dão um significado básico à atividade como parte do padrão total da vida social – são mais difíceis de identificar e separar. O fim último de um banquete não é a satisfação da fome, que poderia ser obtida de maneira mais simples. Seria uma forma de sociabilidade, o prazer da assembleia e a agitação pela companhia? Estaria no sistema de troca, do qual um banquete isolado é apenas um elemento? Estaria na exibição de status e no destaque pessoal que o banquete propicia? Ou seria uma forma de compulsão mística, segundo a qual a assembleia periódica é necessária para a integração do corpo social?

Quanto mais abstrata for a concepção das necessidades, maior será o que se poderia chamar de refração pessoal do estudioso – o condicionamento da imagem social por meio de sua própria visão da finalidade na vida social. De fato, num certo ponto da análise, torna-se difícil fazer mais que inferir as necessidades humanas do comportamento que está sendo estudado – os homens agem socialmente de tais e tais maneiras, e, a partir desse comportamento consistente, julgamos que alguma necessidade social está sendo preenchida. Por razões como essas, muitos antropólogos sociais modernos, mesmo extraindo muita coisa de Malinowski, acharam preferível abordar a classificação dos tipos de ação social pelo estudo dos aspectos estruturais do comportamento. Os elementos que podem ser isolados com base em sua forma ou na continuidade de sua relação são mais dificilmente classificados.

Mas qualquer tentativa de descrição da estrutura de uma sociedade deve incorporar algumas premissas sobre o que é mais relevante nas relações sociais. Essas premissas, implícita ou abertamente, devem utilizar alguns conceitos de tipo funcional referentes aos resultados ou efeitos da ação social. Isso inclui também certa atenção aos objetivos ou à qualidade direcional das ações. Consideremos a exogamia associada a uma estrutura de linhagem. A regra exogâmica segundo a qual o membro de uma linhagem não pode se casar com outro membro da mesma linhagem é considerada uma das características definidoras dessa unidade estrutural: ela ajuda a demarcar os membros de uma linhagem como um corpo. Contudo, para que essa afirmação seja verdadeira, é preciso necessariamente que a proibição de casamento tenha algum efeito sobre as atitudes matrimoniais reais; que esse efeito seja considerável; e que existam igualmente efeitos positivos sobre o comportamento não matrimonial. A tradução de "é proibido casar" para "reforço dos laços de linhagem" pode se justificar, mas somente após a consideração dos efeitos. Desse ponto de vista, torna-se possível utilizar uma expressão de A.N. Whitehead e dizer que a função de uma ação ou de uma relação social é o "interesse" que a ação ou a relação apresentam para todos os outros elementos do sistema social em que aparecem. A orientação destes é sempre afetada por sua presença, mesmo que minimamente. Quando a ação tende a exibir uma variação, esses outros elementos tendem igualmente a variar dentro da esfera total da atividade social.

O estudo da estrutura social, portanto, precisa ser levado mais longe para que se examine como as formas das relações sociais básicas são suscetíveis de variação. É necessário estudar a adaptação social, assim como a continuidade social. Uma análise estrutural, apenas, não é capaz de interpretar a mudança social. Uma taxonomia social poderia se tornar tão árida quanto a classificação das espécies em alguns ramos da biologia. A análise do aspecto organizativo da ação social é o complemento necessário à análise do aspecto estrutural. Ela ajuda a dispensar um tratamento mais dinâmico.

A organização social tem sido comumente considerada sinônimo de estrutura social. Em minha opinião, é tempo de estabelecer uma distinção. Quanto mais se pensa na estrutura de uma sociedade em termos abstratos, como um grupo de relações ou de padrões ideais, mais necessário se torna pensar separadamente na organização social em termos de atividade concreta. Em geral, organização traduz a ideia de pessoas realizando coisas por ação planejada. Isso constitui um processo social, o arranjo da ação em sequências em conformidade com fins sociais selecionados. Esses fins devem conter alguns elementos de significação comum para o conjunto das pessoas interessadas na ação. A significação não precisa ser idêntica, ou mesmo semelhante, para todas as pessoas; para algumas, pode ser oposta. Os processos da organização social podem consistir em parte na resolução de tal oposição, por meio de uma ação que permita a um ou outro elemento chegar à expressão final.

A organização social implica certo grau de unificação, a reunião de elementos diversos numa relação comum. Para consegui-lo, pode-se tirar proveito dos princípios estruturais existentes ou adotar procedimentos variantes. Isso envolve o exercício da escolha, a tomada de decisões, e se baseia, portanto, em avaliações pessoais que representam a tradução dos fins ou valores gerais no nível do grupo para termos significativos do ponto de vista do indivíduo. No sentido de que toda organização compreende a dotação de recursos, ela implica, dentro do esquema de julgamentos de valor, um conceito de eficiência. Isso leva à noção de contribuições relativas, que os meios de importância e qualidade diferentes podem trazer para determinados fins. A esfera da dotação de recursos é um campo em que os estudos econômicos são preeminentes. Mas, necessariamente, a economia tem se restringido primordialmente ao campo das relações de troca, em especial aquelas mensuráveis em termos monetários. No campo social situado além dessas relações, os processos resultantes das possibilidades de escolha e do exercício da decisão são também da maior importância.

Como um exemplo de organização social numa sociedade camponesa, examinemos mais uma vez a instituição do *wali*. Entre o povo de Acheh de Sumatra, segundo a lei *shafi'ite* geralmente observada, apenas um agnato da linha ascendente masculina – o pai ou o pai do pai – tem o direito de dar uma jovem em casamento sem o seu consentimento. Se ela for menor, estará incapacitada para emitir qualquer opinião válida. Portanto, quando não houver um guardião desse tipo, se a moça for menor, estritamente falando, ela não poderá se casar. Mas os Achehnese têm um forte preconceito contra permitir que uma moça permaneça solteira até atingir a maioridade; dizem que isso estraga sua beleza. Como é possível que haja muitas moças que tenham perdido o pai e o avô, o costume achehnese e a regra *shafi'ite* acham-se em oposição. Mas o dilema é facilmente resolvido. Obtém-se uma saída utilizando-se o direito muçulmano de apelo aos princípios de outra escola da lei – a escola de Hanafi. Esta última permite que qualquer *wali* dê sua tutelada menor em casamento sem o seu consentimento. Ela também amplia a rede da tutela e permite que um parente por parte de mãe seja escolhido como *wali* no caso de não haver parentes vivos por parte de pai. Por outro lado, essa escola permite que a mulher tenha uma opinião mais tarde. Ao se tornar maior, se tiver casado nessas circunstâncias, ela pode pedir a separação do marido se assim o desejar. A essência de tudo isso é que a estrutura da relação do *wali* – uma relação extremamente importante para a constituição do casamento e da família muçulmana em Acheh, assim como em toda sociedade muçulmana – oferece um certo número de métodos de ação. Os parentes de uma moça menor que perdeu o pai ou o avô devem decidir como organizarão seu casamento. Seguirão o procedimento *shafi'ite* ou *hanafi'ite* na designação de seu guardião? Se seguirem este último, tentarão casá-la logo ou não? Vários elementos podem entrar nessas decisões, entre eles a classe da moça e considerações financeiras. A relação do *wali*, portanto, não é um elemento morfológico permanente e facilmente definível da sociedade de Acheh; mantém-se e recebe sua forma definitiva por meio de decisões organizativas que resolvem situações amorfas.

Esse exemplo chama a atenção para outros elementos da organização social. Implica o reconhecimento de um fator tempo na ordenação das relações sociais. Nele se encontra a concepção do tempo como o fator que torna necessária a sequência ou a ordem serial na distribuição das unidades em direção ao fim requerido. A designação de um guardião não é automática; os parentes devem se encontrar, discutir, concordar, consultar as autoridades religiosas e, em geral, planejar uma sequência elaborada de atos, com algum sacrifício de suas energias. O desenvolvimento da sequência e as limitações dos rumos alternativos da ação são, portanto, um aspecto importante da organização. Há também a concepção do tempo como o elemento que fixa limites à atividade por meio dos processos do metabolismo humano. No exemplo dado, o desenvolvimento da moça achehnese garante que depois de um certo tempo ela será autorizada a tomar sua própria decisão em relação ao casamento, alterando assim a forma da organização. O conceito de organização social leva igualmente em conta as magnitudes. Assim como nesse exemplo, a importância dos bens, a classe das pessoas, o número de parentes e outras quantidades estão envolvidos como bases para os diferentes tipos de ação social.

A organização requer também elementos de representação e de responsabilidade. Em muitas esferas, para que os objetivos de um grupo possam ser atingidos, é preciso haver a *representação* de seus interesses por membros individuais. Decisões que pretendem ser decisões de grupo devem ser, na realidade, decisões individuais. É preciso haver então um mecanismo patente ou implícito por meio do qual o grupo concede a certos indivíduos o direito de tomar decisões em nome da totalidade. Nessa concessão reside a dificuldade – de reconciliar os interesses possivelmente conflitantes dos subgrupos, pois o indivíduo selecionado como representante, em circunstâncias normais, é necessariamente membro de um subgrupo. Existe o perigo, portanto, de que em vez de tentar assegurar os interesses mais amplos da totalidade, o representante aja de modo a assegurar em primeiro lugar os interesses do grupo particular ao qual pertence.

A *responsabilidade* significa a habilidade para encarar uma situação nos termos dos interesses do mais amplo grupo envolvido, para tomar decisões que sejam conformes a esses interesses, e a disposição para ser considerado

Raymond Firth: estrutura e organização social 171

responsável pelos resultados dessas decisões. Nesse sentido, o conflito em todos os níveis da unidade de grupo torna-se possível. Uma pessoa pertence a uma simples família, a um grupo de parentesco mais amplo, a uma unidade local, e estes podem ser apenas alguns dos componentes de uma grande unidade social que ela esteja representando. Para que ela assuma uma responsabilidade efetiva, e para que os outros membros de todos esses grupos constituintes lhe atribuam a representação de seus interesses, é preciso haver um esforço de projeção de todas as partes interessadas – uma ideia de incorporação dos interesses imediatos nos interesses menos diretamente perceptíveis. Quanto mais limitada for essa projeção, mais restrita será a organização social.

Isso pode ser observado, por exemplo, na história da administração comercial no Oriente. A função de servir como "agência de emprego" para os parentes tem sido tradicionalmente considerada um dos primeiros deveres do homem que tenha alcançado uma posição de poder. Esse hábito tornou-se um obstáculo crescente à eficiência nos países orientais, como, por exemplo, a China, onde a industrialização e a vida comercial moderna atingiram grandes proporções. Acredita-se que para a indústria chinesa o problema de um pessoal eficiente foi tão importante quanto o problema da mecanização. A questão da relação do nepotismo com o serviço eficiente tem sido básica. Com relação às grandes firmas comerciais, parece ter havido um consenso de que o nepotismo havia significado melhores empregos, mas um trabalho de pior qualidade. Para o pequeno comerciante, o emprego de parentes foi justificado pelo argumento de que estes, ainda que quase sempre menos eficientes, eram ligados à família, eram pessoas de confiança e não roubavam. O tipo de atitude que conduz os homens aos interesses de pequenos grupos, designando parentes para empregos a despeito de sua eficiência, tende a atender a outros tipos de satisfação na forma tradicional da sociedade. De fato, trata-se de um mecanismo difuso para prover o apoio social com os recursos públicos, mas sem apresentar as pessoas envolvidas ao tribunal do julgamento público. Parece que na China comunista essas implicações do sistema familiar foram percebidas. O resultado foi a reorganização e a ênfase em agrupamentos extrafamiliares, que sublinham tipos mais amplos de responsabilidade e canalizam a eficiência econômica.

O conceito de organização social é importante também para a compreensão da mudança social. Existem elementos estruturais que percorrem o todo do comportamento social e que fornecem o que foi metaforicamente chamado de anatomia social ou forma da sociedade. Mas o que é essa forma? Ela consiste realmente na persistência ou na repetição do comportamento;

é o elemento de continuidade na vida social. O antropólogo social defronta-se com um problema constante, um aparente dilema – explicar ao mesmo tempo essa continuidade e a mudança social. A continuidade se expressa na estrutura social, nos conjuntos de relações que contribuem para a firmeza da expectativa, para a validação da experiência passada em termos de uma experiência semelhante no futuro. Os membros de uma sociedade procuram um guia seguro para a ação, e a estrutura da sociedade fornece esse guia – pelo seu sistema familiar e de parentesco, as relações de classes, a distribuição ocupacional, e assim por diante. Ao mesmo tempo, é preciso haver lugar para a variação e para a explicação da variação.

Esse lugar se encontra na organização social, na ordenação sistemática das relações sociais por meio de atos de escolha e de decisão. Aqui existe um lugar para a variação do que aconteceu em circunstâncias aparentemente semelhantes no passado. Aqui o tempo conta. A situação anterior ao exercício da escolha é diferente da situação posterior. Uma questão aberta, com potencialidades para várias direções, torna-se um assunto decidido, com uma orientação específica atribuída às potencialidades. O tempo conta também como um fator no desenvolvimento das implicações da decisão e da ação consequente. As formas estruturais fixam um precedente e fornecem uma limitação à série de alternativas possíveis – a curva dentro da qual a escolha aparentemente livre pode ser exercida é quase sempre muito pequena. Mas é a possibilidade de alternativa que conduz à variabilidade. Uma pessoa escolhe consciente ou inconscientemente o rumo que irá tomar. E essa decisão afetará o futuro alinhamento estrutural. No aspecto da estrutura social encontra-se o princípio de continuidade da sociedade; no aspecto da organização encontra-se o princípio da variação ou da mudança – pois aí é permitida a avaliação de situações e a participação da escolha individual.

QUESTÕES E TEMAS PARA DISCUSSÃO

1. Pense na visão de Firth sobre "organização social" em relação à célebre passagem de Maquiavel (no Capítulo XXV de *O príncipe*) a respeito da medida em que nossas vidas são resultado da conjunção entre a *fortuna* (isto é, o acaso, a sorte, fenômenos que não dependem de nossa vontade) e a *virtù* (literalmente, "virtude"), que corresponde à parcela de livre-arbítrio de que dispomos: "Julgo poder ser verdade que a sorte seja o árbitro da metade das nossas ações, mas que ainda nos deixe governar a outra metade, ou quase."

Raymond Firth: estrutura e organização social

2. Compare a perspectiva de Firth sobre "organização social" com a teoria da "ação social" desenvolvida por Max Weber (em Cap.1, "Conceitos sociológicos fundamentais", de *Economia e sociedade*, vol.1, Brasília, Ed. UnB, 2009).

LEITURAS SUGERIDAS

Firth, Raymond. *Nós, os Tikopias: um estudo sociológico do parentesco na Polinésia primitiva*. Prefácio de Bronislaw Malinowski. Apresentação de Marcos Lanna. São Paulo, Edusp, 1998.

Lanna, Marcos. "Raymond Firth (1901-2002)", *Ilha – Revista de antropologia*, vol.4, n.1, p.149-53, Florianópolis, jan 2002. Disponível em: https://periodicos.ufsc.br/index.php/ilha/article/view/15057/15656

Raymond and Rosemary Firth interviewed by Anthony Forge. 1982. 51 min. Vídeo em inglês disponível em: https://youtu.be/IRgFtuAsAyI

11. Lévi-Strauss e os princípios universais do parentesco

O francês Claude Lévi-Strauss (1908-2009) revolucionou a antropologia quando, em meados do século XX, aplicou a alguns temas centrais da disciplina – em particular, o estudo do parentesco e dos mitos – o método estrutural que havia sido desenvolvido pela linguística moderna.

Formado em filosofia, Lévi-Strauss veio para o Brasil em 1935, integrando uma missão de professores franceses contratada para lecionar na recém-criada Universidade de São Paulo. Aqui permaneceu até 1939, aproveitando a estada para realizar expedições a tribos do Brasil central, experiência posteriormente narrada em *Tristes trópicos* (1955).

Durante a Segunda Guerra Mundial permaneceu alguns anos em Nova York, onde teve contato com o grupo liderado pelo linguista russo Roman Jakobson. Dessa experiência surgiu seu artigo "A análise estrutural em linguística e em antropologia" (1945), certidão de nascimento do estruturalismo na antropologia. Lévi-Strauss considerava a linguística moderna, com sua noção de sistema e seu método de análise estrutural, a única ciência social que havia adquirido um status verdadeiramente científico. De volta à França após o final da guerra, iniciou uma série de estudos que tiveram como pontos altos os livros *As estruturas elementares do parentesco* (1949), *Antropologia estrutural* (1958), *O pensamento selvagem* (1962) e a série das *Mitológicas* (1964-71). Sua obra influenciou profundamente não apenas a antropologia, mas também outras disciplinas.

No texto a seguir, capítulo final de *As estruturas elementares do parentesco*, Lévi-Strauss sintetiza uma longa análise de sistemas de parentesco de todo o mundo, destacando a universalidade da proibição do incesto como o momento de passagem da natureza à cultura. Essa interdição é vista por ele como a regra da dádiva por excelência, pois obriga a sociedade à troca e à aliança, instituindo a reciprocidade e afirmando a existência social do *outro*.

OS PRINCÍPIOS DO PARENTESCO

Claude Lévi-Strauss

É sempre um sistema de troca que encontramos na origem das regras do casamento, mesmo daquelas cuja aparente singularidade parece justificar-se apenas por uma interpretação ao mesmo tempo específica e arbitrária. Ao longo deste trabalho, vimos a noção de troca se complicar e diversificar, figurando constantemente sob outras formas. Ora a troca se apresentou como direta (é o caso do casamento com a prima bilateral), ora como indireta (nesse caso, podendo corresponder a duas fórmulas, contínua e descontínua, referentes a duas regras diferentes de casamento com a prima unilateral); ora a troca funciona no seio de um sistema global (é o caráter, teoricamente comum, do casamento bilateral e do casamento matrilateral), ora ela provoca a formação de um número ilimitado de sistemas especiais e ciclos estreitos, sem relação entre si (e sob essa forma ameaça, como um risco permanente, os sistemas de metades, e ataca, como uma fraqueza inevitável, os sistemas patrilaterais); ora a troca aparece como uma operação à vista ou a curto prazo (com a troca ora explícita e ora implícita), ora é uma operação com prazo mais expandido (como no caso em que os graus proibidos englobam os primos de primeiro e às vezes de segundo grau); ora a troca das irmãs e das filhas, e o casamento avuncular, ora como pretenso casamento por compra; ora a troca é fechada (quando o casamento deve cumprir uma regra especial de aliança entre classes matrimoniais ou de observância de graus preferenciais), ora é aberta (quando a regra de exogamia se limita a um conjunto de estipulações negativas, deixando a escolha livre para além dos graus proibidos); ora é firmada por uma espécie de hipoteca sobre categorias reservadas (classes ou graus), ora (como no caso da proibição do incesto simples, a exemplo do que encontramos em nossa sociedade) repousa sobre uma garantia mais ampla e de caráter fiduciário: a liberdade teórica de aspirar a qualquer mulher do grupo, mediante a renúncia a certas mulheres determinadas do círculo de família, liberdade assegurada pela extensão, a todos os homens, de uma proibição similar a que incorre cada um deles em particular.

Mas seja sob uma forma direta ou indireta, global ou especial, imediata ou estendida, explícita ou implícita, fechada ou aberta, concreta ou simbólica, é a troca, sempre ela, que ressalta como base fundamental e comum de todos os modelos de instituição matrimonial. Se essas modalidades podem ser abarcadas pelo termo genérico de exogamia (pois a endogamia não se opõe à exogamia, e sim a supõe), é com a condição de, por trás da expressão ligeiramente negativa da regra de exogamia, percebermos a finalidade que tende a assegurar, mediante a interdição do casamento nos graus proibidos, a circulação total e contínua desses bens do grupo por excelência que são suas mulheres e filhas.

O valor funcional da exogamia a princípio é negativo. A exogamia fornece o único meio de manter o grupo como grupo, de evitar o fracionamento e a compartimentação indefinidos que resultariam da prática dos casamentos consanguíneos: se houvessem recorrido a eles de forma contínua, ou mesmo apenas de maneira muito frequente, o grupo social não tardaria a se "esfacelar" numa pluralidade de famílias que formariam outros tantos sistemas fechados, mônadas sem porta ou janela, cuja proliferação e cujos antagonismos nenhuma harmonia preestabelecida seria capaz de prevenir. A regra da exogamia, aplicada sob suas formas mais simples, não basta completamente para afastar esse perigo mortal para o grupo. Esta é a função da organização dualista. Com a organização dualista, o risco de ver uma família biológica erigir-se em sistema fechado sem dúvida é definitivamente eliminado. O grupo biológico deixa de ficar isolado, e o laço de aliança com uma família diferente assegura o controle não só do social sobre o biológico, como também do cultural sobre o natural. Mas logo surge outro risco: o de ver duas famílias, ou melhor, duas linhagens, se isolarem do contínuo social sob a forma de sistema bipolar, de um par intimamente unido por uma série de intercasamentos, bastando-se a si mesmo ao infinito. A regra da exogamia, que determina as modalidades de formação desses pares, confere-lhes um caráter definitivamente social e cultural; mas o social poderia ser dado apenas para dali a pouco se fragmentar.

Esse é o perigo evitado pelas formas mais complexas de exogamia, como o princípio da troca generalizada, e também as subdivisões das metades em seções e subseções, em que grupos locais, cada vez mais numerosos, constituem sistemas indefinidamente mais complexos. ... Até na ausência desses procedimentos, a organização dualista, reduzida a si mesma, não é impotente: a intervenção dos graus de parentesco preferidos, mesmo no âmbito da metade – por exemplo, a predileção pela verdadeira prima cruzada e até por um certo tipo de verdadeira prima cruzada, como é o caso nos Kariera –, fornece o meio para atenuar os riscos de um funcionamento automático demais das classes. Diante da endogamia, tendência a impor um limite ao grupo e a discriminar no seio do grupo, a exogamia é um esforço permanente de maior coesão, uma solidariedade mais eficaz e uma articulação mais maleável.

É que a troca, com efeito, não vale apenas o que valem as coisas trocadas: a troca – e por conseguinte a regra da exogamia que a exprime – tem em si mesma um valor social: ela fornece o meio de ligar os homens entre si e superpor aos laços naturais do parentesco os laços doravante artificiais, uma vez que livres do acaso dos encontros ou da promiscuidade da existência familiar, da aliança regida pela regra. ...

Determinadas teorias da exogamia criticadas no início deste trabalho encontram nesse novo plano um valor e uma significação. Se a exogamia e a proibição do incesto possuem, como sugerimos, um valor funcional permanente e coextensivo a todos os grupos sociais, como as interpretações que lhes dão os homens, por mais diferentes que sejam, não carregariam todas uma sombra de verdade? Assim, as teorias de McLennan, Spencer e Lubbock têm ao menos um sentido simbólico. Segundo o primeiro, a exogamia teria origem nas tribos praticantes do infanticídio das filhas, que, por conseguinte, eram obrigadas a procurar fora esposas para seus filhos. De maneira análoga, Spencer sugeriu que a exogamia se originou em tribos guerreiras que raptavam mulheres dos grupos vizinhos. E Lubbock formulou a hipótese de uma oposição primitiva entre duas formas de casamento: um casamento endógamo, em que as esposas são consideradas propriedade comum dos homens do grupo; e um exógamo, quando as mulheres capturadas são vistas como uma espécie de propriedade individual de seu detentor, originando assim o casamento individual moderno. Podemos debater o detalhe concreto, mas a ideia fundamental procede: isso significa que a exogamia tem um valor menos negativo do que positivo, afirma a existência social do outro e só proíbe o casamento endógamo para introduzir, e prescrever, o casamento com outro grupo que não a família biológica; isso não acontece, decerto, porque um perigo biológico esteja ligado ao casamento consanguíneo, mas porque do casamento exógamo resulta um benefício social.

Logo, a exogamia deve ser reconhecida como um elemento importante – de longe o mais importante, sem dúvida – desse conjunto solene de manifestações que, contínua ou periodicamente, asseguram a integração das unidades parciais no âmbito do grupo total e exigem a colaboração dos grupos estranhos. Por exemplo, os banquetes, festas e cerimônias de diversas ordens que formam a trama da existência social. A exogamia, porém, não constitui somente uma manifestação que se acomoda em meio a tantas outras: as festas e cerimônias são periódicas, e a maioria delas corresponde a funções limitadas. A lei da exogamia, ao contrário, é onipresente, atua de maneira permanente, contínua e, mais que isso, incide sobre valores – as mulheres – que são os valores por excelência, tanto do ponto de vista biológico quanto social, e sem os quais a vida não é possível, ou pelo menos circunscreve-se às piores formas de abjeção. Logo, não é exagero dizer que ela é o arquétipo de todas as outras manifestações que estão na base da reciprocidade, fornecendo a regra fundamental e imutável que assegura a existência do grupo como grupo.

...

A interdição do incesto é menos uma regra que proíbe esposar mãe, irmã ou filha do que uma regra que obriga a dar mãe, irmã ou filha a outrem. É a regra do dom por excelência. E é efetivamente esse aspecto, não raro ignorado, que permite compreender seu caráter: todos os erros de interpretação da proibição do incesto provêm de uma tendência a ver no casamento um processo descontínuo, que extrai de si próprio, em cada caso individual, seus próprios limites e possibilidades. Quando procuramos, por exemplo, numa qualidade intrínseca da mãe, da irmã ou da filha razões que impeçam o casamento com elas, vemo-nos infalivelmente arrastados para considerações biológicas, uma vez que é apenas de um ponto de vista biológico, mas decerto não social, que a maternidade, a "sororalidade" ou a "filialidade" – se é possível falar assim – são propriedades dos indivíduos em questão; porém, consideradas de uma perspectiva social, tais qualificações não devem ser vistas como definidoras de indivíduos isolados, e sim como relações entre esses indivíduos e os demais. A maternidade é uma relação não só da mulher com seus filhos, mas também dela com todos os outros membros do grupo, para os quais ela não é mãe, e sim irmã, esposa, prima ou simplesmente uma estranha, do ponto de vista do parentesco. O mesmo se dá com todas as relações familiares, que se definem tanto pelos indivíduos que elas englobam quanto por todos aqueles que elas excluem.

Isso é de tal forma verdadeiro que os observadores muitas vezes se admiraram diante da impossibilidade, para os indígenas, de conceber uma relação neutra, ou mais exatamente uma ausência de relação. Temos a sensação – aliás ilusória – de que a ausência de parentesco determina esse estado em nossa consciência. Contudo, a suposição de que o mesmo pudesse se dar com o pensamento primitivo não resiste à análise. Toda relação familiar define certo conjunto de direitos e deveres, enquanto a ausência de relação familiar não define nada, define a hostilidade:

> Se você pretende viver entre os Nuer, deve fazê-lo à maneira deles; deve tratá-los como uma espécie de parente, e eles o tratarão também como uma espécie de parente. Direitos, privilégios, obrigações, tudo é determinado pelo parentesco. Um indivíduo qualquer deve ser um parente real ou fictício, ou um estranho, ao qual você não está ligado por nenhuma obrigação recíproca e a quem você trata como virtual inimigo.[1]

O grupo australiano se define exatamente nos mesmos termos:

---

1. E.E. Evans-Pritchard, *The Nuer*, Oxford, 1940, p.183.

Quando um estranho se aproxima de um acampamento que nunca visitou antes, ele não adentra o acampamento, mas mantém-se a certa distância. Após um momento, um pequeno grupo de anciãos o aborda, e a primeira tarefa a que eles se dedicam é descobrir quem é o estranho. A pergunta que costumam lhe fazer é: Quem é o teu *maeli* (pai do pai)? A conversa gira em torno de questões genealógicas, até todos os envolvidos se declararem satisfeitos quanto à determinação exata da relação do estranho com cada um dos indígenas presentes no acampamento. Quando esse ponto é atingido, o estranho pode ser recebido no acampamento, e lhe apontam individualmente cada homem e cada mulher, junto com a relação de parentesco correspondente entre ele próprio e cada um. ... Se sou um indígena e encontro outro indígena, este deve ser meu parente ou meu inimigo. Se ele é meu inimigo, devo aproveitar a primeira oportunidade para matá-lo, temendo que ele, por sua vez, me mate. Tal era, antes da chegada do homem branco, a concepção indígena dos deveres para com o próximo.[2]

Esses dois exemplos apenas confirmam, em seu impressionante paralelismo, uma situação universal:

Durante um tempo considerável e em um número considerável de sociedades, os homens se abordaram num curioso estado de espírito, de temor e hostilidade exagerados, bem como de generosidade exagerada, mas que só são inconsequentes aos nossos olhos. Em todas as sociedades que nos precederam imediatamente e ainda nos cercam, e mesmo em inúmeros costumes de nossa moralidade popular, não existe meio-termo: confiar plenamente ou desconfiar plenamente, depor suas armas e renunciar à sua magia ou dar tudo: desde a hospitalidade fugaz até as filhas e os bens.[3]

Ora, não há nessa atitude nenhuma barbárie, e inclusive, propriamente falando, tampouco qualquer arcaísmo, mas apenas a sistematização, levada a seu termo, das características inerentes às relações sociais.

Nenhuma relação pode ser isolada arbitrariamente das demais; nem é possível manter-se aquém ou além do mundo das relações: o meio social não deve ser concebido como uma moldura vazia em cujo âmago criaturas e coisas podem ser ligadas ou simplesmente justapostas. O meio é inseparável das coisas que o povoam; juntos, eles constituem um campo gravitacional no qual as cargas e as distâncias formam um conjunto coordenado e no qual

---

2. A.R. Radcliffe-Brown "Three Tribes of Western Australia", *Journal of the Royal Anthropological Institute*, vol.43, 1913, p.151.

3. Marcel Mauss, "Essai sur le don", *L'Année sociologique*, seconde série, 1923-24, p.183.

cada elemento, ao se modificar, provoca uma mudança no equilíbrio total do sistema. O ... campo de aplicação [desse princípio] deve ser estendido a todas as regras de parentesco e, antes de qualquer outra, a essa regra universal e basilar que é a proibição do incesto: pois é o caráter total de todo sistema de parentesco (e não existe sociedade humana que não o possua) que faz com que a mãe, a irmã e a filha se acasalem por toda a eternidade, se assim é possível dizer, com elementos do sistema que não mantêm com elas relação de filho, nem de irmão, nem de pai, porque estes, por sua vez, se acasalam com outras mulheres, ou outras classes de mulheres, ou elementos femininos definidos por uma relação de outra ordem. Uma vez que o casamento é troca, uma vez que o casamento é o arquétipo da troca, a análise da troca pode ajudar a compreender essa solidariedade que une o dom e o contradom, um casamento aos outros casamentos.

B. Seligman, é verdade, contesta que a mulher seja o instrumento único ou predominante da aliança[4] invocando a instituição da fraternidade de sangue tal como expressa na relação de *benamo*, entre os indígenas da Nova Guiné. Com efeito, embora a instauração da fraternidade de sangue crie um laço de aliança entre os indivíduos, equiparando ao mesmo tempo os envolvidos a irmãos, ela acarreta a proibição do casamento com a irmã. Não é nossa intenção afirmar que a troca ou a entrega das mulheres nas sociedades primitivas seja o único meio de instaurar a aliança. Mostramos em outro trabalho como, em certos grupos indígenas do Brasil, a comunidade podia se exprimir tanto pelo termo "cunhado" quanto pelo termo "irmão". O cunhado é o aliado, o colaborador e o amigo, é a denominação atribuída aos homens adultos da coletividade com a qual a aliança foi contraída. Quando se trata, no seio da mesma coletividade, do cunhado potencial, isto é, do primo cruzado, ele é aquele com o qual, quando adolescente, praticam-se brincadeiras homossexuais que sempre deixarão um vestígio no comportamento mutuamente afetuoso dos mais velhos.[5]

Contudo, ao mesmo tempo que operam a relação de cunhado, os Nambiquara sabem recorrer à noção de fraternidade: "Selvagem, tu não és mais meu irmão!", exclama-se durante a discussão com um não parente; os objetos que se encontram sob forma de série, tais como as estacas da cabana, os tubos da flauta de Pã etc. são referidos como "irmãos" uns dos outros ou denominados "outros" nas respectivas relações, detalhe terminológico que merece ser aproximado da observação de Montaigne, de que os índios bra-

---

4. B.Z. Seligman, "The incest taboo as a social regulation", *The Sociological Review*, vol.27, 1935.

5. "La Vie familiale et sociale des Indiens Nambikwara", *Journal de la Société des Américanistes,* vol.37, n.1, 1948, p.1-132.

Lévi-Strauss e os princípios universais do parentesco 181

sileiros, que ele vira em Rouen, chamavam os homens de "metades" uns dos outros, como nós dizemos "nossos semelhantes".[6] Mas vemos também a diferença existente entre os dois tipos de vínculo definida de maneira suficientemente clara se dissermos que um tipo atesta uma solidariedade mecânica (irmão), enquanto o outro evoca uma solidariedade orgânica (cunhado ou compadre). Os irmãos são próximos uns dos outros, mas o são por similitude, como as estacas ou os tubos das flautas. Os cunhados, ao contrário, são solidários porque se complementam e possuem uma eficácia funcional um para o outro, isto é, desempenham o papel do outro sexo nas brincadeiras eróticas da infância, ou, na idade adulta, sua aliança masculina é sancionada pelo fornecimento a cada um do que ele não possui – uma esposa – graças à renúncia simultânea ao que um e outro detêm – uma irmã. A primeira forma de solidariedade não acrescenta nada, não une nada; funda-se num limite cultural que se satisfaz com a reprodução de um tipo de conexão cujo modelo é fornecido pela natureza. A outra realiza uma integração do grupo num novo plano.

...

A teoria indígena confirma de maneira ainda mais direta nossa concepção. No começo, os informantes arapesh de Margaret Mead sentiram dificuldade em responder às suas perguntas sobre eventuais infrações às proibições do casamento. Seu comentário, porém, quando conseguiram formulá-lo, revela claramente a origem do mal-entendido: para eles, a proibição não é concebida enquanto tal, isto é, sob seu aspecto negativo, sendo apenas o avesso ou a contraparte de uma obrigação positiva, a única viva e presente na consciência. Um homem dorme com a irmã? A pergunta é absurda. Claro que não, óbvio que não, respondem eles: "Não dormimos com nossas irmãs; damos nossas irmãs a outros homens, e esses outros homens nos dão suas irmãs." A etnógrafa insiste: mas se, por mais impossível que fosse, essa eventualidade se consumasse, o que achariam disso? O que diriam? "Se um de nós dormisse com a irmã? Que pergunta!" "Mas suponha que isso aconteça..." Diante da insistência, com o informante pelejando para colocar-se na posição, para ele quase inconcebível, de ser obrigado a discutir com um companheiro culpado de incesto, obtém-se a seguinte resposta ao diálogo imaginário:

Mas como! Você quer casar com a própria irmã? Mas o que deu em você? Não quer ter cunhado? Não compreende então que, se vier a casar com a irmã de outro homem, e outro homem casar com sua irmã, você terá pelo menos dois cunhados, ao passo que, se você se casar com sua própria irmã não terá abso-

---

6. Claude Lévi-Strauss, *Essais*, Livro I, Cap.31, "Des cannibales".

182 Textos básicos de antropologia

lutamente cunhado nenhum? E com quem irá caçar? Com quem irá semear? A quem terá para visitar?[7]

Sem dúvida, tudo isso é um pouco suspeito, uma vez que provocado. Mas os aforismas indígenas coletados pela mesma pesquisadora não o são, e seu sentido é idêntico. Outros depoimentos corroboram a mesma tese: para os Chukchee, uma "família ruim" se define como uma família isolada, "sem irmão e sem primo". Aliás, a necessidade de provocar o comentário (cujo conteúdo, em todo caso, é espontâneo) e a dificuldade de obtê-lo evidenciam o mal-entendido inerente ao problema das proibições do casamento. Estas são proibições apenas a título secundário e derivado. Antes de ser um interdito incidindo sobre determinada categoria de pessoas, elas são uma prescrição que visa outra categoria. Nesse aspecto, quão mais clarividente que tantos comentários contemporâneos é a teoria indígena! Não há nada na irmã, nem na mãe, nem na filha que as desqualifique enquanto tais. O incesto é socialmente absurdo antes de ser moralmente condenável. A exclamação incrédula arrancada do informante, *Então você não quer ter cunhado!*, fornece a regra de ouro ao estado de sociedade.

Logo, não há solução possível para o problema do incesto no interior da família biológica, mesmo supondo que esta já esteja instalada num contexto cultural que lhe impõe exigências específicas. O contexto cultural não é um conjunto de condições abstratas, mas resulta de um fato muito simples, e o exprime integralmente, a saber: a família biológica não está mais sozinha e deve recorrer à aliança de outras famílias para se perpetuar. Sabemos que Malinowski empenhou-se em defender uma concepção diferente: a proibição do incesto resultaria de uma contradição interna, no próprio seio da família biológica, entre sentimentos mutuamente incompatíveis, por exemplo, as emoções ligadas às relações sexuais e ao amor parental ou "os sentimentos naturais que se estabelecem entre irmãos e irmãs".[8] Esses sentimentos, todavia, só se tornam incompatíveis em virtude do papel cultural que a família biológica é chamada a desempenhar: o homem deve ensinar aos seus filhos, e essa vocação social, exercendo-se naturalmente no seio do grupo familiar, estaria comprometida de modo irremediável se emoções de outro tipo viessem abalar a disciplina indispensável à manutenção de uma ordem estável entre as gerações: "O incesto equivaleria à confusão das idades, à mistura das

7. Margaret Mead, *Sex and Temperament in Three Primitive Societies*, Nova York, 1935, p.84 (trad. bras., *Sexo e temperamento*, São Paulo, Perspectiva, 5ª ed., 2015).
8. Bronislaw Malinowski, Prefácio a H. Ian Hogbin, *Law and Order in Polynesia*, Londres, 1934, p.LXVI.

gerações, à desorganização dos sentimentos e a uma inversão brutal de todos os papéis, justamente num momento em que a família representa um agente educativo de primeira importância. Nenhuma sociedade poderia sobreviver em tais condições."[9]

Deslustra essa tese o fato de não existir quase nenhuma sociedade primitiva que não lhe inflija ponto a ponto uma contradição. A família primitiva termina sua função educativa mais cedo que a nossa e, desde a puberdade – frequentemente antes –, transfere para o grupo o fardo dos adolescentes, cuja preparação é delegada a casas de solteiros ou círculos de iniciação. Os rituais de iniciação sancionam a emancipação do rapaz ou da moça da célula familiar e sua incorporação definitiva ao grupo social. Visando esse fim, esses rituais apelam justamente para os procedimentos cuja eventualidade Malinowski só evoca para denunciar seus perigos mortais: desorganização afetiva e troca violenta dos papéis, troca que pode chegar até a prática, na própria pessoa do iniciado, de usos muito pouco familiares por parte de parentes próximos. Em suma, sabemos que os diferentes tipos de sistema classificatório não primam por manter uma distinção clara entre as idades e as gerações; no entanto, não é menos difícil para uma criança Hopi do que seria para uma das nossas aprender a chamar um velho de "meu filho" ou qualquer outra analogia da mesma ordem. A situação pretensamente desastrosa que Malinowski se empenha em descrever para justificar a proibição do incesto não passa, no fim das contas, da descrição banal de uma sociedade qualquer, quando considerada de um ponto de vista diverso do seu próprio.

Esse egocentrismo ingênuo é tão desprovido de novidade e originalidade que, muitos anos antes de Malinowski lhe imprimir uma fugaz lufada de vitalidade, Durkheim fizera uma crítica decisiva a seu respeito. As relações incestuosas e os sentimentos familiares só parecem contraditórios porque concebemos estes últimos como se excluíssem irredutivelmente aquelas. Mas se uma longa e antiga tradição permitisse aos homens unirem-se a seus parentes próximos, nossa concepção do casamento seria completamente diferente. A vida sexual não teria se tornado o que é. Ela exibiria um caráter menos pessoal, deixaria menos espaço para os voos da imaginação, os sonhos, as espontaneidades do desejo; o sentimento sexual seria moderado e amortecido, mas, justamente por isso, teria se aproximado dos sentimentos domésticos, sem deparar com qualquer dificuldade em se conciliar com estes. E, para terminar essa paráfrase com uma citação: "Decerto a questão não se coloca, uma vez que supomos o incesto proibido; pois sendo desde então excêntrica

---

9. B. Malinowski, *Sex and Repression in Savage Society*, Nova York, 1927, p.251 (trad. bras., *Sexo e repressão na sociedade selvagem*, Petrópolis, Vozes, 1973).

à ordem doméstica, a ordem conjugal decerto deveria se desenvolver num sentido divergente. Mas não podemos evidentemente explicar essa proibição apelando para ideias que, de modo manifesto, dela derivam."[10]

...

Um casamento individual, portanto, não poderia ser isolado de todos os outros casamentos, passados ou futuros, que aconteceram ou acontecerão no âmbito do grupo. Cada um deles é o termo de um movimento que, tão logo atinge esse termo, deve se inverter para se desenrolar em outra direção; se o movimento cessar, todo o sistema de reciprocidade se verá abalado. Ao mesmo tempo que o casamento é a condição para que a reciprocidade se realize, ele ameaça a cada oportunidade a existência da reciprocidade: pois o que aconteceria se a mulher fosse recebida sem que filha ou irmã fosse entregue? Deve-se correr esse risco, no entanto, caso se pretenda que a sociedade continue; para salvaguardar a perpetuidade social da aliança, cumpre comprometer-se com as fatalidades da filiação, em suma, com a infraestrutura biológica do homem. Mas o reconhecimento social do casamento (isto é, a transformação do encontro sexual baseado na promiscuidade em contrato, cerimônia ou sacramento) é sempre uma aventura angustiante; é compreensível que a sociedade tenha procurado se precaver contra seus riscos mediante a imposição contínua, e quase maníaca, de sua marca.

...

Todo casamento é então um encontro dramático entre a natureza e a cultura, entre a aliança e o parentesco. "Quem deu a noiva?", canta o hino hindu do casamento. "A quem a deu? Foi o amor que a deu; foi ao amor que ela foi dada. O amor deu; o amor recebeu. O amor encheu o oceano. Com amor, aceito-o. Amor! Que esta te pertença."[11] Assim, o casamento é uma arbitragem entre dois amores: o amor parental e o amor conjugal; mas ambos são amor; e, no instante do casamento, se considerarmos esse instante isolado dos demais, ambos se encontram e se confundem, "o amor encheu o oceano". Sem dúvida só se encontram para substituir um ao outro e realizar uma espécie de revezamento. Mas o que, para todo pensamento social, faz do casamento um mistério sagrado é que, para se cruzarem, é preciso, ao menos por um instante, que eles se juntem. Nesse momento, todo casamento beira o incesto; mais que isso, se é verdade que o incesto, entendido no sentido mais amplo, consiste em obter por si mesmo e para si mesmo, em vez de obter pelo outro e para o outro, o casamento é incesto, ao menos incesto social.

---

10. Émile Durkheim, "La prohibition de l'inceste et ses origines", *L'Année sociologique*, vol.I, 1896-97, p.1-70.
11. Gooroodass Banerjee, *The Hindu Law of Marriage and Stridhan*, Calcutá, Thacker, Spink, and Co., 1879, p.91.

Contudo, uma vez que é preciso ceder à natureza para que a espécie se perpetue, e, juntamente com ela, a aliança social, é preciso ao menos que, ao mesmo tempo que cedemos a ela, a desautorizemos, e que o gesto efetuado em sua direção seja sempre acompanhado de um gesto que a restrinja. Esse compromisso entre natureza e cultura se estabelece de duas maneiras, uma vez que dois casos se apresentam: um deles, em que a natureza deve ser introduzida, uma vez que a sociedade pode tudo; o outro, em que a natureza deve ser excluída, uma vez que, nesse caso, é que ela reina: sobre a filiação, pela afirmação do princípio unilinear; sobre a aliança, pela instauração dos graus proibidos.

As múltiplas regras que proíbem ou prescrevem certos tipos de cônjuges, e a proibição do incesto que resume todas elas, se esclarecem a partir do momento em que se estabelece que a sociedade precisa existir. Mas a sociedade poderia não ter existido. Não teremos assim julgado resolver um problema simplesmente jogando todo o seu peso sobre outro problema, cuja solução parece ainda mais hipotética que aquela a que nos dedicamos exclusivamente? Na verdade, note-se, não estamos na presença de dois problemas, mas de um só. Se a interpretação que propomos é exata, as regras do parentesco e do casamento não se tornaram necessárias pelo estado de sociedade. Elas são o próprio estado de sociedade, reformando as relações biológicas e os sentimentos naturais, impondo-lhes tomar posição nas estruturas que as implicam ao mesmo tempo que outras e obrigando-as a superar suas primeiras características. O estado de natureza só conhece a indivisão, a apropriação e sua temerária mistura. No entanto, como já observara Proudhon a respeito de outro problema, só podemos superar essas noções com a condição de nos situarmos num novo plano: "A propriedade é a não reciprocidade, e a não reciprocidade é o roubo. ... Mas a comunidade é igualmente a não reciprocidade, uma vez que é a negação dos termos antagônicos; é igualmente roubo. Entre a propriedade e a comunidade, eu construiria um mundo."[12] Ora, o que é esse mundo senão aquele cuja vida social é dedicada apenas a construir e reconstruir sem cessar uma imagem aproximada e jamais inteiramente bem-sucedida, o mundo da reciprocidade, que as leis do parentesco e do casamento laboriosamente fazem, por conta própria, brotar de relações que, sem isso, estariam condenadas a permanecer estéreis ou abusivas? Entretanto, o progresso da etnologia contemporânea não teria grande serventia se tivéssemos de nos contentar com um ato de fé – fecundo, sem dúvida, e, em seu tempo, legítimo – no processo dialético que deve inelutavelmente engendrar o mundo da reciproci-

---

12. P.-J. Proudhon, "Solution du problème social", in *Oeuvres*, Paris/Bruxelas, Librairie Internationale/A. Lacroix, Verboeckhoven et cie., vol.VI, 1868, p.131.

dade, como a síntese de duas características contraditórias, inerentes à ordem natural. O estudo dos fatos pode aliar-se ao pressentimento dos filósofos não só para atestar que as coisas na realidade se passaram assim, como para descrever, ou começar a descrever, o modo pelo qual elas se passaram.

Nesse aspecto, a obra de Freud oferece um exemplo e uma lição. A partir do momento em que se pretendia explicar determinados traços atuais do espírito humano por um acontecimento, ao mesmo tempo historicamente correto e necessário do ponto de vista lógico, era permitido, e mesmo recomendado, tentar reconstituir com cuidado sua sequência. O fracasso de *Totem e tabu*, longe de ser inerente ao desígnio a que o autor se propôs, deve-se antes à hesitação que o impediu de se prevalecer, até o fim, das consequências implicadas em suas premissas. Cumpria ter visto que fenômenos que colocavam em xeque a estrutura mais fundamental do espírito humano não puderam aparecer de uma vez por todas, eles se repetem integralmente no âmbito de cada consciência; e a explicação da qual derivam pertence a uma ordem que transcende tanto as séries históricas quanto as correlações do presente. A ontogênese não reproduz a filogênese, e vice-versa. As duas hipóteses resultam nas mesmas contradições. Só é possível falar em explicação a partir do momento em que o passado da espécie volta a se reproduzir a cada instante no drama indefinidamente multiplicado de cada pensamento individual, porque sem dúvida ele mesmo não passa da projeção retrospectiva de uma passagem que se produziu, porque ela se produz continuamente.

Do ponto de vista da obra de Freud, essa timidez leva a um estranho e duplo paradoxo. Freud explica de forma satisfatória não o início da civilização, mas seu presente. Tomando como ponto de partida a busca da origem de uma proibição, ele consegue explicar, não, decerto, por que o incesto é conscientemente condenado, mas como é inconscientemente desejado. Já foi dito mais de uma vez o que torna *Totem e tabu* inaceitável como interpretação da proibição do incesto e suas origens: gratuidade da hipótese da horda dos machos e do assassinato primitivo, círculo vicioso que dá origem ao estado social de procedimentos que o supõem. Mas, como todos os mitos, o que *Totem e tabu* apresenta com tamanha força dramática comporta duas interpretações. O desejo pela mãe ou irmã, bem como o assassinato do pai e o arrependimento dos filhos, decerto não corresponde a nenhum fato, ou conjunto de fatos, que ocupe determinado lugar na história. Mas talvez traduza, sob uma forma simbólica, um sonho ao mesmo tempo duradouro e antigo.[13] E o prestígio desse sonho, seu poder de modelar, à revelia, os

---

13. A.L. Kroeber, "Totem and Taboo in Retrospect", *American Journal of Sociology*, vol.45, n.3, nov 1939, p. 446-51.

pensamentos dos homens, provém justamente do fato de que os atos por ele evocados nunca foram cometidos, porque a eles a cultura sempre se opôs. As satisfações simbólicas nas quais, segundo Freud, se esvai a culpa pelo incesto não constituem, portanto, a comemoração de um acontecimento. São outra coisa, e mais que isso: são a expressão permanente de um desejo de desordem, ou melhor, de contraordem. As festas representam a vida social às avessas não porque ela antigamente foi assim, mas porque ela nunca foi e jamais poderá ser de outra forma. As características do passado só têm valor explicativo na medida em que coincidem com as do futuro e do presente.

...

Essas audácias relativas à tese de *Totem e tabu*, e as hesitações que as acompanham, são reveladoras: mostram uma ciência social como a psicanálise – pois se trata de uma ciência social – ainda oscilando entre a tradição de uma sociologia histórica que busca, como fez Rivers, num passado remoto a razão de ser de uma situação atual, e uma atitude mais moderna e cientificamente mais sólida, que espera da análise do presente o conhecimento de seu futuro e de seu passado. A propósito, é este o ponto de vista do clínico; mas nunca é demais apontar que, aprofundando a estrutura dos conflitos cujo teatro é o doente para refazer a sua história, e assim remontar à situação inicial em torno da qual se organizaram todos os acontecimentos subsequentes, ele segue uma marcha contrária à da teoria tal como apresentada em *Totem e tabu*. Num dos casos, remonta-se da experiência aos mitos e dos mitos à estrutura; no outro, inventa-se um mito para explicar os fatos: resumindo, procede-se como o doente, em vez de interpretá-lo.

Apesar desses pressupostos, de todas as ciências sociais só uma alcançou o ponto em que a explicação sincrônica e a explicação diacrônica se confundem, uma vez que a primeira permite reconstituir a gênese dos sistemas e operar sua síntese, ao passo que a segunda evidencia sua lógica interna e apreende a evolução que os dirige para um objetivo. Essa ciência social é a linguística, concebida como um estudo fonológico. Ora, quando consideramos seus métodos, e mais ainda seu objeto, podemos nos perguntar se a sociologia da família tal como a concebemos ao longo deste trabalho incide sobre uma realidade tão diferente como poderíamos crer, e se, por conseguinte, ela não dispõe das mesmas possibilidades.

As regras do parentesco e do casamento nos parecem capazes de esgotar, na diversidade de seus aspectos históricos e geográficos, todos os métodos possíveis para proceder à integração das famílias biológicas no seio do grupo social. Constatamos assim que regras aparentemente complicadas e arbitrárias limitam-se a um pequeno número: há apenas três estruturas elementares de parentesco possíveis. Essas três estruturas são construídas com a ajuda de duas formas de troca, e essas duas formas de troca, por sua vez, dependem de um único caráter diferencial, a saber, o caráter harmônico ou desarmônico do sistema considerado. Todo o imponente aparato das normas e proibições poderia a rigor ser reconstruído a priori em função de uma única pergunta: qual é, em determinada sociedade, a relação entre a regra de residência e a regra de filiação? Pois todo regime desarmônico leva à troca restrita, assim como todo regime harmônico anuncia a troca generalizada.

A marcha de nossa análise, portanto, é vizinha à percorrida pelo linguista fonólogo. Contudo, há mais: se a proibição do incesto e a exogamia têm uma função essencialmente positiva, se sua razão de ser é estabelecer entre os homens um laço sem o qual eles não poderiam elevar-se acima de uma organização biológica para atingir uma organização social, então cabe reconhecer que linguistas e sociólogos não apenas aplicam os mesmos métodos, mas também se empenham no estudo do mesmo objeto. Desse ponto de vista, "exogamia e linguagem têm a mesma função fundamental: a comunicação com o outro e a integração do grupo". Deve-se lamentar que, após essa observação profunda, seu autor refugue e assimile a proibição do incesto a outros tabus, como a interdição das relações sexuais com um menino não circunciso entre os Wachagga, ou a inversão da regra hipergâmica na Índia.[14] Porque a proibição do incesto não é uma proibição entre outras; ela é *a proibição* sob sua forma mais geral, aquela, talvez, à qual todas as demais remontem – a começar pelas que acabam de ser citadas –, assim como outros tantos casos particulares. A proibição do incesto é universal como a linguagem; se é verdade que somos mais bem informados sobre a natureza da segunda que sobre a origem da primeira, é apenas acompanhando a comparação até seu termo que poderemos desvendar o sentido da instituição.

A civilização moderna alcançou tamanho controle do instrumento linguístico e dos meios de comunicação, e faz deles uso tão diversificado, que nos tornamos, por assim dizer, imunes à linguagem; ou pelo menos assim nos julgamos. Vemos na língua apenas um intermediário inerte, em si mesmo desprovido de eficácia, o suporte passivo de ideias às quais a expressão não confere qualquer caráter suplementar. Para a maioria dos homens, a linguagem apresenta sem impor. A psicologia moderna, contudo, refutou essa concepção simplista: "A linguagem não entra num mundo de percepções objetivas efetuadas apenas para adicionar a objetos individuais dados e claramente delimitados uns em relação aos outros 'nomes' que seriam signos puramente exteriores e arbitrários, sendo ela própria um mediador na formação dos objetos; num certo sentido, é o denominativo

---

14. William I. Thomas, *Primitive Behavior*, Nova York/Londres, 1937, p.182s.

por excelência."[15] Essa visão mais exata do fato linguístico não constitui descoberta ou novidade: ela tão somente volta a situar as perspectivas estreitas do homem branco, adulto e civilizado na esfera da experiência humana mais vasta, e por conseguinte mais válida, em que a "mania de nomes" da criança e o estudo da revolução profunda produzida, entre os indivíduos retardados mentais, pela descoberta súbita da função da linguagem, corroboram as observações realizadas em campo. Donde se deduz que a concepção da palavra como verbo, poder e ação representa efetivamente uma característica universal do pensamento humano.[16]

Certos fatos extraídos da psicologia patológica já tendem a sugerir que as relações entre os sexos possam ser concebidas como uma das modalidades de uma grande "função de comunicação", que compreende igualmente a linguagem: a conversa ruidosa parece ter, para certos obsessivos, a mesma significação que uma atividade sexual sem freios. Eles próprios só falam em voz baixa e num murmúrio, como se a voz humana fosse inconscientemente interpretada como uma espécie de substituto da potência sexual.[17] Contudo, mesmo dispostos a acolher e utilizar esses fatos apenas com ressalvas (e só recorremos aqui à psicopatologia porque, como a psicologia infantil e a etnologia, ela permite um alargamento da experiência), devemos reconhecer que certas observações de costumes e atitudes primitivas lhes conferem uma impressionante confirmação. Basta lembrar que, na Nova Caledônia, a "palavra ruim" é o adultério, pois "palavra" provavelmente deve ser interpretada no sentido de "ato". Alguns documentos são mais significativos ainda: para várias tribos muito primitivas da Malásia, o pecado supremo, que provoca borrasca e tempestade, compreende uma série de atos aparentemente díspares e que os informantes misturam, ao enumerá-los: o casamento entre parentes próximos; o fato, para pai e filha e para mãe e filho, de dormir perto demais um do outro; um linguajar incorreto entre parentes; os discursos irrefletidos; no caso das crianças, brincar ruidosamente e, no dos adultos, manifestar alegria efusiva em reuniões sociais; imitar o som de certos insetos ou pássaros; rir do próprio rosto contemplado num espelho; por fim, atormentar os animais, mais especificamente fantasiar um macaco de homem e rir dele. Que relações pode haver entre atos reunidos de maneira tão barroca?

...

Todas essas proibições convergem então para um denominador comum: todas constituem um *abuso de linguagem*, sendo, a esse título, agrupadas ao lado da

---

15. Ernst Cassirer, "Le langage et la construction du monde des objets", in *Psychologie du langage*, Paris, 1933, p.23.

16. E. Cassirer, op.cit., p.25; *An Essay on Man*, New Haven, 1944, p.31s; Maurice Leenhardt, "Ethnologie de la parole", *Cahiers Internationaux de Sociologie*, vol.1, Paris, 1946; Raymond Firth, *Primitive Polynesian Economy*, Londres, Routledge, 1939, p.317.

17. Theodor Reik, "Ritual", *Psychoanalytical Studies*, Londres, 1931, p.263.

proibição do incesto ou de atos evocadores do incesto. O que significa isso senão que as próprias mulheres são tratadas como *signos*, e que delas se *abusa* quando não lhes é dado o uso reservado aos signos, que é o de serem *comunicados*?

Assim, a linguagem e a exogamia representariam duas soluções para uma mesma situação fundamental. A primeira alcançou um alto grau de perfeição; a segunda continuou aproximativa e precária. Tal desigualdade, contudo, não deixa de ter uma contraparte. Era da natureza do signo linguístico não permanecer muito tempo no estágio ao qual a Babel pôs fim, quando as palavras ainda eram os bens essenciais de cada grupo particular: valores, assim como signos; ciosamente conservados, pronunciados com discernimento, trocados por outras palavras cujo sentido desvelado ligaria o estrangeiro, como ligaria a própria pessoa ao iniciá-la, uma vez que, compreendendo e se fazendo compreender, ela entrega alguma coisa de si e ganha ascendência sobre o outro. A atitude respectiva de dois indivíduos que se comunicam adquire um sentido do qual ela estaria desprovida de outra forma: doravante, atos e pensamentos tornam-se reciprocamente solidários; perdemos a liberdade de nos enganar. Por outro lado, na medida em que as palavras passaram a pertencer a todos e sua função de signo suplantou seu caráter de valor, a linguagem, junto com a civilização científica, contribuiu não só para empobrecer a percepção, despojando-a de suas implicações afetivas, estéticas e mágicas, como para esquematizar o pensamento.

Quando passamos do discurso à aliança, isto é, ao outro domínio da comunicação, a situação se inverte. O surgimento do pensamento simbólico devia exigir que as mulheres, como as palavras, fossem coisas que se trocassem. Com efeito, nesse novo caso, esse era o único meio de superar a contradição que induzia a perceber a mesma mulher sob dois aspectos incompatíveis: de um lado, objeto de desejo próprio, e logo excitador dos instintos sexuais e de apropriação; e, ao mesmo tempo, sujeito, percebido como tal, do desejo do outro, isto é, meio de ligá-lo aliando-se a ele. Mas a mulher jamais poderia tornar-se exclusivamente signo, uma vez que, num mundo de homens, ela ainda assim é uma pessoa, e, na medida em que é definida como signo, todos se obrigam a reconhecer nela um produtor de signos. No diálogo matrimonial dos homens, a mulher nunca é, puramente, aquilo de que se fala; porque, se as mulheres em geral representam certa categoria de signos destinados a certo tipo de comunicação, cada mulher conserva um valor específico, que provém de seu talento, antes e depois do casamento, de executar sua parte num dueto. Ao contrário da palavra, tornada integralmente signo, a mulher então permaneceu, ao mesmo tempo que signo, valor. Assim se explica o fato de as relações entre os sexos terem preservado essa riqueza afetiva, esse fervor e esse mistério, que sem dúvida impregnaram originariamente todo o universo das comunicações humanas.

Mas a atmosfera palpitante e patética em que eclodiram o pensamento simbólico e a vida social, que constitui sua forma coletiva, volta a aquecer nossos sonhos com sua miragem. Até os nossos dias, a humanidade sonhou apreender e fixar esse instante fugaz em que lhe foi permitido crer ser possível driblar a lei da troca, ganhar sem perder, usufruir sem partilhar. Nos dois lados do mundo, nas duas pontas do tempo, o mito sumério da idade de ouro e o mito anaman da vida futura se correspondem: um, situando o fim da felicidade primitiva no momento em que a confusão das línguas transformou as palavras em propriedade de todos; o outro, descrevendo a beatitude do além como um céu em que as mulheres não serão mais trocadas, isto é, rejeitando num futuro ou num passado igualmente fora de alcance a doçura, eternamente negada ao homem social, de um mundo no qual a convivência fosse possível.

QUESTÕES E TEMAS PARA DISCUSSÃO

1. Discuta a afinidade entre o capítulo sobre a dádiva de Marcel Mauss e o pensamento de Lévi-Strauss.
2. A partir da leitura do texto de Lévi-Strauss e do artigo de Marilyn Strathern abaixo indicado, reflita a respeito das transformações das últimas décadas em relação ao domínio do parentesco.

LEITURAS SUGERIDAS

Descola, Philippe. "Claude Lévi-Strauss, uma apresentação", *Estudos avançados*, vol.23, n.67, p.148-60, São Paulo, 2009. Disponível em: http://dx.doi.org/10.1590/S0103-40142009000300019

Strathern, Marilyn. "A antropologia e o advento da fertilização *in vitro* no Reino Unido: uma história curta", *Cadernos Pagu*, n.33, Campinas, jul-dez 2009. Disponível em: http://dx.doi.org/10.1590/S0104-83332009000200002

Saudades do Brasil (documentário). Roteiro e direção de Maria Maia. TV Senado, 2005. 1h53 min, v.o. francesa, leg. português. Disponível em: https://youtu.be/i32Mf_eeYJg

12. A universalidade da hierarquia, segundo Dumont

Discípulo de Marcel Mauss, Louis Dumont (1911-1998) tornou-se famoso pelos estudos que fez da sociedade de castas na Índia, tema de *Homo hierarchicus* (1971), do qual o texto deste capítulo foi retirado,* e sobre o desenvolvimento do individualismo moderno.

Para Dumont, o estudo de uma sociedade profundamente hierarquizada em castas, como a da Índia tradicional, por ele classificada como "holista", tem muito a nos revelar acerca da sociedade ocidental moderna, marcada pela ideologia individualista e assentada sobre os princípios de liberdade e igualdade.

A utilização do método comparativo nos levaria, num círculo, "de nós às castas e, na volta, das castas a nós". Esse percurso permitiria não apenas colocar em perspectiva a sociedade moderna, revelando a natureza, os limites e as condições de realização de seu igualitarismo moral e político, como também nos faria perceber a hierarquia como princípio social fundamental e universal.

A ideologia individualista teria obscurecido não somente a percepção de senso comum sobre essa realidade da hierarquia, como a própria ciência social dela também seria vítima, posto que fundada na ideia de uma espécie de associação voluntária ou "contrato social" entre indivíduos autônomos e livres. Ao confundir o ideal e o real, a sociologia teria perdido, segundo Dumont, a compreensão da preeminência do social no próprio processo de construção do indivíduo. A verdadeira "apercepção sociológica" do homem revelaria, ao contrário, que o ideal igualitário seria artificial, enquanto a hierarquia seria uma necessidade social e um fenômeno universal.

Polêmica e provocativa, a obra de Dumont nos força a refletir, pelo espelho de uma sociedade que nos parece oposta e mesmo moralmente reprovável, sobre características profundas da sociedade individualista moderna e da ciência social que é fruto de seu desenvolvimento.

---

* In: Louis Dumont, *Homo hierarchicus: o sistema das castas e suas implicações*. São Paulo, Edusp, 1997, 2ª ed., tradução de Carlos Alberto da Fonseca.

HOMO HIERARCHICUS

Louis Dumont

> ...a democracia rompe a corrente e separa cada um dos anéis.
> *Alexis de Tocqueville*

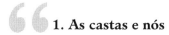 **1. As castas e nós**

Nosso sistema social e o das castas são tão opostos em sua ideologia central que sem dúvida um leitor moderno raramente está disposto a dedicar ao estudo da casta toda a sua atenção. Se ele é muito ignorante em sociologia, ou tem um espírito muito militante, pode ser que seu interesse se limite a desejar a destruição, ou o desaparecimento, de uma instituição que é uma negação dos direitos do homem e surge como um obstáculo ao progresso econômico de meio bilhão de pessoas. Observemos rapidamente um fato notável: sem falar dos indianos, nenhum ocidental que tenha vivido na Índia, fosse ele o reformador mais apaixonado ou o missionário mais zeloso, jamais, ao que sabemos, perseguiu o sistema das castas ou recomendou sua abolição pura e simples, seja porque tivesse consciência viva, como o *abbé* Dubois,* das funções positivas que o sistema preenche, ou simplesmente porque isso parecesse muito irrealizável.

Mesmo que suponhamos que nosso leitor seja calmo, não se pode esperar que ele considere a casta a não ser como uma aberração, e os próprios autores que a ela dedicaram trabalhos com muita frequência chegaram a explicar o sistema mais como uma anomalia do que a compreendê-lo como uma instituição.

Se se tratasse só de satisfazer nossa curiosidade e de construir para nós alguma ideia de um sistema social tão estável e poderoso quanto oposto à nossa moral e rebelde à nossa inteligência, certamente não lhe consagraríamos o esforço de atenção que a preparação deste livro exigiu e que, sei muito bem, sua leitura também exige em certa medida. É preciso muito mais, é preciso persuasão de que a casta tem alguma coisa a nos ensinar. Essa é, de fato, *a longo prazo*, a ambição dos trabalhos de que a presente obra faz parte, e é necessário fixar e esclarecer esse ponto para situar e caracterizar a

---

* Jean-Antoine Dubois (1766-1848), mais conhecido pelo nome de "abbé" (abade) Dubois, foi um missionário católico francês que viveu na Índia entre 1792 e 1823. Escreveu vários textos sobre a sociedade indiana e o sistema de castas. (N.O.)

empreitada a que nos dedicamos. A etnologia, digamos mais precisamente a antropologia social, só apresentaria um interesse especial se as sociedades "primitivas" ou "arcaicas" e as grandes civilizações estrangeiras que ela estuda proviessem de uma humanidade diferente da nossa. A antropologia dá essa prova, pela compreensão que oferece *pouco a pouco* das sociedades e culturas as mais diferentes, da unidade da humanidade. Ao fazê-lo, ela aclara, evidentemente, de algum modo, nossa própria espécie de sociedade. Mas é-lhe inerente, e ela às vezes a exprime, a ambição de chegar a fazê-lo do modo mais racional e sistemático, de realizar uma "perspectivação" da sociedade moderna com relação àquelas que a precederam e que com ela coexistem, trazendo assim uma contribuição direta e central para nossa cultura geral e para nossa educação. Sem dúvida não paramos aí, mas nessa relação o estudo de uma sociedade complexa, portadora de uma grande civilização, é mais favorável que o estudo de sociedades mais simples, social e culturalmente menos diferenciadas. A sociedade indiana pode ser, desse ponto de vista, tão mais fecunda quanto mais seja diferente da nossa: pode-se esperar o início, bem sinalizado nesse caso, de uma comparação que será mais delicada em outros casos.

Antecipemos duas palavras: as castas nos ensinam um princípio social fundamental, a hierarquia, cujo oposto foi apropriado por nós, modernos, mas que é interessante para se compreender a natureza, os limites e as condições de realização do igualitarismo moral e político ao qual estamos vinculados. Não será preciso chegar lá na presente obra, que se interromperá substancialmente na descoberta da hierarquia, mas essa é a perspectiva em que se inscreve todo nosso trabalho atual. Há um ponto que deve ficar bem claro. Entende-se que o leitor pode recusar-se a sair de seus próprios valores, pode afirmar que para ele o homem começa com a Declaração dos Direitos do Homem e condenar pura e simplesmente o que se afasta dela. Ao fazê-lo, ele com certeza marca estreitos limites para si, e sua pretensão de ser "moderno" fica sujeita a discussão, por razões não apenas de fato, mas também de direito. Na realidade, não se trata aqui, digamo-lo de maneira clara, de atacar os valores modernos direta nem sinuosamente. Eles nos parecem, aliás, suficientemente garantidos para que tenham algo a temer em nossas pesquisas. Trata-se apenas de uma tentativa de apreender *intelectualmente* outros valores. Se houver uma recusa a isso, então será inútil tentar compreender o sistema de castas, e será impossível, no fim das contas, ter de nossos próprios valores uma visão *antropológica*.

Pode-se compreender sem dificuldade que a pesquisa assim definida nos proíba certas facilidades. Se, como muitos sociólogos contemporâneos, nos contentássemos com uma etiqueta tomada de empréstimo às nossas próprias

A universalidade da hierarquia, segundo Dumont   195

sociedades, se nos limitássemos a considerar o sistema das castas uma forma extrema de "estratificação social", poderíamos certamente registrar observações interessantes, mas todo enriquecimento de nossas concepções fundamentais estaria excluído por definição: o círculo que temos de percorrer, de nós às castas e, na volta, das castas a nós, se fecharia de imediato, pois jamais teríamos saído da posição inicial.

Outra maneira de ficarmos fechados em nós mesmos consistiria em supor sem dificuldade que o lugar das ideias, das crenças e dos valores, em uma palavra, da ideologia na vida social, é secundário e pode ser explicado por outros aspectos da sociedade ou reduzido a eles. O princípio igualitário e o princípio hierárquico são realidades primeiras, e das mais cerceadoras, da vida política ou da vida social em geral. Pode-se ampliar aqui a questão do lugar da ideologia na vida social: metodologicamente, tudo o que se segue, no plano geral e nos detalhes, responderá a essa questão.* O pleno reconhecimento da importância da ideologia tem uma consequência aparentemente paradoxal: no domínio indiano, ela nos leva à consideração tanto da herança literária e da civilização "superior" quanto da cultura "popular". Os defensores de uma sociologia menos radical acusam-nos então de mergulhar na "culturologia" ou na "indologia", e de perder de vista a comparação, a seus olhos suficientemente garantida por conceitos como o de "estratificação social" e pela consideração das *semelhanças*, que permitem agrupar, sob etiquetas comuns, fenômenos emprestados a sociedades de tipo diferente. Mas uma em-

---

* A palavra "ideologia" designa comumente um conjunto mais ou menos social de ideias e valores. Pode-se, assim, falar da ideologia de uma sociedade e também das de grupos mais restritos, como uma classe social ou um movimento, ou ainda de ideologias parciais, que incidem sobre um aspecto do sistema social como o parentesco. É evidente que existe uma ideologia fundamental, uma espécie de ideologia-mãe ligada à linguagem comum e, portanto, ao grupo linguístico ou à sociedade global. Certamente existem variações – às vezes contradições – segundo os meios sociais, como por exemplo as classes sociais, mas elas são expressas na mesma linguagem: proletários e capitalistas falam francês na França, caso contrário não poderiam opor suas ideias, e em geral têm em comum muito mais do que podem pensar em relação, digamos, a um hindu. O sociólogo necessita de um termo para designar a ideologia global e não pode se inclinar diante do uso especial que limita a ideologia às classes sociais e lhe dá um sentido puramente negativo, lançando assim com fins partidários o descrédito sobre as ideias ou "representações" em geral. ...

A questão do lugar ou da função da ideologia no conjunto da sociedade deve ser deixada em aberto do ponto de vista ontológico, embora seja metodologicamente crucial. Muito brevemente:

a. A distinção entre os aspectos ideológicos (ou conscientes) e os outros se impõe metodologicamente em virtude de uns e outros não serem conhecidos da mesma maneira.

b. Metodologicamente, o postulado inicial é o de que a ideologia é *central* em relação ao conjunto da realidade social (o homem age conscientemente, e acedemos *diretamente* ao aspecto consciente de seus atos).

c. Ela não é *toda* a realidade social, e o estudo tem seu resultado na tarefa difícil do posicionamento relativo dos aspectos ideológicos e do que se pode chamar de aspectos não ideológicos. Tudo o que se pode supor a priori é que normalmente existe uma relação de complementaridade, aliás variável, entre uns e outros.

Deve-se observar, por um lado, que esse procedimento é o único que permite reconhecer eventualmente que o postulado inicial é contradito pelo fato; por outro lado, que ele se liberta tanto do idealismo quanto do materialismo ao abrir a um e outro todo o campo de ação a que se pode pretender cientificamente, isto é, como condição de prova. ...

preitada como essa jamais permitirá chegar ao geral, e, em relação a nosso propósito comparativo, ela representa ainda um curto-circuito. O universal só pode ser atingido na espécie através das características próprias, e sempre diferentes, de cada tipo de sociedade. Por que ir à Índia se não for para contribuir com a descoberta de como a sociedade ou a civilização indiana, por sua própria particularidade, representa uma forma do universal ou para saber em que consiste essa representação? Definitivamente, só aquele que se volta com humildade para a particularidade mais ínfima é que mantém aberta a rota do universal. Só aquele que está apto a consagrar todo o tempo necessário ao estudo de todos os aspectos da cultura indiana tem a oportunidade, em certas condições, de a transcender finalmente e aí chegar a encontrar alguma verdade para seu próprio uso.

Para o momento, propõe-se aqui, em primeiríssimo lugar, tentar compreender a ideologia do sistema das castas. Ora, ela é diretamente contradita pela teoria igualitária de que participamos. E é impossível compreender uma enquanto a outra – a ideologia moderna – for tomada como verdade universal, não só como ideal moral e político – o que constitui uma profissão de fé indiscutível –, mas também como expressão adequada da vida social, o que é um julgamento ingênuo. Eis a razão pela qual, para aplainar o caminho do leitor, começarei pelo fim, utilizando de imediato os resultados do estudo para fazê-lo refletir, a título preliminar, sobre os valores modernos. Isso equivale a uma breve introdução geral à sociologia que pode ser considerada muito elementar, mas não inútil. Trataremos em primeiro lugar da relação entre valores modernos e ideologia, e depois mais especialmente do igualitarismo encarado do ponto de vista sociológico.

2. O indivíduo e a sociologia

Por um lado, a sociologia é produto, ou antes, ela é parte integrante da sociedade moderna. Sua emancipação só se dá de maneira restrita e com um esforço concertado. Por outro lado, a chave de nossos valores é fácil de ser encontrada. Nossas ideias cardinais chamam-se igualdade e liberdade. Elas supõem como princípio único e representação valorizada a ideia do *indivíduo* humano: a humanidade é constituída de homens, e cada um desses homens é concebido como se apresentasse, apesar de sua particularidade e fora dela, a essência da humanidade. Teremos de voltar a essa ideia fundamental. Consideremos por enquanto alguns de seus traços evidentes. Esse indivíduo é quase sagrado, absoluto; não possui nada acima de suas exigências legítimas; seus direitos só são limitados pelos direitos idênticos dos outros indivíduos. Uma mônada, em suma, e todo grupo humano é constituído de mônadas da espécie sem que o problema da harmonia entre essas mônadas se coloque vez alguma para o senso comum. É assim que se concebe a classe social ou isso a que se chama nesse nível de "sociedade", a saber, uma associação e de certo modo até uma simples coleção dessas mônadas. Fala-se amiúde de um pretenso antagonismo entre "o indivíduo" e "a sociedade", no qual a "sociedade" tende a surgir como um resíduo não humano: a tirania do número, um mal físico inevitável oposto à realidade psicológica e moral, que está contida no indivíduo.

Esse tipo de visão, que é a parte integrante da ideologia corrente da igualdade e da liberdade, é evidentemente muito pouco satisfatório para o observador da sociedade. Ele se insinua, entretanto, mesmo nas ciências sociais. Ora, a verdadeira função da sociologia é bem outra: ela deve precisamente preencher a lacuna que a mentalidade individualista introduz quando confunde o ideal e o real. Com efeito, e esse é o nosso terceiro ponto, se a sociologia surge como tal na sociedade igualitária, se ela a irriga, se a exprime num sentido a ser examinado por nós, ela tem suas raízes em alguma coisa diferente: a apercepção da natureza social do homem. Ao indivíduo autossuficiente ela opõe o homem social; considera cada homem não mais como uma encarnação particular da humanidade abstrata, mas como um ponto de emergência mais ou menos autônomo de uma humanidade coletiva particular, de uma *sociedade*. No universo individualista, essa visão, para ser real, deve assumir a forma de uma experiência, quase uma revelação pessoal, eis por que falo de uma *apercepção sociológica*. Assim escreveu o jovem Marx, com o exagero de um neófito: "É a sociedade que pensa dentro de mim."

Essa apercepção sociológica não é fácil de ser comunicada a um livre cidadão do Estado moderno que não a conhecesse. A ideia que fazemos da sociedade continua artificial enquanto, como a palavra convida a interpretar, a tomemos como uma espécie de associação em que o indivíduo totalmente constituído se empenhasse de forma voluntária num objetivo determinado, como que por uma espécie de contrato. Pensemos sobretudo na criança lentamente levada à humanidade pela educação familiar, pela aprendizagem da linguagem e da moral, pelo ensino que a faz participar do patrimônio comum – compreendidos aí, entre nós, elementos que a humanidade inteira ignorava há menos de um século. Onde estaria a humanidade desse homem, onde sua inteligência, sem esse adestramento, uma criação, para falar mais propriamente, que toda sociedade compartilha de algum modo com seus membros, que seriam seus agentes concretos? Essa verdade está tão longe dos olhos que talvez fosse necessário remeter nossos contemporâneos, mesmo os instruídos, às histórias de meninos-lobos para que refletissem como a consciência individual provém do adestramento social.

De maneira semelhante, acredita-se com frequência que o social consiste apenas nas maneiras de comportamento do indivíduo supostamente todo construído. A esse respeito, basta observar que os homens concretos não se *comportam*, eles *agem* com uma ideia na cabeça que termina por se conformar ao uso. O homem age em função do que ele pensa; e, se possui em certo grau a faculdade de agenciar seus pensamentos a seu modo, de construir categorias novas, ele o faz a partir das categorias socialmente dadas. Sua ligação com a linguagem basta para lembrar esse fato. O que nos afasta de reconhecer completamente essas evidências é uma disposição psicológica idiossincrática: no momento em que uma verdade repetida, mas até então estranha, se torna para mim uma verdade da experiência, eu de bom grado imagino que a inventei. Uma ideia comum apresenta-se como pessoal quando se torna plenamente real. Os romances estão cheios de exemplos desse tipo: temos uma necessidade estranha, para reconhecê-lo como nosso, de imaginar que o que nos acontece é único, quando ele é apenas o pão e o fel comuns de nossa coletividade ou humanidade particular. Bizarra confusão: existe uma pessoa, uma experiência individual e única, mas ela é feita de elementos comuns para grande parte, e não há nada de destruidor em reconhecer esse fato: elimine de si mesmo o material social, e você não será mais que uma virtualidade de organização pessoal.

O primeiro mérito da sociologia francesa foi, em virtude de seu intelectualismo, ter insistido nessa presença do social no espírito de cada homem. Durkheim foi censurado por ter recorrido, para exprimir essa ideia, às noções de "representações coletivas" e depois de "consciência coletiva". Sem dúvida a segunda expressão se presta a confusão, mesmo que seja ridículo ver nela uma injustificação fornecida ao totalitarismo. Mas, no plano científico, os inconvenientes desses termos não são nada, digamos com clareza, em relação à perspectiva comumente disseminada da consciência individual emergindo toda aprestada, pronta, de si mesma. Trabalhos hoje considerados sociológicos testemunham-no em grande quantidade.

Observemos ainda que o gênero de noção que se critica aqui é, pelo menos na forma desenvolvida e no lugar central em que o conhecemos, propriamente moderno e de ascendência cristã. (Pode-se inclusive perguntar se ele não aumentou seu domínio nos espíritos desde, por exemplo, o início do século XIX.) Os filósofos antigos, até os estoicos, não separavam os aspectos coletivos do homem e os outros: era-se um homem porque se era membro de uma cidade, organismo tanto social quanto político. Sem dúvida Platão fez nascer sua República, de maneira um tanto artificial, apenas da divisão do trabalho. Mas Aristóteles reprovou-lhe essa ideia, e se vê, no próprio Platão, segundo a racionalidade quase estritamente hierárquica que reina na *República*, que é o homem coletivo, e não o homem particular, que é o verdadeiro

A universalidade da hierarquia, segundo Dumont

homem, embora o segundo participe de forma tão estreita do primeiro que dele tira partido ao vê-lo exaltado. Finalmente, basta lembrar um exemplo famoso: se Sócrates, no *Críton*, se recusa a fugir, é porque, no fim das contas, ele não tem vida social fora da cidade.

A apercepção sociológica do homem pode produzir-se espontaneamente na sociedade moderna em certas experiências: no exército, no partido político e em toda coletividade fortemente unida, e sobretudo na viagem, que nos permite – um pouco como a pesquisa etnológica – apreender nos outros a modelagem pela sociedade de traços que não vemos, ou quando tomamos por "pessoais", em nós. No plano do ensino, essa apercepção deveria ser o beabá da *sociologia*, mas já aludi ao fato de que a *sociologia*, como estudo apenas da sociedade moderna, frequentemente faz dela uma questão de economia. Não se pode aqui deixar de sublinhar os méritos da etnologia como disciplina *sociológica*. Não se concebe, em nossos dias, um trabalho e mesmo um ensino etnológico que não provoque a apercepção em pauta. O encanto, eu diria, quase a fascinação, que Marcel Mauss exercia sobre a maior parte de seus alunos e ouvintes devia-se antes de tudo a esse aspecto de seu ensino.

Permitam-me aqui um caso que apresenta um exemplo surpreendente de apercepção sociológica. Mais ou menos no final da preparação para o Certificado de etnologia, um condiscípulo que não se destinava à etnologia contou-me que lhe sucedera uma coisa estranha. Ele me disse mais ou menos o seguinte:

"Outro dia, num ônibus, percebi de repente que não olhava para os meus companheiros de viagem como de costume; alguma coisa havia mudado em minha relação com eles, em minha maneira de me situar em relação a eles. Não havia mais 'eu e os outros'; eu era um deles. Durante um longo momento me perguntei pela razão dessa transformação curiosa e repentina. De súbito ela me surgiu: era o ensinamento de Mauss."

O indivíduo de ontem sentia-se social, percebera sua personalidade como ligada à linguagem, às atitudes, aos gestos, cuja imagem era devolvida pelos vizinhos. Eis o aspecto humanista essencial de um ensino de etnologia.

Acrescentemos que o é tanto dessa apercepção como de todas as ideias fundamentais. Ela não é completamente adquirida com um primeiro lance e de uma vez por todas: ou bem ela se aprofunda e se ramifica em nós, ou então, ao contrário, ela permanece limitada e se torna farisaica. A partir dela, podemos compreender que a percepção de nós mesmos como indivíduos não é inata, mas aprendida. Em última análise, ela nos é prescrita, imposta pela sociedade em que vivemos. Como Durkheim disse aproximadamente, nossa sociedade nos prescreve a obrigação de sermos livres. Por oposição à sociedade moderna, as sociedades tradicionais, que ignoram a igualdade e a liberdade como valores, que ignoram, em suma, o indivíduo, possuem no fundo uma ideia coletiva do homem, e nossa apercepção (residual) do homem social é a única ligação que nos une a elas, o único viés pelo qual podemos compreendê-las. Está aí, portanto, o ponto de partida de uma sociologia comparativa.

Um leitor que não tenha nenhuma ideia dessa apercepção, ou que, como talvez a maioria dos filósofos de hoje, não a reconheça como fundada, na verdade continuará sem proveito algum a leitura deste trabalho. Nós a utilizaremos, para começar, com dois objetivos: por um lado, para cercar o problema sociológico do indivíduo; por outro, partindo da igualdade como valor moderno, para colocar em relevo, em contrapartida e em nossa própria cultura, o seu oposto, a hierarquia.

3. Individualismo e holismo

A apercepção sociológica atua contra a visão individualista do homem. Consequência imediata: a ideia do indivíduo constitui um problema para a sociologia. Max Weber, para quem a apercepção sociológica se exprime numa forma extremamente indireta, quer o vejamos como romântico, quer como filósofo moderno, traça-nos um programa de trabalho quando escreve numa nota de sua *Ética protestante*: "O termo individualismo recobre as noções mais heterogêneas que se possa imaginar, ... uma análise radical desses conceitos, do ponto de vista histórico, seria agora de novo (segundo Burckhardt) muito preciosa para a ciência."

Para começar, muitas imprecisões e dificuldades provêm do que não se consegue distinguir no "indivíduo":

1. O agente empírico, presente em toda sociedade, que é nesse particular a matéria-prima de toda sociologia.
2. O ser de razão, o sujeito normativo das instituições; isso é próprio de nós, como testemunham os valores de igualdade e de liberdade, é uma representação ideacional e ideal que possuímos.

A comparação sociológica exige que o indivíduo, no sentido pleno do termo, seja considerado como tal e recomenda que se utilize outra palavra para designar o aspecto empírico. Assim será evitada a generalização, por inadvertência da presença do indivíduo em sociedades que não o conhecem, de fazer dele uma unidade de comparação ou um elemento de referência universal. (Aqui alguns objetarão que todas as sociedades o reconhecem de algum modo; é mais provável que sociedades relativamente simples apresentem nesse sentido um estado diferente a descrever e dosar com cuidado.) Ao contrário, como toda categoria concreta e complexa, deve-se fazer um esforço para reduzi-la analiticamente a elementos ou a revelações universais que podem servir de coordenadas de referência comparativas. Desse ponto de vista impõe-se uma primeira constatação: o indivíduo é um valor – ou antes, ele faz parte de uma configuração de valores sui generis.

Duas configurações desse tipo opõem-se de imediato, as quais caracterizam, respectivamente, as sociedades tradicionais e a sociedade moderna. Nas primeiras, como também na República de Platão, o acento incide sobre a sociedade em seu conjunto, como Homem coletivo; o ideal define-se pela organização da sociedade em vista de seus fins (e não em vista da felicidade individual); trata-se, antes de tudo, de ordem, de hierarquia, cada homem particular deve contribuir em seu lugar para a ordem global, e a justiça consiste em proporcionar as funções sociais em relação ao conjunto.

Para as sociedades modernas, ao contrário, o Ser humano é o homem "elementar", indivisível, sob sua forma de ser biológico e ao mesmo tempo de sujeito pensante. Cada homem particular encarna, num certo sentido, a humanidade inteira. Ele é a medida de todas as coisas (num sentido pleno todo novo). O reino dos fins coincide com os fins legítimos de cada homem, e assim os valores se invertem. O que se chama ainda de "sociedade" é o meio, a vida de cada um é o fim. Ontologicamente, a sociedade não existe mais, ela é apenas um dado irredutível ao qual se pede em nada contrariar as exigências de liberdade e igualdade. Naturalmente o que procede é uma descrição dos valores, uma visão do espírito. Quanto *ao que se passa de fato* nessa sociedade, a observação com frequência nos remete à sociedade do primeiro tipo. Uma sociedade tal como foi concebida pelo individualismo nunca existiu em parte alguma, pela razão a que referimos, a saber, que o indivíduo vive de ideias sociais. Tira-se daí essa conclusão importante: o indivíduo do tipo moderno não se opõe à sociedade do tipo hierárquico como a parte se contrapõe ao todo (e isso é verdadeiro para o tipo moderno, em que não existe propriamente nada a se falar de um todo conceitual), mas como seu igual ou seu *homólogo*, um e outro correspondendo à essência do homem. Apliquemos a ideia de Platão (e de Rousseau) à ideia do paralelismo entre as concepções do homem particular e da sociedade: enquanto para Platão o homem particular é concebido como uma sociedade – um conjunto – de tendências ou de faculdades, entre os modernos a sociedade, a nação, é concebida como um indivíduo coletivo, que tem sua "vontade" e suas "relações" como o indivíduo elementar – mas não está, como ele, submetido a regras sociais.

Caso se duvidasse do esclarecimento que nossa distinção traz de imediato, bastaria reportar-se à sociologia durkheimiana e à confusão que nela introduz o duplo sentido da palavra "indivíduo", ou ainda ao "comunismo primitivo" do evolucionismo vitoriano ou marxista, que confundiu ausência de indivíduo e propriedade coletiva.

Fazer a história das origens da sociologia deveria, assim, consistir antes de tudo em delimitar sua essência principal, quer dizer, fazer a história da apercepção sociológica no mundo moderno. Na França, ela surge sobretudo na Restauração, como eco das desilusões trazidas pela experiência dos dogmas da Revolução e como que implicada na exigência socialista de substituir a organização consciente pela arbitrariedade das leis econômicas. Entretanto, pode-se percebê-la antes, por exemplo, no direito natural, em que ela é um legado continuamente diminuído da Idade Média, e em Rousseau, que marca de maneira soberba a passagem do homem natural ao homem social nestas linhas do *Contrato social*:

> Aquele que ousar empreender a instituição de um povo deve se sentir em condições de mudar por assim dizer a natureza humana, de transformar cada indivíduo, que por si mesmo é *um todo perfeito solitário, em parte de um todo do qual esse indivíduo* (esse homem) *recebe de alguma maneira sua vida e seu ser*.

A mesma apercepção está presente, numa forma indireta, na concepção do Estado de Hegel, concepção que Marx recusa, voltando assim ao individualismo puro e simples, não sem paradoxos, da parte de um socialista.

Uma observação se impõe para englobar a ideologia e seu contexto: essa tendência individualista que se vê impor, generalizar-se e se vulgarizar do século XVIII ao Romantismo e além, acompanha *de fato* o desenvolvimento moderno da divisão social do trabalho, daquilo que Durkheim chamou de solidariedade orgânica. O ideal da autonomia de cada um se impõe a homens que dependem uns dos outros no plano material bem mais que todos os seus antepassados. Mais paradoxalmente ainda, esses homens terminam por reificar sua crença e imaginar que a *sociedade* inteira funciona de fato como eles pensaram, que o domínio *político* criado por eles deve funcionar. Erro pelo qual o mundo moderno, a França e a Alemanha em particular, pagaram muito caro. Parece que, em a relação às sociedades mais simples, houve uma troca de planos: no plano do fato, elas justapunham particulares idênticos (solidariedade mecânica), e no plano do pensamento viam a totalidade coletiva; a sociedade moderna, ao contrário, age em conjunto e pensa a partir do indivíduo. Isso fala do aparecimento da sociologia como disciplina particular que substitui o que era representação comum na sociedade tradicional.

QUESTÕES E TEMAS PARA DISCUSSÃO

1. Discuta hierarquia e individualismo na sociedade brasileira. Como sugestão, use os textos de Gilberto Velho e Roberto DaMatta indicados abaixo.
2. Pesquise sobre a distinção entre "indivíduo" e "pessoa" nas ciências sociais, relacionando-a ao texto de Dumont.

LEITURAS SUGERIDAS

DaMatta, Roberto. "Você sabe com quem está falando? Um ensaio sobre a distinção entre indivíduo e pessoa no Brasil". In: *Carnavais, malandros e heróis*. São Paulo, Rocco, 1997.

Dumont, Louis. *O individualismo: uma perspectiva antropológica da ideologia moderna*. Rio de Janeiro, Rocco, 1985.

Leirner, Piero. *Hierarquia e individualismo em Louis Dumont*. Rio de Janeiro, Zahar, 2003.

Stolcke, Verena. "Gloria o maldición del individualismo moderno según Louis Dumont", *Revista de antropologia*, vol.44, n.2, São Paulo, 2001. Disponível em: http://dx.doi.org/10.1590/S0034-77012001000200001

Velho, Gilberto. *Individualismo e cultura: notas para uma antropologia da sociedade contemporânea*. Rio de Janeiro, Zahar, 2004.

13. Estrutura e communitas
na obra de Victor Turner

Desde a publicação de *Ritos de passagem* (1909), do francês Arnold van Gennep (1873-1957), o estudo de rituais que marcam a mudança e a transição de status (de pessoas ou de grupos) tornou-se tradicional na antropologia. Van Gennep descreveu uma sequência ritual geral que envolvia três fases ou estágios: de separação, de margem e de agregação (ou preliminares, liminares e pós-liminares). Atenção especial era dada à fase liminar, de margem, que corresponde a um estado social de suspensão, já separado da vida cotidiana, porém ainda antes da incorporação a um novo estado. Nessa fase, as características do sujeito ritual (individual ou coletivo) são ambíguas: não estão nem aqui nem lá, mas no meio; os atributos que distinguem categorias e grupos na ordem social estruturada ficam temporariamente suspensos.

O estudo dos rituais e dos símbolos a eles associados está no centro da obra de Victor Turner (1920-1983), que realizou longa pesquisa de campo entre os Ndembu, na atual Zâmbia. Turner, como van Gennep, deu especial atenção à fase liminar dos ritos, ressaltando os laços de camaradagem, comunhão e igualitarismo que os indivíduos tendem a criar entre si. Nesta fase, as posições prescritas pela estrutura social colapsam temporariamente, e vive-se um momento de *communitas*, palavra latina que se refere a uma comunidade igualitária e não estruturada – ou melhor, antiestruturada.

No texto a seguir, Turner trata dessa dialética da vida social, a seu ver universal e característica da condição humana, que alterna estrutura e communitas. Ao fazer isso, torna mais complexa uma antropologia até então muito marcada pela permanência da estrutura e pela ideia de equilíbrio social, e passa a focalizar as contradições e ambiguidades que a sociedade abriga.

PASSAGENS, MARGENS E POBREZA: SÍMBOLOS RELIGIOSOS DA COMMUNITAS

Victor Turner

❝❝ Este capítulo dedica-se ao estudo de uma modalidade de inter-relacionamento que chamei de "communitas" em meu livro *O processo ritual*, e que oponho ao conceito de estrutura social. A communitas é um fato da experiência de todos, contudo, quase nunca foi considerada um objeto de estudo respeitável ou coerente pelos cientistas sociais. No entanto, ela é central para a religião, a literatura, o teatro e a arte, e seus traços podem ser encontrados profundamente gravados no direito, na ética, no parentesco e até na economia. Torna-se visível em ritos de passagem tribais, em movimentos milenaristas, em mosteiros, na contracultura e em inúmeras ocasiões informais. Neste capítulo tentarei definir mais explicitamente o que entendo por "communitas" e por "estrutura". Alguma coisa deveria ser dita sobre o tipo de fenômeno cultural que me lançou nessa busca da communitas. Três aspectos da cultura pareciam-me excepcionalmente dotados de símbolos rituais e crenças de tipo não socioestrutural. Eles podem ser descritos, respectivamente, como liminaridade, "outsiderhood"* e inferioridade estrutural.

Liminaridade é um termo que tomei emprestado da formulação feita por Arnold van Gennep acerca dos *rites de passage*, "ritos de passagem" – os quais acompanham toda mudança de estado ou posição social, ou certos pontos ao longo da idade.[1] Eles são marcados por três fases: separação, margem (ou *limen*, palavra latina para "limiar", significando a grande importância de limiares reais ou simbólicos nesse período intermediário dos ritos; no entanto, *cunicular*, "estar num túnel", descreveria melhor a qualidade dessa fase em muitos casos, sua natureza oculta, sua escuridão por vezes misteriosa) e reagregação.

A primeira fase, separação, compreende o comportamento simbólico que significa o desligamento do indivíduo ou do grupo de um ponto fixo anterior na estrutura social, ou de um conjunto estabelecido de condições sociais (um "estado"). Durante o período liminar interveniente, o estado do sujeito ritual (o "passageiro", ou "liminar") torna-se ambíguo, nem aqui nem lá,** entre um e outro de todos os vários pontos fixos de classificação; ele atravessa

---

* Optamos por deixar no original essa palavra – que significa o estado ou a condição de ser um *outsider* – pela dificuldade em traduzi-la, mas também por *outsider* ser uma expressão já conhecida das ciências sociais no Brasil. (N.O.)

1. Arnold van Gennep, *The Rites of Passage*, Londres, Routledge & Keagan, 1960 [1908] (trad. bras., *Os ritos de passagem*, Petrópolis, Vozes, 1978).

** No original, *betwixt and between*. (N.O.)

um domínio simbólico que tem poucos ou nenhum dos atributos de seus estados passado ou vindouro. Na terceira fase, a passagem é consumada, e o sujeito ritual, o neófito ou iniciando, reingressa na estrutura social, muitas vezes, mas não sempre, num nível de status mais elevado. Ocorre degradação ritual tanto quanto elevação. Cortes marciais e cerimônias de excomunhão criam e representam quedas, não elevações. Os rituais de excomunhão eram executados no nártex ou pórtico de uma igreja, não na nave ou corpo principal, do qual o excomungado estava sendo expulso simbolicamente.

Mas na liminaridade o simbolismo, quase em toda parte, indica que o iniciando (*initiare*, "começar"), noviço (*novus*, "novo", "recente") ou neófito (em grego, "recém-brotado") é estruturalmente, quando não fisicamente, invisível em termos das definições e classificações comuns de sua cultura. Ele foi despojado dos atributos exteriores de posição estrutural, excluído das principais arenas da vida social, isolado numa cabana ou acampamento e reduzido à igualdade em relação a seus companheiros iniciandos, independentemente de seu status pré-ritual. Eu argumentaria que é na liminaridade que a communitas emerge, se não como uma expressão espontânea de sociabilidade, pelo menos de uma forma cultural e normativa – enfatizando igualdade e companheirismo como normas, em lugar de gerar a communitas espontânea e existencial, embora, evidentemente, a communitas espontânea possa surgir e o faça na maior parte dos casos de ritual de iniciação prolongado.

Assim como o estado intermediário da liminaridade, há o estado de "outsiderhood", que designa a condição de estar, de modo permanente ou por atribuição, excluído dos arranjos de um dado sistema social; ou estar situacional ou temporariamente excluído; ou excluindo-se de forma voluntária do comportamento daqueles integrantes desse sistema que têm status e nele atuam. Esses *outsiders* incluiriam, em várias culturas, xamãs, adivinhos, médiuns, sacerdotes, os que vivem em isolamento monástico, hippies, vagabundos e ciganos. Eles deveriam ser distinguidos dos "marginais", que são ao mesmo tempo membros (por atribuição, opção, autodefinição ou realização) de dois ou mais grupos cujas definições sociais e normas culturais são distintas umas das outras, e muitas vezes até opostas umas às outras.[2] Estes incluiriam migrantes estrangeiros, americanos de segunda geração, pessoas de origem étnica mista, *parvenus* (marginais em mobilidade ascendente), *déclassés* (marginais em mobilidade descendente), migrantes do campo para a cidade e mulheres num papel modificado, não tradicional. O interessante em relação a esses marginais é que eles muitas vezes se voltam para seu grupo de

---

2. Ver Everett V. Stonequist, *The Marginal Man*, Nova York, Scribner, 1937; Florian Znaniecki e William I. Thomas, *The Polish Peasant in Europe and America*, Boston, Badger, 1918.

origem, o chamado grupo inferior, em busca de communitas, e para o grupo mais prestigioso em que vivem fundamentalmente, e no qual aspiram a um status mais elevado, como seu grupo de referência estrutural.

Por vezes eles se tornam críticos radicais da estrutura da perspectiva da communitas, por vezes tendem a negar a ligação afetivamente mais cálida e mais igualitária da communitas. Em geral, são pessoas muito conscientes e autoconscientes, e podem produzir a partir de suas fileiras um número desproporcionalmente alto de escritores, artistas e filósofos. ... Marginais, como os liminares, estão também entre uma coisa e outra, mas ao contrário dos liminares rituais eles não têm nenhuma garantia cultural de resolução estável e terminante de sua ambiguidade. Liminares rituais com frequência se movem simbolicamente para um status mais elevado, e seu despojamento de status temporário é um despojamento "ritual", um "como se" ou "faz de conta" ditado por exigências culturais.

O terceiro importante aspecto da cultura de interesse para o estudioso da religião e do simbolismo é a "inferioridade estrutural". Mais uma vez, essa pode ser uma questão absoluta ou relativa, permanente ou passageira. Em especial nos sistemas de estratificação social de casta ou classe, há o problema do status mais baixo, o pária, o trabalhador não especializado, o harijan e o pobre. Uma rica mitologia se desenvolveu em torno dos pobres, assim como o gênero "pastoral" de literatura (segundo W. Empson); na religião e na arte, muitas vezes atribui-se ao camponês, ao mendigo, ao harijan, aos "filhos de Deus" de Gandhi, aos desprezados e rejeitados em geral a função simbólica de representar a humanidade, sem qualificações ou características de status. Aqui o inferior representa o total humano, o caso extremo retrata de forma mais apropriada o todo.

Em muitas sociedades tribais ou pré-letradas, com pouca estratificação ao longo de linhas de classe, a inferioridade estrutural emerge muitas vezes como portadora de valor sempre que a força estrutural é dicotomicamente oposta à fraqueza estrutural. Por exemplo, muitas sociedades africanas foram formadas por forasteiros poderosos do ponto de vista militar que conquistaram o povo indígena. Os invasores controlam as funções políticas elevadas, assim como a realeza, os governos provinciais e as chefias de aldeias. Por outro lado, com frequência considera-se que os indígenas, por meio de seus líderes, têm um poder místico sobre a fertilidade da terra e de tudo que diga respeito a ela. Esses autóctones possuem poder religioso, o "poder dos fracos" em contraposição ao poder jurídico-político dos fortes, e representam a própria terra indivisa, em contraposição ao sistema político, com sua segmentação interna e suas hierarquias de autoridade.

Aqui o modelo de um todo indiferenciado cujas unidades são seres humanos totais é proposto contra aquele de um sistema diferenciado, cujas unidades são status e papéis, e onde a persona social é segmentada em posições numa estrutura. De modo estranho, nos lembram aquelas noções gnósticas de uma "queda" extraterrestre na qual uma "Forma Humana Divina" indivisa veio se dividir em funções conflitantes, cada uma incompletamente humana e dominada por uma única propensão, um "intelecto", "desejo", "destreza", e assim por diante, não mais em equilíbrio ordenadamente harmonioso com as outras.

Contraste semelhante pode ser encontrado, nas sociedades baseadas sobretudo no parentesco, entre a *linhagem* legal "dura" de descendência patrilinear ou matrilinear pela qual passam autoridade, propriedade e posição social, e o lado "suave", "afetivo" da família, pela figura parental da chamada "filiação complementar", o lado da mãe nos sistemas patrilineares, o lado do pai nos sistemas matrilineares. Com frequência atribui-se a esse *lado*, em contraste com a *linhagem* legal, um poder místico sobre o bem-estar total da pessoa. Assim, em muitas sociedades patrilineares, o irmão da mãe tem poderes de amaldiçoar ou abençoar o filho de sua irmã, mas não possui nenhum poder legal. Em outras, os parentes da mãe podem funcionar como um santuário contra a severidade paterna. De qualquer maneira, o homem é mais claramente um indivíduo em relação a seus parentes de filiação complementar, ou do que Meyer Fortes chama de "o lado submerso da descendência", que a seus parentes lineares, para os quais ele é fundamentalmente um feixe de direitos e obrigações jurídicas.[3]

Neste capítulo, vou examinar vários aspectos da relação entre liminaridade, "outsiderhood" e inferioridade estrutural, e mostrar, nesse decurso, algo da relação dialética ao longo do tempo entre communitas e estrutura. Contudo, para dizer que um processo como a ritualização tende a ocorrer com frequência nos interstícios ou nas margens de alguma coisa, temos de ser razoavelmente claros sobre o que alguma coisa é. Que *é* estrutura social? O termo estrutura, claro, é comumente empregado em todas as ciências analíticas, e mesmo na geologia, que é sobretudo taxonômica ou descritiva. Ele evoca imagens arquitetônicas, de casas aguardando habitantes, ou pontes com esteios e estacas; ou pode invocar a imagem burocrática de escrivaninhas com escaninhos – cada escaninho representando um status, alguns mais importantes que outros.

Tal como a biologia, as ciências sociais são parcialmente analíticas e parcialmente descritivas; o resultado é que há ampla variação no significado de estrutura na obra de antropólogos e sociólogos. Alguns veem a estrutura fundamentalmente como uma descrição de padrões repetidos de ação, ou algo "lá fora", passível de ser observado de modo empírico e, espera-se, medido.

---

3. Meyer Fortes, *The Web of Kinship among the Tellensi*, Londres, Oxford University Press, 1949, p.32.

Esse ponto de vista, representado de maneira mais preeminente em antropologia pela obra de Radcliffe-Brown e seus seguidores britânicos, foi severamente criticado por Lévi-Strauss, que sustenta que as estruturas sociais são "entidades independentes da consciência que o homem tem delas (embora elas de fato governem a existência dos homens)".[4]

...

Mas não é com o conceito de estrutura "social" de Lévi-Strauss, na realidade uma estrutura cognitiva, que desejo iniciar esta análise. Não invocarei aqui tampouco o conceito de estrutura como "categorias estatísticas", nem verei o "estrutural" como o que Edmund Leach chamou de "o resultado estatístico" de múltiplas escolhas individuais. A concepção de Sartre da estrutura como "uma dialética complexa de liberdade e inércia", em que "a formação e a manutenção de cada grupo é dependente do livre engajamento de cada indivíduo em suas atividades conjuntas",[5] está mais próxima de minha própria posição teórica, embora não seja isso que entendo por estrutura nessa argumentação.

O que pretendo transmitir por estrutura social aqui – e que é implicitamente considerado o arcabouço da ordem social na maior parte das sociedades – não é um sistema de categorias inconscientes, mas apenas, nos termos de Robert Merton, "os arranjos padronizados de conjuntos de papéis, conjuntos de status e sequências de status" *conscientemente* reconhecidos e que operam de forma regular numa dada sociedade. Eles estão estreitamente associados a normas e sanções legais e políticas. Por "conjuntos de papéis" Robert Merton designa "as ações e relações que fluem de um status social"; "conjuntos de status" referem-se à provável congruência das várias posições ocupadas por um indivíduo; e "sequências de status" significam a provável sucessão das posições ocupadas por um indivíduo ao longo do tempo. Desse modo, para mim, a *liminaridade* representa o ponto intermediário da transição numa sequência de status entre duas posições; "outsiderhood" refere-se a ações e relações que não fluem de um status social reconhecido, mas se originam fora dele; enquanto *status mais baixo* refere-se ao degrau mais baixo num sistema de estratificação social em que recompensas desiguais são concedidas a posições funcionalmente diferentes. Um "sistema de classes", por exemplo, seria um sistema deste tipo.

Ainda assim, o conceito de "estrutura social inconsciente" de Lévi-Strauss como uma estrutura de relações entre os elementos de mito e rituais deve

---

4. Claude Lévi-Strauss, *Structural Anthropology*, Nova York, Basic Books, 1963 [1958], p.121 (trad. bras., *Antropologia estrutural*, São Paulo, Cosac Naify, 2008).

5. Lawrence Rosen, "Language, history, and the logic of inquiry in Lévi-Strauss and Sartre", *History and Theory*, vol.10, n.3, 1971, p.281.

entrar em nossa estimativa quando considerarmos fenômenos rituais liminares. Cabe aqui uma pausa para considerar mais uma vez a diferença entre estrutura e communitas. Implícita ou explicitamente, em sociedades com todos os níveis de complexidade, postula-se um contraste entre a noção de sociedade como um sistema diferenciado, segmentado de posições estruturais (que pode ou não ser arranjado de modo hierárquico), e sociedade como um *todo* homogêneo, indiferenciado. O primeiro modelo se aproxima do quadro preliminar que apresentei de "estrutura social". Aqui as unidades são status e papéis, não indivíduos humanos concretos. O indivíduo é segmentado nos papéis que desempenha. Aqui a unidade é o que Radcliffe-Brown chamou de *persona*, máscara de um personagem, não o indivíduo singular. O segundo modelo, communitas, aparece muitas vezes culturalmente sob a aparência de um estado de coisas edênico, paradisíaco, utópico ou milenário, para cuja consecução a ação religiosa ou política, pessoal ou coletiva, deveria se dirigir. A sociedade é descrita como uma communitas de camaradas livres e iguais – de pessoas totais. "Societas" ou "sociedade", como todos nós a experimentamos, é um processo envolvendo tanto estrutura social quanto communitas, separadamente e unidas em diferentes proporções.

Mesmo onde não há nenhum relato mítico ou pseudo-histórico de semelhante estado de coisas, podem ser executados rituais em que o comportamento igualitário e cooperativo é característico, e em que distinções seculares de nível, cargo e status estão suspensas por um tempo ou são consideradas irrelevantes. Sobre essas ocasiões rituais, os antropólogos que, previamente, a partir de repetidas observações de comportamento e entrevistas com informantes em situações não rituais, construíram um modelo da estrutura socioeconômica não podem deixar de notar como pessoas profundamente separadas umas das outras no mundo secular ou não religioso ainda assim cooperam de modo estreito em certas situações rituais para assegurar o que se acredita ser a manutenção de uma ordem cósmica que transcenda as contradições e os conflitos inerentes ao sistema social do mundo. Aqui temos um modelo não formulado de communitas, um modelo operacional. Quase todos os rituais de qualquer duração e complexidade representam a passagem de uma posição, constelação ou domínio de estrutura para outro. Sob esse aspecto, podemos dizer que eles possuem "estrutura temporal" e são dominados pela noção de tempo.

Contudo, ao passar de estrutura para estrutura, muitos rituais atravessam a communitas. Esta é quase sempre pensada ou retratada pelos atores como uma condição atemporal, um agora eterno, como "um momento dentro e fora do tempo", ou um estado a que não se aplica a concepção estrutural do tempo. Muitas vezes esse é o caráter de pelo menos partes dos períodos de isolamento encontrados em muitos ritos de iniciação prolongados. Esse é também o caráter, como constatei, de viagens de peregrinação presentes em várias religiões. No isolamento ritual, por exemplo, um dia reproduz o outro durante muitas semanas. Os noviços em iniciações tribais acordam e se deitam em horas fixas, com frequência ao nascer e ao pôr do sol, como na vida monástica do cristianismo e do budismo. Eles recebem instrução sobre o saber tribal ou sobre canto e dança dos mesmos anciãos ou especialistas, e ao mesmo tempo. Em outras horas fixas, podem caçar ou desempenhar tarefas rotineiras sob os olhos dos anciãos. Todo dia, em certo sentido, é o mesmo dia em ponto maior ou repetido.

Por outro lado, o isolamento e a liminaridade podem conter o que Mircea Eliade chama de "um tempo de maravilhas". Figuras mascaradas representando deuses, ancestrais ou poderes ctônicos podem aparecer para os noviços ou neófitos sob formas grotescas, monstruosas ou belas. Muitas vezes, mas nem sempre, recitam-se mitos explicando a origem, os atributos e o comportamento desses estranhos e sagrados habitantes da liminaridade. Mais uma vez, podem-se exibir objetos sagrados aos noviços. ...

Situações liminares importantes são ocasiões nas quais uma sociedade *toma conhecimento de si própria*, ou melhor, em que, num intervalo entre a ocupação de posições fixas específicas, membros dessa sociedade podem obter uma aproximação, ainda que limitada, de uma perspectiva global do lugar do homem no cosmo e de suas relações com outras classes de entidades visíveis e invisíveis. Além disso, de maneira destacada, no mito e no ritual um indivíduo que é submetido à passagem pode aprender o padrão total de relações sociais envolvidas em sua transição, e muda como ela. Portanto, ele pode aprender sobre estrutura social em communitas.

Essa concepção não precisa depender pesadamente de ensinamento explícito, de explicações verbais. Em muitas sociedades parece suficiente que os neófitos aprendam a tomar consciência das múltiplas relações entre os *sacra* e outros aspectos de sua cultura, ou aprendam, a partir da posição de símbolos sagrados numa estrutura de relações – quais estão acima, quais estão abaixo; quais estão à esquerda, quais à direita; quais estão dentro, quais estão fora; ou, a partir de seus atributos importantes, como sexo, cor, textura, densidade, temperatura –, como os aspectos críticos do cosmo e da sociedade estão inter-relacionados e qual a hierarquia desses modos de interligação. Os neófitos podem aprender o que Lévi-Strauss chama de "códigos sensoriais" subjacentes aos detalhes de mitos e rituais, e as homologias entre eventos e objetos descritos em diferentes códigos – visuais, auditivos e tácteis. O meio aqui é a mensagem, e o meio é não verbal, embora com frequência meticulosamente estruturado.

Pode-se observar, a partir de tudo isso, que há certa inadequação no contraste que acabo de fazer entre os conceitos de "estrutura" e "communitas". Pois a situação liminar da communitas está fortemente dotada de certo tipo de estrutura. Não é demasiado difícil detectar aqui uma estrutura lévi-straussiana, uma maneira de inscrever nas mentalidades dos neófitos regras generativas, códigos e meios pelos quais eles podem manipular os símbolos da fala e da cultura para conferir algum grau de inteligibilidade a uma experiência que sempre ultrapassa as possibilidades da expressão linguística (e outras expressões culturais). Dentro disso, podemos encontrar o que Lévi-Strauss chamaria de "uma lógica concreta" e, por trás disso, novamente, uma estrutura fundamental da mentalidade humana ou mesmo do próprio cérebro humano.

Para implantar com firmeza essa estrutura instrucional na mente dos neófitos, parece necessário que eles sejam despojados de atributos estruturais no sentido social, legalístico ou político do termo. Sociedades mais simples parecem sentir que só uma pessoa temporariamente desprovida de status, propriedades, posição ou cargo está apta a receber a gnose tribal ou a sabedoria oculta que é do conhecimento dos membros da tribo em relação à estrutura profunda da cultura e, na verdade, do Universo. O conteúdo desse conhecimento depende, claro, do grau de desenvolvimento científico e tecnológico. Mas, afirma Lévi-Strauss, a estrutura mental "selvagem", que pode ser desacoplada da camada palpável do que para nós muitas vezes são modos bizarros de representação simbólica, é idêntica à nossa própria estrutura mental. Compartilhamos com os primitivos, afirma ele, os mesmos hábitos mentais de pensar em termos de discriminações ou oposições binárias; como eles, também temos regras, incluindo regras estruturais profundas, que governam a combinação, segregação, mediação e transformação de ideias e relações.

Ora, homens que estão intensamente envolvidos na estrutura jurídico-política, pública e consciente não estão livres para meditar e especular sobre as combinações e oposições de pensamento; estão eles próprios envolvidos de maneira crucial demais nas combinações e oposições da estrutura social e política e da estratificação. Estão no calor da batalha, na "arena", competindo por cargos, participando em disputas entre grupos, facções e coalizões. Esse envolvimento acarreta afetos, como ansiedade, agressão, inveja, medo, júbilo e uma inundação emocional, que não estimulam a reflexão racional ou sensata. Na liminaridade ritual, porém, eles são colocados, por assim dizer, fora do sistema total e de seus conflitos; de maneira transitória, tornam-se homens à parte – e é surpreendente a frequência com que o termo "sagrado" pode ser traduzido como algo "posto à parte" ou "de lado" em várias sociedades. Se ganhar a vida e lutar para ganhá-la, em uma estrutura social e apesar dela, pode ser chamado de "pão", então "não só de pão" vive o homem.

A vida como uma série e uma estrutura de ocupações de status inibe a plena utilização das capacidades humanas, ou, como Karl Marx teria dito de maneira singularmente agostiniana, "os poderes que dormitam dentro do homem". Penso nas *rationes seminales* de Agostinho, "razões seminais" implantadas na criação do Universo e deixadas para operar por si mesmas ao longo do tempo histórico. Tanto Agostinho quanto Marx preferiram a metáfora orgânica para o movimento social, visto em termos de desenvolvimento e crescimento. Assim, para Marx, uma nova ordem social "cresce" no "útero" da velha e é "dada à luz" pela "parteira", à força.

Sociedades pré-letradas, por efeito da mera necessidade de sobreviver, proporcionam pouca oportunidade de lazer. Assim, é somente por um *fiat* ritual, agindo por meio da autoridade legítima conferida àqueles que operam o ciclo ritual, que se podem criar oportunidades para pôr homens e mulheres fora de suas posições estruturais costumeiras na família, linhagem, clã e chefia. Em situações como períodos liminares de *rites de passage* importantes, os "passageiros" e a "tripulação" estão livres, sob exigência ritual, para contemplar por algum tempo os mistérios com que se defrontam todos os homens, as dificuldades que assaltam peculiarmente sua própria sociedade, seus problemas pessoais, e as maneiras pelas quais seus próprios predecessores mais sábios procuraram ordenar, explicar, justificar, encobrir ou mascarar ("encobrir" e "mascarar" são diferentes: "encobrir" é "ocultar", "mascarar" é impor as "características" de uma interpretação padronizada) esses mistérios e dificuldades. Na liminaridade reside o germe não somente da *askesis*, disciplina e misticismo, mas também da filosofia e da ciência pura. Na verdade, filósofos gregos como Platão e Pitágoras são conhecidos por terem tido relações com os cultos do mistério.

Gostaria de deixar claro neste ponto que me refiro aqui não a expressões comportamentais espontâneas da communitas do tipo do bom companheirismo que encontramos em muitas situações sociais seculares marginais e transicionais, como num *pub* inglês, numa "boa" festa em contraposição a uma festa "formal", na "confraria das 8h17 da manhã" de um trem que os moradores dos subúrbios pegam diariamente para o trabalho, num grupo de passageiros brincando numa viagem oceânica, ou, para falar mais seriamente, em algumas reuniões religiosas, um *"sit-in"*, *"love-in"*, *"be-in"*, ou, mais drasticamente, nas "nações" de Woodstock ou da ilha de Wight.* Meu foco aqui

---

* Referência aos festivais de música ocorridos em Woodstock, Estados Unidos (1969) e na ilha de Wight, Inglaterra (1970). (N.O.)

está mais exatamente em expressões culturais – e por isso institucionalizadas – de communitas tal como ela é vista da perspectiva da estrutura; ou da communitas nela incorporada como um momento, domínio ou enclave potencialmente perigoso, e não obstante vivificador.

A communitas, falando do ponto de vista existencial e de origem, é puramente espontânea e autogeradora.* O "vento" da communitas existencial "sopra onde quer". Ela é essencialmente oposta à estrutura, assim como a antimatéria em tese se opõe à matéria. Desse modo, mesmo quando a communitas se torna normativa, suas expressões religiosas são estritamente cerceadas por regras e interdições – que atuam como o recipiente de chumbo de um perigoso isótopo radioativo. No entanto, a exposição à communitas ou a imersão nela parece uma exigência social humana indispensável. As pessoas têm uma necessidade real (e "necessidade" para mim não é "um palavrão") de se desfazer ocasionalmente de máscaras, capas, roupagens e insígnias de status, ainda que apenas para vestir as máscaras libertadoras do baile de máscaras liminar. Mas elas o fazem de modo livre.

Aqui eu gostaria de ressaltar a relação que existe entre communitas, liminaridade e status mais baixo. Acredita-se muitas vezes que as castas e classes inferiores em sociedades estratificadas exibem o máximo imediatismo e não voluntarismo de comportamento. Isso pode ser ou não verdadeiro do ponto de vista empírico, mas de qualquer maneira é uma crença persistente, talvez mantida com mais firmeza pelos ocupantes de posições nos degraus do meio da estrutura, sobre os quais as pressões estruturais à conformidade são maiores, e que invejam em segredo, mesmo quando o reprovam de maneira aberta, o comportamento daqueles grupos e classes menos normativamente inibidos, sejam eles os mais elevados ou os mais inferiores na escada de status.

Os que maximizariam a communitas muitas vezes começam minimizando ou até eliminando as marcas exteriores de posição, como, por exemplo, Tolstói e Gandhi tentaram fazer consigo mesmos. Em outras palavras, eles se aproximam em trajes e comportamentos da condição dos pobres. Esses sinais de indigência incluem o uso de vestimenta simples ou barata, ou a apropriação da bata do camponês ou do macacão do operário. Alguns iriam ainda mais longe e tentariam expressar o caráter "natural" em oposição ao caráter "cultural" da communitas, ainda que "natural" seja aqui, claro, uma definição cultural, permitindo que seu cabelo e suas unhas cresçam e sua pele fique suja, como no caso de certos santos cristãos e homens santos hindus e muçulmanos. Mas como o homem é inveteradamente um animal cultural, a natureza aqui se torna ela própria um símbolo cultural para o que é em essência uma necessidade

---

* Aqui eu contraporia communitas "existencial" a communitas "normativa".

Estrutura e communitas na obra de Victor Turner

social humana – a necessidade de estar plenamente junto dos próprios companheiros, e não segregado deles em células estruturais. Um modo de se vestir "natural" ou "simples", ou até de se despir, em alguns casos, sinaliza que alguém deseja se aproximar do básica ou meramente humano, em contraposição ao estruturalmente específico, por meio do status ou da classe.

Uma seleção aleatória desses aspirantes a pura communitas incluiria: os frades mendicantes da Idade Média, em especial aqueles das Ordens Franciscana e Carmelita, por exemplo, cujos membros eram proibidos por suas constituições de possuir bens não apenas pessoais, mas até em comum, de modo que tinham de subsistir mendigando e não se vestiam muito melhor que mendigos; alguns santos católicos modernos, como são Benedito Labre, o peregrino (m. 1783), conhecido por estar sempre coberto de vermes, pois viajava incessante e silenciosamente ao redor dos santuários de peregrinação da Europa; qualidades semelhantes de pobreza e mendicância são buscadas por homens santos hindus, muçulmanos e siques da Índia e do Oriente Médio, alguns dos quais chegam a prescindir de roupas por completo; hoje,* nos Estados Unidos, há as pessoas da contracultura que, como os homens santos do Oriente, usam cabelo comprido e barba, se vestem de uma variedade de maneiras que vão das roupas do pobre urbano aos trajes dos grupos rurais e étnicos desfavorecidos, como ameríndios e mexicanos.

Não muito tempo atrás, alguns hippies eram tão críticos dos princípios subjacentes à estrutura da qual haviam optado por não participar que chegavam a rejeitar nas roupas a dominante ênfase americana na virilidade e na agressividade bem-sucedida em ambiente comercial competitivo, usando contas, pulseiras e brincos, assim como o *"flower power"*, no final dos anos 1960, opunha-se à força militar e à agressividade comercial. ...

Não há dúvida de que, da perspectiva daqueles que ocupam posições de comando ou manutenção na estrutura, a communitas – mesmo quando se torna normativa – representa um perigo real; e, na verdade, para todos aqueles, inclusive líderes políticos, que passam muito tempo de suas vidas representando papéis estruturais, ela significa também uma tentação. Quem não quer se livrar daquela velha armadura? Essa situação foi dramaticamente exemplificada na história dos primórdios da Ordem Franciscana. Tantos correram para se juntar aos seguidores de são Francisco que o recrutamento para o clero secular se reduziu de forma brusca, e os bispos italianos se queixavam de que não conseguiam manter a disciplina eclesiástica quando suas dioceses eram inundadas pelo que consideravam uma gentalha mendicante. No último quartel do século XIII, o papa Nicolau III decretou que a ordem devia modificar sua regra no

---

* Lembrar que o livro de Turner foi publicado pela primeira vez em 1974. (N.O.)

tocante ao abandono de todos os bens. Dessa maneira, uma ameaça comunitária à estrutura jurídica da Igreja foi invertida em seu proveito, pois a doutrina da pobreza deixou marca permanente sobre o catolicismo, funcionando como controle constante sobre o crescimento do legalismo romano, com seu forte envolvimento em estruturas políticas e econômicas.

A liminaridade, portanto, com frequência busca na pobreza seu repertório de símbolos, em particular seus símbolos de relação social. De maneira semelhante, como vimos, os segregados voluntários de nossa própria sociedade, em particular os membros voluntários de comunas rurais, também lançam mão do vocabulário simbólico da pobreza e da indigência. Tanto as ordens mendicantes quanto a contracultura atual têm afinidades com outro fenômeno social que há pouco despertou grande interesse entre antropólogos e historiadores. Refiro-me à série de movimentos religiosos espalhados pela história e de ampla abrangência geográfica, que foram diversamente descritos como "fanáticos", "heréticos", "milenaristas", "revitalistas", "nativistas", "messiânicos" e "separatistas" – para citar apenas alguns dos termos pelos quais foram chamados por teólogos, historiadores e cientistas sociais.

Não abordarei o problema de fornecer uma taxonomia adequada desses movimentos, contentando-me em mencionar alguns de seus atributos recorrentes que parecem estreitamente semelhantes àqueles da: 1) liminaridade ritual em sociedades tribais; 2) mendicância religiosa; 3) contracultura. Em primeiro lugar, é comum para os membros desses movimentos abrir mão de qualquer bem que possuam, ou então possuir todos os seus bens em comum. Foram registrados casos de destruição de todos os bens pelos membros de movimentos religiosos por ordem de seus líderes proféticos. A justificativa aqui, creio, é que, na maior parte das sociedades, as diferenças em termos de bens correspondem a importantes diferenças de status; ou então, em sociedades não estatais mais simples, elas relacionam-se com a segmentação de grupos corporativos. "Liquidar" os bens, ou "combiná-los" (as metáforas fluidas* talvez sejam significativas e por vezes podem ser concretamente expressadas em simbolismos relacionados à água, como o batismo, talvez um caso da "lógica concreta" de Lévi-Strauss), é apagar as linhas de clivagem estrutural que na vida comum impedem os homens de entrar na communitas.

De maneira semelhante, a instituição do casamento, fonte da família, que é célula básica da estrutura social em muitas culturas, também é alvo de ataque em inúmeros movimentos religiosos. Alguns procuram substituí-la pelo que Lewis Morgan teria chamado de "promiscuidade primitiva" ou por

---

* Onde escrevemos "combinar", figura, no original inglês, o verbo *to pool*, depois de *to liquidate* – por isso a menção a metáforas líquidas, o que inevitavelmente perde o sentido na tradução. (N.T.)

várias formas de "casamento de grupo". Algumas vezes se afirma que isso demonstra o triunfo do amor sobre o ciúme. Em outros movimentos, ao contrário, o celibato transforma-se em regra, e a relação entre os sexos torna-se uma grande extensão do vínculo de fraternidade. Assim, alguns movimentos religiosos são semelhantes a ordens religiosas ao se abster da atividade sexual, ao passo que outros se assemelham a alguns grupos de hippies ao romper com a exclusividade sexual. As duas atitudes em relação à sexualidade destinam-se a homogeneizar o grupo, "liquidando" suas divisões estruturais. Nas sociedades tribais também há abundantes evidências etnográficas testemunhando que uma interdição é imposta às relações sexuais durante o período liminar de importantes *rites de passage*. Por vezes, igualmente, episódios de licença sexual podem se seguir a períodos de abstinência sexual nessas cerimônias. Em outras palavras, são utilizados ambos os modos antitéticos de representar a destruição do casamento monogâmico.*

Para divagar um pouco, parece que os fatos podem fazer mais sentido se encararmos a sexualidade não tanto como a fonte primordial de sociabilidade, e a sociabilidade como libido neutralizada, mas como a expressão, em suas várias modalidades, de communitas ou de estrutura. A sexualidade como pulsão biológica é cultural e, portanto, simbolicamente manipulada para expressar uma ou outra dessas importantes dimensões da sociabilidade. Ela se torna assim um meio para fins sociais, quase tanto quanto um fim para o qual são inventados os meios sociais. Enquanto a estrutura enfatiza, e até exagera, as diferenças biológicas entre os sexos em matérias de roupa, decoração e comportamento, a communitas tende a diminuir essas diferenças.

Assim, em muitas iniciações tribais nas quais ambos os sexos aparecem como neófitos, homens e mulheres, meninos e meninas muitas vezes são vestidos da mesma maneira e se comportam da mesma forma na situação liminar. Mais tarde, o costume os segrega e enfatiza as diferenças sexuais à medida que eles são devolvidos à ordem estrutural. Em movimentos religiosos, em alguns dos ritos críticos de incorporação, como o batismo por imersão, neófitos ou catecúmenos do sexo masculino e feminino podem vestir o mesmo tipo de túnica – uma túnica que com frequência oculta deliberadamente as diferenças sexuais, como em um dos ramos do culto bwiti do Gabão, tal como descrito por James Fernandez. Até hoje é lugar-comum na conversa, em situações dominadas por valores estruturais (ou de classe média), ouvir comentários sobre os hippies do tipo: "Como podemos saber se é um rapaz ou uma moça se todos têm cabelo comprido e se vestem iguais?"

---

* Claramente, os resultados organizacionais de celibato versus orgia devem ser muito diferentes, como deve ser a atitude dos guardiães da estrutura ortodoxa para com movimentos desses tipos rivais.

No entanto, a similaridade na aparência entre pessoas do sexo masculino e feminino não significa necessariamente o desaparecimento de atração sexual entre elas. Não há nenhuma evidência de que membros da cultura alternativa sejam menos ativos do ponto de vista sexual que seus companheiros "convencionais". Mas a sexualidade, talvez nas formas "perversas polimorfas" recomendadas por Norman Brown e exaltadas por Allen Ginsberg, parece ser encarada aqui por eles mais como um meio de melhorar a abrangência da communitas, um meio para uma compreensão mútua mais ampla. Semelhante meio é o oposto de afirmar o caráter exclusivo de certos vínculos estruturais, como o casamento ou a unilinearidade.

Os muitos traços que esses movimentos religiosos "fanáticos" e milenaristas compartilham com a situação liminar em sistemas de ritos tradicionais sugerem que também eles têm uma qualidade liminar. Mas sua liminaridade não é institucionalizada e predestinada. Deveria ser vista antes como espontaneamente gerada numa situação de mudança estrutural radical, o que Parsons, seguindo Weber, chama de "ruptura profética", quando princípios sociais em aparência fundamentais perdem sua eficácia anterior, sua capacidade de operar como axiomas para o comportamento social, e novos modos de organização social emergem, a princípio para cortar transversalmente e depois para substituir os modos tradicionais. Religião e ritual, como se sabe bem, sustentam muitas vezes a legitimidade dos sistemas sociais e políticos, e fornecem os símbolos pelos quais essa legitimidade é mais vitalmente expressa, de tal modo que, quando a legitimidade das relações sociais básicas é contestada, também o sistema simbólico ritual que veio para reforçar essas relações deixa de ser convincente. É nesse limbo de estrutura que movimentos religiosos, liderados por profetas carismáticos, reafirmam com potência os valores da communitas, muitas vezes de forma extrema e antinômica.

Esse ímpeto primal, no entanto, logo atinge seu apogeu e perde sua força; como Weber diz, "o carisma é rotinizado", e as formas espontâneas de communitas são convertidas em estrutura institucionalizada, ou são rotinizadas, muitas vezes como ritual. O que o profeta e seus seguidores faziam torna-se um modelo comportamental a ser representado de maneira litúrgica estereotipada e seleta. Essa estrutura ritual tem dois aspectos importantes: por um lado, os feitos históricos do profeta e seus companheiros tornam-se uma história sagrada, impregnada dos elementos míticos tão típicos da liminaridade que se torna cada vez mais resistente a crítica e revisão, e se consolida numa estrutura no sentido lévi-straussiano de oposições binárias estabelecidas e enfatizadas entre eventos, indivíduos, grupos, tipos de conduta, períodos de tempo etc. cruciais; por outro lado, tanto os feitos do fundador quanto suas visões e mensagens alcançam cristalização nos objetivos simbólicos e nas atividades de rituais cíclicos e repetitivos. De fato, é possível que mesmo em religiões tribais, nas quais não há história religiosa escrita, os ritos cíclicos que, em sua estabilidade e repetitividade, parecem se assemelhar tanto a fenômenos naturais, como a sucessão das estações e os ciclos de vida de aves e animais, tenham se originado em tempos de crise social, seja a crise produzida pelo homem, seja decorrente de catástrofes naturais, nas novas e idiossincráticas visões e façanhas de xamãs ou profetas inspirados.

A noção de Freud de "compulsão à repetição", sejam quais forem suas causas, descreve razoavelmente bem o processo pelo qual as formas inspiradoras geradas em algumas experiências de communitas são repetidas em mimese simbólica e se tornam as formas rotinizadas da estrutura. Os resultados da "visão" tornam-se os modelos ou padrões de comportamento social repetitivo. A palavra ou ato que parecia curar ou corrigir a desordem pessoal ou social, isolada de seu contexto original, passa a ser dotada de poder intrínseco e é formalmente repetida em elocução ritual e encantatória. Um feito criativo torna-se um paradigma ético ou ritual.

...

Na história da maioria das grandes religiões, vemos crises revelando communitas, e a forma manifesta dessas communitas reforçando subsequentemente a velha estrutura ou substituindo-a por uma nova. Vários movimentos de reforma dentro da Igreja católica, a própria Reforma Protestante, para não mencionar os inúmeros movimentos evangélicos e evangelizadores dentro de todo o mundo cristão, atestam isso. No islã, o sufismo e os movimentos de reforma sanusi entre os beduínos e berberes exemplificam apenas dois entre muitos. As muitas tentativas no hinduísmo indiano de extinguir a estrutura de castas, desde o budismo, através do jainismo e lingayatismo e os santos virashaiva até o gandhismo – para não mencionar religiões hindu-islâmicas sincréticas como o siquismo – são outros exemplos.

Menciono a correlação entre crise, communitas e a gênese da religião sobretudo porque sociólogos e antropólogos argumentam com demasiada frequência que "o social" é sempre idêntico ao "socioestrutural", que o homem nada mais é que um animal estrutural e, por conseguinte, um *Homo hierarchicus*. Assim, o colapso de um sistema social só pode resultar em *anomia*, *angst*, a fragmentação da sociedade numa multidão de indivíduos ansiosos e desorientados, propensos, como Durkheim teria dito, a índices patologicamente elevados de suicídio. Pois se semelhante sociedade for desestruturada, ela é nada. Percebe-se com menos frequência que a dissolução das relações estruturais pode por vezes dar à communitas uma oportunidade positiva.

Um exemplo histórico recente disso é o "milagre de Dunquerque", quando, a partir da destruição da organização formal dos exércitos aliados em

1940, surgiu uma organização informal, originária do espírito de communitas libertado. O resgate de pequenos grupos de soldados pelas tripulações de diminutos botes deu origem a um espírito de resistência geralmente conhecido como "espírito de Dunquerque". As trajetórias gerais de bandos guerrilheiros em contraposição a exércitos formalmente regulados e hierárquicos na história recente de China, Bolívia, Cuba e Vietnã podem ser exemplos adicionais. Não estou sugerindo que não haja nenhuma *anomia*, nenhuma *angst*, nenhuma alienação (para mencionar os três "A" hoje populares) nessas situações de mudança estrutural drástica – não devemos nos surpreender ou indignar ao ver que, em qualquer campo social, processos sociais contrários podem estar em ação ao mesmo tempo –, mas sugiro que há forças positivas em ação aqui também. O colapso da estrutura pode ser o ganho da communitas.

Durkheim, cuja obra foi tão influente tanto na Inglaterra quanto na França, muitas vezes é de difícil compreensão precisamente porque, em diferentes ocasiões, ele usa o termo "sociedade" para representar, por um lado, um conjunto de máximas e normas jurídicas e religiosas, coagindo e constrangendo o indivíduo, e, por outro, "uma força viva e animadora real" muito próxima do que estamos chamando aqui de "communitas". Não se trata, porém, de uma aproximação completa, porque Durkheim concebe essa força como "anônima, impessoal" e transmitida pelas gerações, ao passo que vemos communitas mais como uma relação entre pessoas, uma relação Eu-Tu, nos termos de Buber, ou um Nós cuja própria essência é seu imediatismo e sua espontaneidade. A estrutura é que é transmitida de forma mecânica e por repetição, embora, sob circunstâncias favoráveis, alguma forma estrutural, gerada muito tempo atrás a partir de um momento de communitas, possa ser quase miraculosamente liquefeita de novo numa forma viva de communitas.

É isso que pretendem fazer os movimentos religiosos "revitalistas" ou evangelizadores, em contraposição a movimentos radicais ou transformistas: restaurar o vínculo social de seus comungantes com o vigor prístino dessa religião em seus dias de crise generativa e de êxtase. Por exemplo, escreve Ramanujan, "Como os protestantes europeus, os virashaiva retornavam ao que sentiam ser a inspiração original das tradições antigas não diferentes da experiência verdadeira e presente".[6] Talvez isso fundamente também a noção de revolução permanente. Decerto estava presente nos acontecimentos de maio-junho de 1968 em Paris, quando os estudantes adotaram símbolos de unidade e communitas das revoluções francesas anteriores. E também na Comuna de Paris de 1871, em que os *communards* se identificavam com os

---

6. A.K. Ramanujan, *Speaking of Siva*, Baltimore, Penguin Books, p.33.

revolucionários de 1789 a ponto de adotar o sistema de datação revolucionário nas revistas da Comuna. Desse modo, os eventos de 1968 se identificavam como uma espécie de reencenação da Comuna de Paris. Até as barricadas erguidas ali tiveram pouco valor instrumental, sendo porém um símbolo de prolongamento da grandiosidade da insurreição de 1871.

Quando um sistema social adquire certa estabilidade, como na maioria das sociedades estudadas até recentemente por antropólogos, tende a se desenvolver na relação temporal entre estrutura e communitas um processo ao qual é difícil negar o epíteto de "dialético". Os ciclos de vida de indivíduos e grupos exibem exposição alternada a esses importantes modos de intercurso humano. Indivíduos avançam dos status mais baixos para os mais altos mediante os períodos temporários de liminaridade, em que são despojados de todo status secular, embora possam possuir um status religioso. Mas esse status é a antítese do status no domínio estrutural. Aqui os superiores são obrigados a aceitar os estigmas dos humildes e até a suportar com paciência os insultos daqueles que vão se tornar seus inferiores, como nos ritos de instalação de muitos chefes e líderes tribais africanos.

Como a liminaridade representa o que Erving Goffman chamaria de "um nivelamento e despojamento" de status estrutural, um componente importante da situação liminar é, como vimos antes, a maior ênfase na natureza em detrimento da cultura. Não somente ela representa uma situação de instrução – com um grau de objetividade dificilmente encontrado em situações estruturais em que diferenças de status têm de ser justificadas, ou melhor, apenas aceitas –, como também está repleta de símbolos relacionados de maneira muito explícita aos processos biológicos, humanos e não humanos, e a outros aspectos da ordem natural. Em certo sentido, quando um homem deixa de ser o senhor e torna-se o igual ou companheiro do homem, ele também deixa de ser o senhor e torna-se o igual ou companheiro de seres não humanos. É a cultura que fabrica distinções estruturais; é a cultura também que erradica essas distinções na liminaridade, mas, ao fazê-lo, ela é forçada a usar o idioma da natureza, a substituir sua ficção por fatos naturais – mesmo que esses próprios fatos só possuam a realidade que podem ter numa estrutura de conceitos culturais.

Portanto, é na liminaridade e também naquelas fases do ritual que confinam com a liminaridade que encontramos profusa referência simbólica a animais, aves e vegetação. Máscaras de animais, plumagem de aves, fibras de capim, peças de roupa de folhas envolvem e ocultam os neófitos e sacerdotes humanos. Assim, simbolicamente, sua vida estrutural é apagada por animalidade e natureza, ao mesmo tempo que é regenerada pelas mesmas forças. Morre-se *na* natureza para renascer *a partir* dela. Costumes estruturais, uma vez rompidos, revelam dois traços humanos. Um é o intelecto que se liberta, aquilo cujo produto liminar é mito e protoespeculação filosófica; o outro é energia física, representada por disfarces e gestos animais. Os dois podem depois ser recombinados de várias maneiras.

...

Seria insensato, contudo, e de fato incorreto, segregar demais a estrutura da communitas. Enfatizo isso de forma muito vigorosa porque ambos os modos são humanos. Para cada nível e domínio de estrutura há um modo de communitas, e há vínculos culturais estabelecidos entre eles na maioria dos atuais sistemas socioculturais estáveis. Em geral, no isolamento ou nas fases liminares dos *rites de passage*, pelo menos alguns dos símbolos exibidos, até dos *sacra*, fazem referência a princípios da estrutura social. ...

Esse fio contínuo de estrutura através da communitas ritualizada na liminaridade é, a meu ver, extremamente característico de sistemas há muito estabelecidos e estáveis, em que, por assim dizer, a communitas foi de todo domesticada, até encurralada – como entre os Elk e Kiwani nos Estados Unidos. A communitas bruta ou selvagem é, mais tipicamente, um fenômeno de mudança social importante, ou talvez, por vezes, um modo de reação contra a estruturação excessivamente rígida da vida humana em status e atividades relativas ao desempenho de papéis – como afirmam algumas das pessoas da contracultura acerca de sua revolta –, contra o que eles chamam "valores americanos de classe média", ou contra os "homens da organização", ou contra a disciplina tácita imposta sobre muitos níveis e setores da sociedade pelo predomínio de um complexo militar-industrial, com seu complicado repertório de controles sociais dissimulados.

A meu ver, a análise da cultura em fatores e sua livre recombinação em todo e qualquer padrão possível, por mais estranho que pareça, é a principal característica da liminaridade, e não o estabelecimento de regras implícitas de tipo sintático, ou o desenvolvimento de uma estrutura interna de relações lógicas de oposição e mediação. A limitação de combinações possíveis de fatores por convenção indicaria para mim a crescente intromissão da estrutura nessa região da cultura potencialmente livre e experimental.

Aqui, uma observação de Sartre parece oportuna: "Concordo que os fatos sociais têm suas própria estrutura e leis que dominam os indivíduos, mas vejo nisso a resposta da *matéria trabalhada* aos *agentes* que a trabalham. *Estruturas são criadas por atividade que não tem nenhuma estrutura*, mas sofre seus *resultados como estrutura*."[7] Vejo a liminaridade como uma fase na vida social em que essa confrontação entre "atividade que não tem nenhuma estrutura" e seus "resul-

---

7. Jean-Paul Sartre, *Search for a Method*, Nova York, Knopf, 1963, p.57-9.

tados estruturados" produz nos homens seu mais elevado grau de autoconsciência. Sintaxe e lógica são características *problemáticas*, e não *axiomáticas*, da liminaridade. Temos de ver se elas estão lá, empiricamente. Se as encontrarmos, temos de considerar bem sua relação com atividades que ainda não têm nenhuma estrutura, nenhuma lógica, somente potencialidades para elas. Em sistemas culturais estabelecidos há muito, eu esperaria encontrar o desenvolvimento de uma sintaxe e lógica simbólicas e iconográficas; em sistemas em mudança ou estabelecidos há pouco, eu esperaria encontrar em situações liminares ousadia e inovação, tanto nos modos de elementos simbólicos e míticos correlacionados quanto na escolha de elementos a serem relacionados. Poderia haver também a introdução de novos elementos e suas várias combinações com elementos antigos, como nos sincretismos religiosos.

A mesma formulação se aplicaria a outras expressões de liminaridade, como a literatura e a arte ocidentais. Por vezes a arte expressa ou reproduz a estrutura institucionalizada para legitimar ou criticar; mas muitas vezes ela combina os fatores da cultura – como no cubismo e na arte abstrata – de maneiras novas e sem precedentes. O extraordinário, o paradoxal, o ilógico e até o perverso estimulam o pensamento e formulam problemas, "purificam as portas da percepção", como disse Blake. Isso tem especial probabilidade de ocorrer quando a arte é apresentada em sociedades pré-letradas numa situação didática como a iniciação. Assim, a representação de monstros e de situações antinaturais em termos de definições culturais, como os laços incestuosos que ligam os deuses nos mitos de algumas religiões, pode ter uma função pedagógica, ao forçar aqueles que deram sua cultura por certa a repensar o que até então julgavam ser seus axiomas e algo "dado". Pois toda sociedade requer de seus membros maduros não somente adesão a regras e padrões, mas pelo menos certo nível de ceticismo e iniciativa. A iniciação é para estimular a iniciativa, pelo menos tanto quanto para produzir conformidade ao costume. Esquemas e paradigmas aceitos devem ser rompidos para que os iniciados possam enfrentar novidade e perigo. Eles têm de aprender como gerar esquemas viáveis sob desafio ambiental. Algo semelhante pode ser encontrado na literatura europeia, por exemplo, nos escritos de Rabelais e Genet. Pode-se pensar que esse domínio sobre fenômenos que os não instruídos dão por certo confere maior poder durante a posterior ocupação de um status novo e mais elevado.

Mas a frequência com que esses eventos antinaturais – ou melhor, anticulturais ou antiestruturais – como incesto, canibalismo, assassinato de parentes próximos, acasalamento com animais são representados no mito e no ritual liminar decerto tem mais que uma função pedagógica. Ela é também mais que um mero meio cognitivo de codificar relações entre elementos rituais, de lhes atribuir sinais de mais e de menos, ou indicar transformações, como afirmaria Lévi-Strauss. Aqui, penso eu, devemos retornar à nossa ideia anterior sobre certos aspectos da natureza que se afirmam em situações liminares. Pois a natureza humana, tanto quanto a cultura, tem suas regularidades inconscientes, embora estas possam ser precisamente tais que se deva lhes negar expressão se os seres humanos quiserem continuar a fazer o que sempre fazem para ganhar a vida, mantendo o controle social enquanto isso. Grande parte daquilo que, como insistem os psicólogos mais profundos, foi reprimido no inconsciente tende a aparecer, seja sob forma velada, seja, por vezes, de maneira perfeitamente explícita, no ritual liminar e seus mitos associados.

Em muitas mitologias, os deuses matam ou castram seus pais, acasalam com suas mães e irmãs, copulam com mortais na forma de animais e aves – enquanto nos ritos que representam isso, seus representantes humanos ou imitadores mimetizam em símbolo, ou por vezes até literalmente, essas imoralidades imortais. Nos rituais, em especial no isolamento de iniciação à condição de homem adulto, de mulher adulta, em associações tribais e sociedades secretas, pode haver episódios de canibalismo real ou simbólico – em que os homens comem a carne de pessoas recém-mortas ou de prisioneiros, ou então comem a carne simbólica de divindades designadas como seus "pais", "irmãos" ou "mães". Aqui há realmente regularidades e repetições, contudo elas não são aquelas da lei e do costume, mas são próprias de anseios inconscientes que se contrapõem às normas de que os laços sociais dependem secularmente – às regras de exogamia e da proibição do incesto, àquelas que ordenam respeito pela pessoa física dos outros, à veneração pelos anciãos e a definições que classificam os homens diferentemente dos animais.

Aqui eu voltaria à caracterização que fiz em vários artigos de certos símbolos-chave e ações simbólicas centrais como "semanticamente bipolares", como "culturalmente destinados" a provocar uma grande quantidade de afeto – até de afeto ilícito – somente para associar esse *quantum* de afeto despojado de qualidade moral, na fase posterior de um grande ritual, a metas e valores lícitos e legítimos, com a consequente restauração da qualidade moral, mas desta vez positiva, e não negativa. Talvez Freud e Jung, de diferentes maneiras, tenham grande contribuição a dar para a compreensão desses aspectos não lógicos, não racionais (mas não irracionais) das situações liminares.

O que parece emergir desse breve olhar sobre alguns dos mecanismos culturais de ritos, símbolos e mitos liminares é que todos esses fenômenos exibem grande profundeza e complexidade. Eles não se prestam, de modo enfático, a ser reduzidos aos termos dos praticantes de uma única disciplina ou subdisciplina, como as várias escolas opostas da psicologia, emocionalistas e intelectualistas, as várias escolas de reducionismo sociológico, desde os seguidores de Radcliffe-Brown até os de Lévi-Strauss, ou os filósofos e teólogos que tendem a negligenciar o envolvimento contextual desses fenômenos com a estrutura social, a história, a economia e a ecologia dos grupos específicos em que eles ocorrem. O que não queremos é uma separação maniqueísta do que é puramente intelectual ou espiritual nesses fenômenos religiosos fundamentais do que é material e específico. Não deveríamos tampouco separar – considerando o símbolo liminar – *algo* que se oferece à experiência da *pessoa* que realmente o experimenta. Eu diria que, se a forma cultural da communitas – tal como encontrada na liminaridade – pode corresponder a uma experiência real de communitas, os símbolos ali apresentados podem ser experimentados mais profundamente que em qualquer outro contexto se o sujeito ritual tiver o que os teólogos chamariam de "disposições apropriadas".

...

Para recapitular a argumentação desenvolvida até agora: numa situação temporariamente liminar e marginal do ponto de vista do espaço, os neófitos ou "passageiros" de um *rite de passage* prolongado são despojados de status e autoridade – em outras palavras, são retirados de uma estrutura social que é mantida e sancionada em última instância pelo poder e pela força – e são nivelados num estado social homogêneo, por meio de disciplina e suplício. Sua impotência secular, contudo, pode ser compensada por um poder sagrado, o poder dos fracos, derivado por um lado da natureza ressurgente e por outro da recepção de conhecimento sagrado. Muito do que foi preso pela estrutura social é libertado, em especial o sentimento de camaradagem e comunhão, em suma, de communitas; por outro lado, muito do que foi disperso por vários domínios da cultura e da estrutura social agora está preso ou "catexizado" nos sistemas semânticos complexos de símbolos e mitos axiais, multívocos, que alcançam grande poder conjuntivo e possuem o que Erik Erikson, seguindo Rudolf Otto, chamaria de "numinosidade". É como se as relações sociais tivessem sido esvaziadas de seu caráter estrutural legal-político, caráter esse que (exceto pela sua estrutura *específica*) foi conferido às relações entre símbolos, ideias e valores, e não entre *personae* e status sociais. Nesse não lugar e não tempo que resiste à classificação as principais classificações e categorias da cultura emergem dentro dos tegumentos do mito, do símbolo e do ritual.

Na vida cotidiana, as pessoas nas sociedades tribais têm pouco tempo para dedicar a especulações protofilosóficas ou teológicas. Nos períodos liminares prolongados, porém, pelos quais todas têm de passar, elas se tornam uma classe privilegiada, sustentada em grande parte pelo trabalho das outras – embora muitas vezes expostas, como compensação, a sofrimentos fortalecedores –, com grande oportunidade de aprender e especular sobre o que a tribo considera suas "coisas supremas". Aqui temos uma frutífera alienação do indivíduo total em relação à *persona* parcial, que deve resultar no desenvolvimento, pelo menos em princípio ou em potência, se não sempre na prática, de uma perspectiva total, e não parcial, da vida da sociedade. Depois de sua imersão nas profundezas da liminaridade – muitas vezes simbolizada em ritual e mito como um túmulo que é também um útero –, depois dessa profunda experiência de humilhação e humildade, o homem que no fim do ritual torna-se o ocupante de um status político superior, ou mesmo apenas de uma posição mais elevada em algum segmento particular da estrutura social, decerto pode nunca mais ser tão paroquial, tão particularístico em suas lealdades sociais. ...

Há pouco surgiu entre muitas pessoas, em especial aquelas com menos de trinta anos, a tentativa de criar uma communitas e um estilo de vida permanentemente na liminaridade. Seu lema era o de Timothy Leary, "Sintonize, ligue-se e caia fora".* Em vez de o limiar ser uma passagem, ele parecia ser encarado como um estado, embora alguns talvez pensassem que as comunas eram tendas, e não residências permanentes. Claro que essa conversão da liminaridade, sob forma modificada, num modo de vida foi também o que ocorreu nas ordens mendicantes, como no cristianismo e no budismo, mas ali o estado religioso foi claramente definido como uma condição excepcional, reservada aos que aspiravam à perfeição, exceto, óbvio, na Tailândia, onde todos os rapazes passam um ano como monges. A vida religiosa não é para todos, mas somente para aqueles "eleitos pela graça". Mesmo assim, vimos como a communitas franciscana primitiva era considerada perigosa pela Igreja estruturada.

...

Seria possível ressaltar as semelhanças entre fenômenos liminares de todos os tipos. Mas concluirei o capítulo chamando atenção para a maneira como certos predicados culturais a que se atribui status inferior adquirem o significado de communitas, como predicados de situações liminares ou *personae* liminares. Essa ênfase no simbolismo da fraqueza e da pobreza não está restrita à contracultura. Aqui, claro, não estou falando sobre o comportamento social verdadeiro de pessoas de casta, classe ou posição estruturalmente inferior. Esse comportamento pode depender tanto de considerações socioestruturais quanto o comportamento de seus superiores em status. O que tenho em mente é o valor simbólico do homem pobre ou harijan de religião, literatura e filosofia política. Na religião, o homem santo que se torna,

---

* No original: "Tune in, turn on, and drop out." (N.O.)

Estrutura e communitas na obra de Victor Turner 227

segundo todas as aparências, mais pobre que o mais miserável mendigo pode provir, e de fato provém, de um estrato abastado, aristocrático ou no mínimo extremamente instruído da estrutura social. São Francisco, por exemplo, era filho de um rico comerciante; Gautama era um príncipe.

Na literatura, encontramos os valores da communitas representados por tipos como os camponeses de Tolstói e por personagens como a prostituta Sónia de Dostoiévski, o pobre rabequista judeu Rothschild (a ironia desse nome!), o escravo negro Jim, de Mark Twain, e o jovem vagabundo Huckleberry Finn, sobre os quais Lionel Trilling disse que formam "uma comunidade primitiva de santos, ... porque não têm entre si um grama de orgulho",[8] e o Bobo no *Rei Lear*, de Shakespeare. Na filosofia política, temos as imagens do nobre selvagem de Rousseau, o proletariado de Marx e os intocáveis de Gandhi, a quem ele chamava de *harijans* ou "os filhos de Deus". Cada um desses pensadores, no entanto, tinha diferentes receitas estruturais e diferentes fórmulas para relacionar communitas e estrutura. A pobreza liminar não deve ser confundida com a pobreza real, embora o liminarmente pobre possa se tornar de fato pobre. Mas a pobreza liminar, seja ela um processo ou um estado, é tanto uma expressão quanto um instrumento da communitas. A communitas é o que as pessoas realmente buscam por meio da pobreza voluntária. E como a communitas é um modo humano de interconexão tão básico, até primordial, independente como é de convenções ou mesmo de sanções, ela é muitas vezes religiosamente equiparada ao amor – tanto o amor do homem quanto o amor de Deus.

O princípio é simples: cesse de ter, e você será; se você "é" na relação da communitas com outros que "são", então vocês amam uns aos outros. Na honestidade do ser, as pessoas se relacionam "naturalmente" umas com as outras ou se "sacam" umas às outras. As dificuldades experimentadas por essas prescrições edênicas num mundo pós-edênico é que os homens têm de se organizar estruturalmente para existir do ponto de vista material de alguma forma, e quanto mais complexa se torna a tecnologia do modo de vida, mais finamente recortada e finamente enredada se torna sua divisão social do trabalho, e mais os status e papéis ocupacionais e organizacionais da sociedade se tornam consumidores de tempo e monopolizadores. Uma grande tentação nesse ambiente é subordinar a communitas totalmente à estrutura, de modo que o princípio de ordem nunca venha a ser subvertido. A tentação oposta é optar por sair completamente da estrutura.

O problema social humano básico e perene é descobrir qual a relação correta entre essas modalidades num momento e lugar específicos. Por ter um for-

---

8. Lionel Trilling, *The Liberal Imagination*, Nova York, Anchor Books, 1953, p.110s.

te componente emocional, a communitas atrai de forma mais direta os homens; mas como a estrutura é a arena em que eles perseguem seus interesses materiais, ela, talvez de maneira ainda mais importante que o sexo, tende a ser reprimida para o inconsciente, para se tornar ali uma fonte de sintomas patológicos* individuais ou ser liberada sob formas culturais violentas em períodos de crise social. As pessoas podem ficar loucas por causa da repressão da communitas; por vezes se tornam obsessivamente estruturais como um mecanismo de defesa contra sua necessidade urgente de communitas.

As principais religiões sempre levaram em conta essa bipolaridade e tentaram manter essas dimensões sociais em relação equilibrada. Mas as inúmeras seitas e os movimentos cismáticos na história das religiões quase sempre afirmaram os valores da communitas contra os da estrutura, e sustentaram que as principais religiões de que se separaram tornaram-se totalmente estruturadas e secularizadas, meras formas vazias. De maneira significativa, esses movimentos separatistas adotaram de forma quase invariável um estilo cultural dominado pelo idioma da indigência. Em seu primeiro ímpeto, muitas vezes eles privam seus membros da exibição exterior de riqueza ou status, adotam uma forma simples de discurso e em considerável medida despojam suas práticas religiosas de ritualismo e simbolismo visual. Do ponto de vista organizacional, com frequência abolem hierarquias sacerdotais e as substituem pela liderança carismática profética ou por métodos democráticos de representação. Quando atraem grandes números de pessoas e persistem por muitos anos, esses movimentos inúmeras vezes consideram necessário transigir com a estrutura mais uma vez, tanto em suas relações com a sociedade mais ampla quanto em seus assuntos internos litúrgicos e organizacionais.

No curso do tempo, as grandes religiões históricas aprenderam como incorporar enclaves de communitas dentro de suas estruturas institucionalizadas – assim como as religiões tribais fazem com seus *rites de passage* – e oxigenar, por assim dizer, o "corpo místico", atendendo às necessidades daquelas almas ardentes que desejam viver suas vidas inteiras em communitas e na pobreza. Assim como num ritual de qualquer complexidade há fases de separação do domínio da estrutura social e de reagregação – fases que contêm elas próprias muitas características estruturais, incluindo símbolos que refletem ou expressam princípios estruturais –, e uma fase liminar representando um intervalo de communitas com seu próprio rico e elaborado simbolismo, também uma grande religião ou Igreja contém muitos setores organizacionais e litúrgicos que se sobrepõem à estrutura social secular e com ela se misturam, mas mantêm numa posição central um santuário de communitas irrestrito, daquela

---

* "A necessidade de se relacionar" com os outros.

pobreza que, segundo se diz, é "a poesia da religião", e da qual são Francisco, Angelus Silesius, os poetas sufistas Rumi e Al-Ghazali e o poeta virashaiva Basavanna foram melodiosos trovadores e menestréis.

O vínculo entre status estrutural inferior e communitas pode também ser encontrado em sociedades tribais; ele não é só uma marca de complexidade estrutural. Agora eu gostaria de voltar ao ponto inicial de minha argumentação e declarar que, da perspectiva do homem estrutural, aquele que está em communitas é um exilado ou um estranho, alguém que, por sua própria existência, põe em questão toda a ordem normativa. É por isso que, quando consideramos as instituições culturais, temos de olhar os interstícios, nichos, intervalos e periferias da estrutura social para encontrar ao menos um reconhecimento cultural relutante dessa modalidade de relação humana primordial.

Por outro lado, em tempos de mudança social drástica e constante, é a communitas que muitas vezes parece central, e a estrutura que constitui a periferia "quadrada" ou "convencional". Se é possível nos aventurarmos numa avaliação pessoal dessas matérias, diríamos que grande parte da miséria do mundo é produzida pelas atividades honestas e responsáveis de fanáticos de ambas as crenças. Por um lado, encontramos um *übermensch** estrutural e em última instância burocrático que gostaria de alinhar todo o mundo dos homens inferiores em termos de hierarquia a arregimentação numa "Nova Ordem"; por outro, os niveladores puritanos que aboliriam todas as diferenças idiossincráticas entre homem e homem (até diferenças organizacionais necessárias em prol da busca de alimento), e estabeleceriam uma tirania ética que daria pouca oportunidade a compaixão e perdão.

"Uma só lei para o Leão e o Boi é Opressão", disse Blake a respeito de semelhante tirania ética. No entanto, como ambas as modalidades são indispensáveis para a continuidade social humana, nenhuma delas pode existir por muito tempo sem a outra. De fato, se a estrutura for maximizada até a plena rigidez, ela leva à nêmesis da revolução violenta ou da apatia não criativa; ao passo que, se a communitas for maximizada, ela se torna dentro de pouco tempo sua própria sombra escura, o totalitarismo, a partir da necessidade de suprimir e reprimir em seus membros todas as tendências a desenvolver independências e interdependências estruturais.

Além disso, a communitas, que é em princípio ilimitada e universal, foi limitada na prática histórica a regiões geográficas particulares e a aspectos específicos da vida social. Assim, as diferentes expressões de communitas, como

---

* Palavra alemã que aparece no livro de Friedrich Nietzsche *Assim falou Zaratustra*, significando o "além-do-homem" ou o "super-homem", ambas traduções com o sentido de que a condição presente do homem deve ser superada. (N.O.)

mosteiros, conventos, bastiões socialistas, comunidades e fraternidades se-mirreligiosas, colônias nudistas, comunas da contracultura moderna e acam-pamentos de iniciação, muitas vezes consideraram necessário cercar-se de muros reais e simbólicos – uma espécie do que os sociólogos estruturais cha-mariam de "mecanismos mantenedores de limites". Comunidades de grande escala, quando cercadas, tendem a tomar a forma de organizações militares e policiais, abertas e secretas. Assim, para que a estrutura fique excluída, é preciso mantê-la e reforçá-la constantemente. Quando os grandes princípios veem um ao outro como antagonistas, cada um "se torna o que contempla". Parece necessário, para citar William Blake novamente, "destruir a negação" e assim "redimir os contrários", isto é, descobrir qual a relação correta entre estrutura e communitas num dado momento e lugar na história e na geogra-fia, a fim de dar a cada uma o que lhe é devido.

Para resumir, uma grande pedra no caminho do desenvolvimento da teo-ria sociológica e antropológica foi a identificação quase total do social com o socioestrutural. Até relações informais são consideradas estruturais. Muitas delas o são, claro, mas não todas; estas últimas incluem as mais relevantes, e é possível distinguir aqui o profundo do raso. Isso criou enormes dificul-dades em relação a muitos problemas, como a mudança social, a sociologia da religião e a teoria dos papéis, para citar apenas alguns. E levou também à ideia de que tudo que não é socioestrutural é "psicológico" – seja lá o que isso signifique. Levou também à postulação de uma falsa dicotomia entre o indivíduo como sujeito e a sociedade como objeto. Mas parece é que o social, além de uma dimensão ligada ou presa, tem uma dimensão livre ou solta, a dimensão da communitas, em que os homens se confrontam uns com os ou-tros não no desempenho de papéis, mas como "seres humanos totais", seres integrais que compartilham reconhecidamente a mesma humanidade.

Depois que isso for reconhecido, será possível para as ciências sociais exa-minar de maneira mais frutífera que até então os fenômenos culturais como arte, religião, literatura, filosofia e até muitos aspectos do direito, da política e do comportamento econômico que ainda hoje escapavam à rede conceitual estruturalista. Esses domínios são ricos em referências à communitas. A tarefa vã de tentar descobrir de que maneira precisa certos símbolos encontrados no ritual, na poesia ou na iconografia de uma dada sociedade "refletem" ou "ex-pressam" sua estrutura social ou política pode então ser abandonada. Os sím-bolos decerto podem refletir não a estrutura, mas a antiestrutura, e não apenas a refletem, como contribuem para criá-la. Em vez disso, é possível considerar os mesmos fenômenos em termos da relação entre estrutura e communitas, a ser encontrada em situações relacionais como passagens entre estados estrutu-rais, os interstícios das relações estruturais, e no poder dos fracos.

QUESTÕES E TEMAS PARA DISCUSSÃO

1. Pense sobre o carnaval, cultos carismáticos, festivais de música, manifestações políticas ou momentos de sociabilidade de "tribos urbanas" como expressões de communitas.
2. A partir da leitura das entrevistas com Roberto DaMatta e Yvonne Maggie sugerida abaixo, destaque aspectos da influência da obra de Turner na antropologia brasileira.

LEITURAS SUGERIDAS

Cavalcanti, Maria Laura Viveiros de Castro. "Luzes e sombras no dia social: o símbolo ritual em Victor Turner", *Horizontes antropológicos*, ano 18, n.37, p.103-31, Porto Alegre, jan-jun 2012. Disponível em: http://www.scielo.br/pdf/ha/v18n37/a05v18n37.pdf

____, Valter Sinder e Giselle Carino Lage. "Victor Turner e a antropologia no Brasil. Duas visões. Entrevistas com Roberto DaMatta e Yvonne Maggie", *Sociologia & antropologia*, vol.03.06, p.339-78, Rio de Janeiro, nov 2013. Disponível em: http://revistappgsa.ifcs.ufrj.br/wp-content/uploads/2015/05/2-ano03n06_entrevista_roberto_damatta_e_yvonne_maggie.pdf

Turner, Victor. *O processo ritual: estrutura e antiestrutura*. Petrópolis, Vozes, 2ª ed., 2013.

____. *Floresta de símbolos. Aspectos do ritual Ndembu*. Niterói, EdUFF, 2005.

14. Geertz e a dimensão simbólica do poder

O norte-americano Clifford Geertz (1926-2006) é considerado um expoente da antropologia "interpretativa", "hermenêutica" ou "simbólica" e um dos mais influentes antropólogos desde a publicação do conjunto de artigos reunidos em *A interpretação das culturas* (1973). No primeiro texto do livro, Geertz escreveu: "Acreditando, como Max Weber, que o homem é um animal amarrado a teias de significados que ele mesmo teceu, assumo a cultura como sendo essas teias e sua análise; portanto, não como uma ciência experimental em busca de leis, mas como uma ciência interpretativa, à procura do significado."[1] De Wittgenstein, Geertz tomou a ideia de que a cultura, assim como a linguagem, é algo que não existe na cabeça dos homens: ela é pública, porque o significado o é. O antropólogo, portanto, interpretaria as culturas como textos, e sempre a partir das "leituras" que seus membros também fazem.

Assim como Lévi-Strauss, de quem era crítico, Geertz viu sua obra (que compreende cerca de vinte livros) impactar fortemente outras disciplinas além da antropologia, como a história, a comunicação e a teoria literária.

O texto a seguir é retirado do Capítulo 4 e da conclusão da famosa análise que Geertz fez do negara, o Estado balinês tradicional. A palavra vem do sânscrito e significa "cidade", "palácio", "capital", "Estado", "reino" e "civilização", remetendo ao mundo da cidade tradicional, à alta cultura que essa cidade sustentava e ao sistema de autoridade política nela concentrado. Seu oposto seria a *desa*, "campo", "região", "aldeia", "local" ou "área governada". A Indonésia pré-colonial conheceu centenas ou milhares de negaras, reinos de várias durações e dimensões.

O livro analisa a natureza expressiva do Estado balinês – um "Estado-teatro" voltado para o espetáculo, para a cerimônia e para a dramatização pública daquilo que, para Geertz, seriam as obsessões dominantes da cultura

---

1. *A interpretação das culturas*. Rio de Janeiro, LTC, 2008, p.4.

balinesa: a desigualdade social e o orgulho do status. Por detrás disso, segundo a interpretação do autor, estaria "a doutrina do centro exemplar", que afirmaria que a corte-e-capital – negara – seria, simultaneamente, um microcosmo da ordem sobrenatural e a encarnação material da ordem política; não o "núcleo" do Estado, mas o *próprio Estado*.

Ao final, Geertz aborda a teoria política ocidental moderna, que define o poder como a capacidade de tomar decisões às quais os outros se sujeitem, tendo a coerção por expressão, a violência por fundamento e a dominação por objetivo. Esse ponto de vista, para Geertz, não seria errado, mas apenas parcial e, como todos os pontos de vista, fruto de uma tradição específica de interpretação da experiência histórica. Ou seja, uma representação coletiva, um ponto de vista socialmente construído. O exemplo do negara nos permitiria ver essa tradição de outra perspectiva, realçando aquilo que ela põe em segundo plano: a dimensão simbólica do poder.

NEGARA: O ESTADO-TEATRO BALINÊS NO SÉCULO XIX
Clifford Geertz

Afirmação política: espetáculo e cerimônia

A simbologia do poder
"Quando eu [Helms*] estava em Bali, um desses sacrifícios chocantes ocorreu. O rajá de um Estado vizinho morreu no dia 20 de dezembro de 1847: seu corpo foi cremado com grande pompa, três de suas concubinas se sacrificaram nas chamas. Foi um grande dia para os balineses. Fazia alguns anos que eles não tinham oportunidade de testemunhar um desses espetáculos hediondos, espetáculo que significava para eles um feriado com ares de dia santo. Todos os rajás reinantes de Bali fizeram questão de marcar sua presença, fosse pessoalmente, fosse por meio de um representante, e levaram consigo grandes comitivas.

"Foi um lindo dia, e pelos caminhos suaves e escorregadios, junto aos aterros que dividem os terraços semelhantes a gramados com uma interminá-

---
* Ludvig Verner Helms (1825-1918) foi um comerciante dinamarquês que viveu alguns anos em Bali, em meados do século XIX. Publicou, em 1882, *Pioneering in the Far East and Journeys to California in 1849 and to the White Sea in 1878* (Londres, W.H. Allen & Co.). A descrição desse evento, que segundo Helms mobilizou nada menos que 40 a 50 mil espectadores (ou cerca de 5% da população total de Bali à época), está nas p.59-66. A imagem reproduzida a seguir está no livro de Helms (inserida entre as p.60-1), embora não tenha sido publicada no livro de Geertz. (N.O.)

vel sucessão de campos de arroz, grupos de balineses com roupas de festa podiam ser vistos seguindo seu caminho para o local da cremação. Seus trajes alegres destacavam-se em vivo relevo contra o verde macio do terreno sobre o qual passavam. Eles se assemelhavam muito pouco a selvagens, lembrando antes uma multidão amavelmente festiva, disposta a empreender uma excursão agradável. Todo o ambiente era marcado por abundância, paz, felicidade e, em certa medida, civilização. Era difícil acreditar que a menos de alguns quilômetros de semelhante cena três mulheres inocentes de qualquer crime, mas em decorrência de seus afetos e em nome da religião, iriam sofrer a mais horrível das mortes, enquanto milhares de conterrâneos seus as observavam.

...

"As vítimas dessa cruel superstição não demonstravam nenhum sinal de medo ante o terrível destino agora tão próximo. Vestidas de branco, os longos cabelos pretos escondendo-as parcialmente, com um espelho numa das mãos e um pente na outra, elas pareciam decididas apenas a se enfeitar, como se fossem para um festejo alegre. A coragem que as sustentava em posição tão apavorante era de fato extraordinária, mas nascia da esperança de felicidade num mundo futuro. Sendo mulheres escravas aqui, elas acreditavam que se tornariam as esposas favoritas e rainhas de seu falecido amo em outro mundo. Asseguravam-lhes que a disposição para seguir rumo a um mundo futuro com alegria e em meio a pompa e esplendor agradaria às forças invisíveis e induziria o grande deus Shiva a admiti-las sem demora no Swerga Surya, o paraíso de Indra.

"Em torno das iludidas mulheres estavam seus parentes e amigos. Eles também não encaravam com consternação os horripilantes preparativos nem

Geertz e a dimensão simbólica do poder   235

tentavam salvar suas infelizes filhas e irmãs da terrível morte que as aguardava. Seu dever não era salvar, mas agir como carrascos; pois eles eram incumbidos de executar os últimos e terríveis preparativos e enviar finalmente as vítimas para seu destino.

...

"A cerca do outro lado da ponte foi aberta, e uma tábua foi empurrada sobre as chamas; os acompanhantes que estavam embaixo derramaram grandes quantidades de óleo sobre o fogo, fazendo com que chamas brilhantes e sinistras se elevassem a grande altura. O momento supremo havia chegado. Com passos firmes e medidos as vítimas caminharam sobre a tábua fatal; três vezes elas puseram suas mãos juntas acima da cabeça, sobre a qual haviam colocado uma pequena pomba, e depois, com o corpo ereto, elas saltaram sobre mar de chamas, enquanto as pombas levantavam voo, simbolizando os espíritos que se liberavam. Duas das mulheres não demonstraram qualquer sinal de medo nem no último instante; olharam uma para a outra, para ver se estavam preparadas, e depois, sem se curvar, deram o mergulho. A terceira pareceu hesitar e dar o salto com menos determinação; vacilou por um momento e depois pulou; as três desapareceram sem pronunciar um som.

"Esse terrível espetáculo não pareceu produzir nenhuma emoção sobre a vasta multidão, e a cena se encerrou com música bárbara e disparos de armas de fogo. Aquela foi uma visão para nunca ser esquecida por aqueles que a testemunharam e encheu-nos o coração de um estranho sentimento de gratidão por pertencermos a uma civilização que, com todos os seus defeitos, é misericordiosa e tende cada vez mais a emancipar as mulheres do engano e da crueldade. Deve-se ao governo britânico a extirpação desse revoltante flagelo do sati na Índia, e sem dúvida os holandeses, antes disso, fizeram o mesmo por Bali. Obras como essas são as credenciais pelas quais a civilização ocidental justifica seu direito de conquistar e humanizar as raças bárbaras e transformar antigas civilizações.

"Pouco mais tenho a contar de interesse sobre Bali. ..."

A vida cerimonial do negara clássico era tanto uma forma de retórica quanto de devoção, uma afirmação rebuscada e jactanciosa de poder espiritual. Saltar vivo em chamas (e, segundo se pensava, diretamente sobre a divindade) era apenas uma das afirmações mais grandiosas da mesma proposta, todas realizadas de outras maneiras não menos categóricas, como a limadura dos dentes reais, as consagrações de templos reais, as ordenações reais e, nos puputans,* os suicídios reais: havia uma conexão interna inquebrantável entre posição so-

---

* Puputan: entre os balineses, suicídio coletivo ritual realizado como alternativa à rendição ao inimigo. (N.T.)

cial e condição religiosa. O culto estatal não era um culto do Estado. Era uma alegação, feita muitas e muitas vezes na insistente linguagem do ritual, de que o status mundano tem uma base cósmica, que a hierarquia é o princípio que governa o Universo e que os arranjos da vida humana não passam de aproximações mais ou menos precisas dos arranjos da vida divina.

Outros aspectos da vida ritual balinesa tinham outras afirmações a fazer, algumas delas em conflito parcial com a afirmação que as cerimônias estatais faziam: status é tudo. Assim como o negara era apenas uma entre várias instituições na Bali clássica, a obsessão pela posição social era apenas uma entre muitas obsessões. Mas essa obsessão – e o feixe de crenças e atitudes que se desenvolveu em torno dela – estava relativamente tão impregnada na população em geral quanto naquela pequena parte imediatamente absorvida nos assuntos do negara como tal. "O rei era o símbolo da grandeza do campesinato", escreveu Cora Du Bois sobre os monarcas índicos do Sudeste Asiático; formulado de maneira um pouco mais cuidadosa, o comentário se aplica com especial força a Bali. Os espetáculos rituais do Estado teatral, seu senhor semidivino imóvel, em transe ou morto no centro dramático desses espetáculos, expressavam simbolicamente menos a grandeza do campesinato que sua noção acerca do que era a grandeza. O que o Estado balinês fazia pela sociedade balinesa era moldar em forma sensível um conceito do que, juntos, se esperava que eles fizessem de si mesmos: uma ilustração do poder que a grandiosidade tem para organizar o mundo.

Os balineses, não só em rituais da corte, mas em geral, moldam suas ideias mais abrangentes sobre o modo como as coisas são em última instancia, e portanto sobre o modo como os homens deveriam agir, em símbolos sensuais imediatamente apreendidos – num léxico de entalhes, flores, danças, melodias, gestos, cantos, ornamentos, templos, posturas e máscaras –, e não num conjunto ordenado discursivamente apreendido de "crenças" explícitas. Esse meio de expressão faz de qualquer tentativa de resumir essas ideias um empreendimento ambíguo. Como ocorre com a poesia, que, em termos amplos, envolve o sentido de *poiesis* ("feitura"), a mensagem aqui está tão profundamente enterrada que a transformar numa rede de proposições significa correr o risco de cometer ao mesmo tempo os dois crimes característicos da exegese: ver nas coisas mais do que realmente elas são e reduzir a riqueza do significado particular a um monótono desfile de generalidades.

Sejam quais forem as dificuldades e os perigos, porém, a tarefa exegética deve ser empreendida se quisermos ultrapassar o mero assombro fascinado – como uma vaca olhando para um gamelão, como dizem os balineses – que Helms exibe, a despeito de toda sua sensibilidade e seu poder de descrição.

Geertz e a dimensão simbólica do poder 237

O ritual balinês, e mais especialmente o ritual oficial balinês, incorpora a doutrina no sentido literal de "ensinamentos", por mais concretamente simbolizados, por mais irreflexivamente apreendidos que eles sejam. Desenterrá-los para apresentação em forma explícita não é uma tarefa pela qual os balineses, exceto alguns modernistas atuais, tenham jamais tido qualquer tipo de interesse. Eles tampouco sentiriam – assim como um poeta traduzido também não sente – que qualquer apresentação desse tipo chega de fato ao coração da matéria, compreendendo-a de modo correto. Comentários sobre a experiência e mais especificamente sobre a experiência de outras pessoas não são substitutos para eles. Na melhor das hipóteses, são caminhos, e bastante tortuosos, para sua compreensão.

Na prática, duas abordagens, dois tipos de compreensão, devem convergir para que possamos interpretar uma cultura: uma descrição de formas simbólicas particulares (um gesto ritual, uma estátua hierática) como expressões definidas; e uma contextualização dessas formas dentro de toda a estrutura de significado da qual elas são parte e em termos da qual obtêm sua definição. Isso não passa, claro, da conhecida trajetória do ciclo hermenêutico: uma troca dialética entre as partes que compreendem o todo e o todo que motiva as partes, de tal maneira a deixar visíveis simultaneamente as partes e o todo. No presente caso, essa mudança de rumo se reduz a isolar os elementos essenciais no simbólico religioso que banha o Estado teatral e determinar o significado daqueles elementos no interior da estrutura do que, tomada como um todo, é esse simbólico.

Para acompanhar um jogo de beisebol precisamos entender o que são um bastão, uma rebatida, uma entrada, um defensor externo esquerdo, uma jogada de pressão, uma bola em curva ou um *infield*, e em que consiste o jogo do qual essas "coisas" são elementos. Para acompanhar a cremação de um rei balinês é preciso ser capaz de segmentar a torrente de imagens que ela gera – cobras de pano, flechas que se transformam em flores, caixões em forma de leão, pagodes sobre liteiras, pombas surgindo da cabeça de mulheres suicidas – nos elementos significativos de que ela se compõe; para começar, é preciso compreender o sentido do que é empreendido. Os dois tipos de compreensão são interdependentes e emergem ao mesmo tempo. Não é possível saber o que é uma torre badé (como veremos, ela é um *axis mundi*) sem saber o que é uma cremação, assim como não se pode saber o que é uma luva de beisebol sem saber o que é o jogo.

Os cerimoniais oficiais da Bali clássica eram teatro metafísico: teatro destinado a expressar uma visão da natureza suprema da realidade e, ao mesmo tempo, moldar as condições de vida existentes para que estivessem de acordo com essa realidade; isto é, teatro para apresentar uma ontologia e, apresentando-a, fazê-la acontecer – torná-la real. Os cenários, os acessórios, os atores, os atos encenados pelos atores, a trajetória geral de fé religiosa que esses atos descrevem – tudo isso precisa ser posto contra o panorama do que afinal estava se passando. Esse panorama só pode ser percebido quando os componentes teatrais são percebidos, e na mesma medida que eles. Nem a precisa descrição de objetos e comportamentos associada à etnografia tradicional nem a delicada dissecção de significados textuais que é a filologia tradicional bastam em si mesmas. É preciso fazê-las convergir de tal maneira que a imediação concreta de teatro encenado produza a fé encerrada dentro dele.

Cremação e luta por status

... Embora praticada tanto por sacerdotes quanto por plebeus, a cremação (ngabèn) era de fato a quintessência da cerimônia real. Não apenas era a mais dramática, esplêndida, grandiosa e cara; era a que se dedicava de forma mais completa à afirmação agressiva do status. O que de um ponto de vista era supostamente um rito inflado para o morto, de outro era um impetuoso ataque numa guerra de prestígio. A sugestão de Gori de que ela poderia ser uma sobrevivência "indianizada" de um potlatch pré-hindu talvez não seja muito aceitável como etnologia. Mas apreende bastante bem o espírito da coisa: consumo conspícuo, estilo balinês.

A começar com a morte do rei, estendendo-se pela incineração real e continuando numa série de curiosas cerimônias posteriores, o ritual era algo demorado, cuja realização demandava meses. Seu cerne consistia em três grandes dias santos: A Purificação (Pabersihan); A Obediência (Pabaktian); e A Aniquilação (Pabasmian). Mas, como ocorre na maioria dos rituais balineses, esses eventos centrais estavam inseridos, por um lado, em um longo crescendo de preparativos, e, por outro, em acabamentos decrescentes. O significado do evento parecia residir quase tanto no prólogo (a construção da parafernália, a reunião das oferendas, a organização dos banquetes) e na repetição (as reencenações obsessivas, com efígie, cinzas, desenhos, ou flores da queima do cadáver) quanto na cerimônia propriamente dita. Do começo ao fim, era o que os balineses chamam karya ratu, "trabalho do rei", uma espécie de corveia religiosa em que serviço e adoração se reduzem à mesma coisa.

Dos três "grandes dias", o primeiro, A Purificação, era dedicado: à lavagem do corpo (ou do que restava dele) por parte dos parentes do morto, dos outros senhores do reino e, no caso de uma figura realmente importante, de senhores de reinos aliados; ao adorno do corpo com vários materiais (espelhos nas pálpebras, flores nas narinas, cera nos ouvidos, um rubi na boca, ferro nos braços); e, muito especialmente, à aspersão de água benta sobre ele pelo sumo sacerdote. No segundo dia, A Obediência, o corpo era removido para o pavilhão de exibição, onde, posto em meio às relíquias da família (punhais, lanças etc. do giri suci) e entre elaboradas montanhas de folhas e arroz, ele era visto por dependentes, clientes, aliados e até alguns dos súditos mais proeminentes, que vinham fazer sua prece de respeito, com as mãos postas na testa. Mas era no último dia, A Aniquilação, que a série de indicadores de status, que até aqui não passava de uma enxurrada, segundo os padrões balineses, se transformava numa torrente que varria a própria solenidade.

Como a descrição de Helms deixa claro, as características mais notáveis da cremação propriamente dita eram três enormes explosões de energia simbólica: uma social, a procissão; uma estética, a torre; e uma natural, o fogo. O exaltamento da multidão, a magnificência do ataúde e a impetuosidade da pira davam o tom do evento, que (como Helms também observa) parecia mais uma excursão que um lamento.

A procissão era um acontecimento clamoroso e desordenado do princípio ao fim. Ela começava com uma batalha simulada entre os homens que tentavam carregar o cadáver por sobre o muro do palácio para colocá-lo na torre e a multidão lá fora, que tentava impedi-los de fazer isso. Terminava, cerca de oitocentos metros adiante, com uma série de batalhas similares, quando o cadáver era baixado da torre para seu caixão em forma de animal e colocado sobre a pira. Entre uma coisa e outra havia quase uma histeria: girava-se violentamente a torre "para confundir o espírito"; havia empurrões, encontrões e tombos na lama; disputa de moedas e bugigangas entre risos; o incessante clangor de música de guerra.

No entanto, apesar de tudo isso, a procissão tinha uma ordem rigorosa: era tão calma e serena em seu ápice e no centro quanto era tumultuada e agitada na base e nas margens. À frente vinham orquestras, dançarinos, carregadores de sândalo, portadores de caixões em forma de animal. Atrás deles vinham os portadores de lanças, os carregadores das armas de família; e depois, equilibrando recipientes e bandejas na cabeça, vinham as mulheres com a água benta; em seguida efígies semelhantes a bonecos do morto, as oferendas aos demônios e ao senhor do inferno, as insígnias do rei (roupas, joias, caixas de noz-de-areca, guarda-sóis). Em seguida, semiextasiado, cantando mantras, vinha o sumo sacerdote, carregado no alto em sua cadeira aberta padmásana. Atrás, mas ligada a ele pela serpente de pano que tanto atraiu Helms e que os parentes imediatos do morto, também um pouco afastados, carregavam estendida sobre seus ombros, vinha a torre funerária, avultando grandiosamente sobre toda a confusão. E finalmente, arrastando-se como uma sombra, vinha o entourage funerário das esposas sacrificiais, as mulheres tão sem expressão em suas torres quanto os cadáveres que elas já haviam se tornado; seguindo-as, os sudras,* com frequência centenas deles, dúzias para cada torre, que suas famílias haviam desenterrado para serem cremados com seu senhor. A cena (que no aspecto geral não mudou tanto atualmente) parecia um pouco um tumulto brincalhão – uma violência deliberada, até estudada, destinada a provocar uma tranquilidade não menos deliberada e ainda mais estudada, que os sacerdotes imperturbáveis, parentes da linhagem masculina, esposas e mortos tributários conseguiam impor em torno da torre central.

A própria torre, o olho dentro do olho dessa tempestade fabricada, mais uma vez era uma imagem cósmica. Na base, o mundo dos demônios era invocado pelas usuais serpentes aladas e tartarugas achatadas. O mundo do homem era representado no meio por uma plataforma saliente, com o formato de jardim, chamado "a casa", onde o cadáver era posto. No topo aparecia o mundo dos deuses, simbolizado pelo conhecido escalonamento de telhados Meru, seu número indicando o nível do céu a que aspirava a alma que partia: um único para os plebeus, bastante afortunados por estarem ascendendo, por pouco que fosse; três ou cinco para a pequena nobreza; sete ou nove para um senhor comum; e onze, encimados por uma lingga esculpida,** para o rei; um assento padmásana sem telhado, aberto diretamente para o Sol, Surya Shiva, para o sumo sacerdote.

Os caixões em forma de animal também refletiam o status do morto. Sacerdotes eram queimados em touros, grandes senhores em leões alados, senhores menos importantes em cervos, plebeus num animal mitológico com cabeça de elefante e cauda de peixe. A altura da torre (que podia chegar a dezoito ou 21 metros), o número de homens que a carregavam (que deviam ter posição inferior à do morto), o grau de elaboração e excelência da decoração (que era saqueada pela multidão num frenesi descontrolado um pouco antes de ser queimada numa fogueira separada da do caixão) e o número de esposas sacrificiais e sudras desenterrados – tudo expressava as reivindicações de status do falecido, sua dinastia e seu negara: o grau de exemplaridade que eles professavam ter alcançado. Em todo esse dia agitado, com centenas de atos rituais e milhares de oferendas rituais, não havia quase nada, de efígies e montes de arroz a hinos sagrados e pombos esvoaçantes, que não tivesse um significado de status explícito, delicadamente modulado.

A cena junto à pira, a morte da serpente pelo sacerdote com a flecha emplumada; a descida do corpo ao caixão sobre a plataforma em chamas; o

---

* Extrato mais baixo no sistema de castas balinês, composto basicamente por camponeses, representava mais de 90% de sua população. (N.O.)

** Símbolo fálico. (N.O.)

sacerdote, ainda quase como um sonâmbulo, descendo à plataforma para encharcar o cadáver com grande quantidade de água benta; a colocação do corpo no caixão, escondido sob pilhas de tecidos, efígies, moedas chinesas e todos os diferentes tipos de oferenda que podiam de alguma maneira ser ali enfiadas; o acendimento cerimonial do fogo pelo sacerdote, com um simulacro de incêndio; o sacerdote, agora inteiramente em transe, executando um gracioso rito final, uma espécie de dança realizada em posição sentada, feita com cabeça, tronco, braços e mãos, em meio a fumaça e clamor; o grande colapso quando as pernas do caixão cedem e ele desmorona no fogo, lançando fora o corpo semicarbonizado; a queda silenciosa das viúvas nas chamas; o recolhimento das cinzas para ser levadas ao mar; o sacerdote andando na água para espalhá-las sobre as ondas; tudo isso era apenas mais do mesmo, a serenidade do divino transcendendo o furor do animalesco. Toda a cerimônia era uma gigantesca demonstração, repetida de um milhar de maneiras, com um milhar de imagens, da indestrutibilidade da hierarquia diante das forças niveladoras mais poderosas que o mundo pode reunir: morte, anarquia, paixão e fogo. "O rei está aniquilado! Viva sua posição!"

Assim, os rituais reais (e nisso as limaduras de dentes, ordenações, limpezas do reino e consagrações de templo não eram diferentes das cremações) encenavam na forma de préstitos os principais temas do pensamento político balinês; o centro é exemplar, o status é a base do poder, a arte de governar é uma arte dramática. Mas isso não é tudo, porque os préstitos não eram meras ornamentações estéticas, celebrações de uma dominação que existia de modo independente: eles eram a própria coisa. A competição para ser o centro dos centros, o eixo do mundo, era exatamente isso, uma competição; e era a capacidade de encenar produções numa escala de onze telhados, de mobilizar homens, recursos e em especial competência que fazia de alguém um senhor de onze telhados. Não deveríamos permitir que a natureza atributiva do sistema balinês de classificação, o fato de que o lugar de uma pessoa na hierarquia fosse em geral herdado, obscureça o fato mais importante sob muitos aspectos: o conjunto da sociedade, de alto a baixo, estava preso numa intricada e interminável rivalidade de prestígio, e essa rivalidade era a força propulsora da vida balinesa. A escala na qual se realizava a rivalidade era maior no topo, e talvez aí fosse mais implacável e decerto mais espetacular. Contudo, a luta daqueles situados nas posições inferiores para estreitar a distância entre eles e os posicionados mais acima, imitando-os, e para ampliar a distância entre eles e os situados ainda mais abaixo, deixando de imitá-los, era universal.

Uma cremação real não era o eco de uma política que acontecia em algum outro lugar. Era a intensificação de uma política que acontecia em todos os outros lugares.

Conclusão: Bali e teoria política

> Ora, este é um tipo muito estranho de imitação, que engloba e constrói a própria coisa que imita.
>
> *Paul Ricoeur*

Aquela palavra fundamental do discurso político moderno, *state* [Estado], tem pelo menos três temas etimológicos diversamente condensados dentro dela: status no sentido de posição, situação, posto, condição – *estate* [estamento] (*"The glories of our blood and state"**); pompa, no sentido de esplendor, aparato, dignidade, presença – *stateliness* [imponência] (*"In pomp ride forth; for pomp becomes the great/ And Majesty derives a grace from state***); e governança, no sentido de soberania, regime, domínio, supremacia – *statecraft* [arte de governar] (*"It may pass for a maxim in state that the administration cannot be placed in too few hands, no the legislature in too many"****). É característico desse discurso, e de sua modernidade, que o terceiro desses significados, o último a surgir (na Itália dos anos 1540; não estava disponível nem para Maquiavel), tenha vindo a dominar de tal maneira o termo que obscureceu nossa compreensão da natureza múltipla da alta autoridade. Impressionados com o comando, enxergamos pouco mais.

Como foi observado, *negara* também alcança um variado campo de significados, mas um campo diferente de *state*, levando às usuais conexões errôneas de traduções interculturais quando assim vertido. Mas qualquer que seja o significado para nós – palácio, cidade, capital, reino, civilização –, o tipo de forma de governo que a palavra designa é aquele em que a interação de status, pompa e governança não somente continua visível como também é de fato ostentada. O que nosso conceito de poder público obscurece, o dos balineses expõe, e vice-versa. No que diz respeito à teoria política, é aí, expondo as dimensões simbólicas do poder do Estado, que está a utilidade de examinar a posição em declínio, a prerrogativa dispersada, o controle ritualizado da água, o comércio administrado por forasteiros e a cremação exemplar. Esse estudo restaura nosso sentido da força ordenadora da ostentação, do respeito e do drama.

Cada uma das principais noções acerca do que "é" o Estado, desenvolvidas no Ocidente desde o século XVI – detentor do monopólio da violência

---

* "As glórias de nosso sangue e posição." (N.T.)

** "Em pompa segui cavalgando; pois a pompa convém aos grandes/ A Majestade deriva uma graça da imponência." (N.T.)

*** "Pode ser considerada uma máxima na arte de governar que a administração não pode ser colocada em muito poucas mãos, nem a legislatura em mãos demais." (N.T.)

dentro de um território, comitê executivo da classe dominante, agente delegado da vontade popular, dispositivo pragmático para conciliar interesses –, teve seu próprio tipo de dificuldade para assimilar o fato de que essa força existe. Nenhuma delas produziu uma descrição viável de sua natureza. Deixou-se que aquelas dimensões da autoridade não facilmente redutíveis a uma concepção de "ordem e obediência" da vida política vagassem num mundo indefinido de excrecências, mistérios, ficções e adornos. E as conexões entre o que Bagehot chamou de partes solenes e partes eficientes do governo foram sistematicamente mal compreendidas.

Essa compreensão errônea, para expressá-la da maneira mais simples, consiste em supor que a função das partes solenes é servir às partes eficientes, que elas são artifícios mais ou menos astutos, mais ou menos ilusórios, destinados a facilitar a realização dos objetivos mais prosaicos do governo. A simbologia política, desde mito, insígnias e etiqueta até palácios, títulos e cerimônias, seria apenas o instrumento de objetivos sob ela ocultos ou elevando-se muito acima dela. Suas relações com a atividade real da política – dominação social – são todas extrínsecas: "Divindade do Estado que obedece a afeições de pessoas."

Para aquelas concepções do Estado como "grande besta", que, desde o Leviatã de Hobbes até o Minotauro de Jouvenel, situa seu poder na ameaça de prejudicar, a função do préstito e da cerimônia na vida pública é infundir terror nas mentes afrontadas pela ameaça. Como um zunidor australiano ou a máquina do Mágico de Oz, é um ruído melancólico para impressionar os impressionáveis e incutir neles um trêmulo pavor. Para aquelas concepções da "grande fraude", à esquerda de Marx ou à direita de Pareto, em que a ênfase está na capacidade que as elites têm de extrair excedentes dos menos bem situados e transferi-los para si mesmas, a concepção de cerimônia oficial é mais de mistificação, no sentido da espiritualização de interesses materiais e da ofuscação de conflitos materiais. A simbologia política é ideologia política, e a ideologia política é hipocrisia de classe.

Concepções populistas do Estado, aquelas que o veem como uma extensão do espírito de comunidade do qual ele provém, tendem naturalmente a formulações mais festivas: como o governo é o instrumento da vontade da nação, seus rituais alardeiam a imensidão dessa vontade. E para as teorias pluralísticas – o equilíbrio dos interesses, do liberalismo clássico, e os grupos de pressão, que o sucedem –, os ornamentos do Estado não passam de expedientes para revestir procedimentos aceitos de legitimidade moral. A política é uma interminável competição por vantagem marginal sob regras do jogo estabelecidas (constitucionais), e o papel das perucas e togas que em toda parte a acompanham é fazer as regras parecerem estabelecidas, elevá-las acima –

ou inseri-las abaixo – da luta partidária que elas devem regular. Em todas essas concepções, porém, os aspectos semióticos do Estado (se, prenunciando uma abordagem alternativa às questões que nos ocupam, podemos agora começar a chamá-los assim) continuam a ser apenas um cerimonial ridículo. Eles exageram o poder, ocultam a exploração, inflam a autoridade ou moralizam o procedimento. A única coisa que não fazem é provocar coisa alguma.

Não é difícil, na verdade é fatalmente fácil, encaixar o Estado balinês tal como foi descrito aqui em um ou outro desses modelos conhecidos, ou em todos ao mesmo tempo. Ninguém que não possa de alguma maneira prometer violência aos recalcitrantes, arrancar apoio dos produtores, retratar suas ações como sentimento coletivo ou justificar suas decisões como prática ratificada continua politicamente dominante por muito tempo. No entanto, reduzir o negara a esses lugares-comuns batidos, à moeda gasta do debate ideológico europeu, é permitir que a maior parte do que nele é mais interessante escape à nossa consideração. Seja qual for a informação que o negara tenha a nos oferecer sobre a natureza da política, ela não é que os peixes grandes comem os peixes pequenos, nem que os andrajos da virtude mascaram os motores do privilégio.

Muita coisa sobre o caráter da cultura balinesa clássica e o tipo de política que ela sustentava é discutível, mas disso não faz parte a ideia de que o status era sua obsessão dominante, e que o esplendor era a essência do status. Linggih, literalmente "assento", geralmente condição social, posto, posição, lugar, título, "casta" ("Onde você se senta?" é a indagação comum para identificar o status), era o eixo em torno do qual a vida pública da sociedade girava. Definido em termos da distância variável em relação à divindade, e, pelo menos em teoria, um dos dados da vida, não uma de suas contingências, o status e as compulsões que o cercam animavam a maior parte das emoções e quase todas as ações cujos atos análogos, quando os encontramos em nossa própria sociedade, chamamos de políticos.

Compreender o negara é localizar essas emoções e interpretar esses atos; elaborar uma poética do poder, não uma mecânica. O idioma da posição social não só formava o contexto dentro do qual as relações políticas dos principais tipos de atores políticos tomavam sua forma e tinham seu significado; ele permeava igualmente os dramas que eles montavam conjuntamente, o *décor théâtral* em meio a que os montavam e os objetivos mais amplos para os quais o realizavam. O Estado extraía sua força, que era bastante real, das energias imaginativas, da capacidade semiótica de deleitar de maneira desigual.

Antes de qualquer outra coisa, o Estado balinês era uma representação do modo como a realidade estava arranjada; uma vasta figura dentro da qual objetos como punhais, estruturas como palácios, práticas como a cremação, ideias como "dentro" e atos como suicídio dinástico assumiam a potência que tinham. A noção de que a política é um jogo imutável de paixões naturais, sendo as instituições de dominação particulares apenas dispositivos que permitem explorá-lo, é errada em toda parte; em Bali, seu absurdo é patente. As paixões são tão culturais quanto os dispositivos; e a maneira característica de pensar – hierárquica, sensorial, simbolística e teatral – que informa os segundos informa também as primeiras.

Isso é claro a todos os aspectos. Mas talvez seja mais claro no que era, enfim, a principal imagem da vida política: a realeza. Todo o negara – a vida da corte, as tradições que a organizavam, as linhagens que a sustentavam, os privilégios que a acompanhavam – era essencialmente dirigido para a definição de poder; e o poder era o que eram os reis. Reis particulares chegavam e partiam, "pobres fatos passageiros" tornados anônimos em títulos, imobilizados no ritual e aniquilados nas fogueiras. Mas o que eles representavam, as concepções "tire o molde e copie" da ordem, permanecia inalterado, pelo menos durante o período sobre qual sabemos muito. O objetivo propulsor da política mais elevada era construir um Estado mediante a construção de um rei. Quanto mais consumado o rei, mais exemplar o centro. Quanto mais exemplar o centro, mais verdadeiro o reino.

Diz-se inevitavelmente que o traço distintivo da realeza índica no Sudeste Asiático é sua "divindade" – uma formulação obscura, como já foi observado. Os reis aqui não tinham dois corpos, mas um. Não eram Defensores da Fé, Vigários de Deus ou Representantes do Céu; eram a própria coisa – encarnações (hindu, budista ou alguma mistura eclética dos dois) do Sagrado como tal. Os rajás, marajás, rajadirajas, devarajas, e assim por diante, eram todos hierofanias; objetos sagrados que, como estupas ou mandalas, exibiam diretamente o divino.

O conceito de realeza divina não é incorreto, assim como não é incorreto dizer que o presidente americano é um líder popular, ou que o rei do Marrocos é um autocrata. Só que é insuficiente. É o conteúdo da "divindade" (ou da "popularidade" ou da "autocracia") que interessa. Ainda mais importante, o que interessa é como esse conteúdo foi criado, como foi materialmente produzido. Se um Estado foi construído mediante a construção de um rei, um rei foi construído mediante a construção de um deus.

Há nisso várias implicações para a forma da política, mas uma das mais importantes é que a soberania, como a divindade, era ao mesmo tempo uma e muitas. A paisagem, não apenas em Bali, mas em todo o Sudeste Asiático, e no curso de pelo menos 1.500 anos, era pontilhada de monarcas universais, cada qual representado, nas declamações de seu culto, como o cerne e o centro do Universo; cada um, no entanto, com perfeita consciência de que não estava enfaticamente sozinho nessa representação. Desde os mais insignificantes rajás em Celebes ou na península da Malásia, aos maiores em Java ou no Camboja, as proclamações de suserania eram totais em suas reivindicações; o que variava era a escala em que essas proclamações podiam ser elevadas. Os reis eram todos Incomparáveis, mas alguns eram mais Incomparáveis que outros, e eram as dimensões de seu culto que faziam a diferença.

Foi essa combinação de uma forma cultural essencialmente constante, o culto do rei divino, a uma enorme variabilidade nas pessoas e nos recursos disponíveis para construir essa forma, nesse lugar ou naquele momento, que transformou "a luta pelo poder" na Bali clássica numa explosão contínua de exibição competitiva. Os traços mais preeminentes dessa exibição, em mito, rito, arte e arquitetura, já foram descritos. Assim também a mentalidade política que ela sustentava e que a sustentava. Mas, para além tanto da simbologia quanto do ethos, e dando-lhes uma expressão tangível no curso real dos negócios do Estado, estavam vários paradigmas sociais da autoridade real, exemplificações concretas daquilo em que realmente consistia ser o senhor da criação, em termos práticos. Desses, três eram especialmente importantes: as relações entre reis e sacerdotes, reis e mundo material e entre reis consigo mesmos.

...

Nos Estados hierárquicos tradicionais do Oriente Médio e da Ásia, havia três formas principais de realeza. Naquelas burocracias arcaicas como as de Egito, China ou Suméria, o rei era ele próprio o sacerdote chefe; o bem-estar do reino girava em torno da força mágica de suas atividades litúrgicas, e os outros sacerdotes não passavam de seus assistentes sacerdotais. Na Índia, ela própria tanto um continente quanto um país, o rei era o que Louis Dumont chamou de uma figura "convencional", e não uma figura "mágico-religiosa" – um soberano desprovido de funções religiosas propriamente ditas, conectado ritualmente com o outro mundo pelos sacerdotes, assim como seus ministros o conectavam administrativamente com este mundo. Por fim, em Bali, como na maior parte do resto do Sudeste Asiático (bem como, de maneira bastante interessante, nos sistemas de governo mais desenvolvidos da Polinésia e, de maneira um tanto diferente, no Japão), o rei não era um mero eclesiarca, mas o centro numinoso do mundo, e os sacerdotes eram os emblemas, ingredientes e executores de sua santidade. Como as já mencionadas relíquias de família – vestes, guarda-sóis, palanquins e joias, o palácio, as esposas, as linggas, a torre de cremação, as festas ao ar livre, as guerras; na verdade, como veremos, como o reino como um todo –, os sacerdotes eram parte das insígnias reais.

Isso não significa que eles eram meros acessórios, enfeites do poder. A crônica real de Bulèlèng, que descreve explicitamente o sacerdote da corte como "a mais importante das joias do rei", também o identifica com o punho da adaga do rei, com os instrumentos da orquestra do rei e com o elefante do rei. ... Como P.J. Worsley bem observa: "[Ele] não é simplesmente um adorno real, um símbolo da autoridade real, mas uma corporificação de parte dessa autoridade, uma extensão da pessoa oficial do rei."

Em suma, embora o sacerdote represente, aqui como na Índia, darma, palavra bem e mal traduzida como "lei", "norma", "dever", "direito", "virtude", "mérito", "boas ações", "observância costumeira", "religião", "ordem" e "justiça", a relação entre ele e o rei é menos a vinculação entre puro e impuro, ou mesmo honrado e prático, que entre excelente e superexcelente. A eminência do sacerdote reflete a do rei, é parte dela e contribui para ela; o inabalável laço de lealdade que os une, um laço demonstrado em todas as ocasiões públicas possíveis e de todas as maneiras possíveis, é novamente exemplar. Isso, escreve Worsley, é "a imagem espelhada de uma relação ideal. ... Nessa relação muito especial ... está refletida a relação ideal entre o soberano e o súdito, pois a relação é encarada ... como um modelo para todo o mundo". Como um paradigma social, rei e sacerdote mostravam ao reino como servir a seu senhor tornava-se um aspecto desse senhor, assim como ele, servindo a Deus, tornava-se um aspecto de Deus; e mostrava também que tipo de coisa – a imitação superior – era esse serviço.

A relação geral entre o rei e o mundo material foi resumida numa palavra enganosamente prosaica, cuja aparente facilidade de tradução constituiu a principal barreira para sua compreensão por parte dos estudiosos: druwé. Druwé (madruwé, padruwèn) significa "possuído" ("ter", "possuir"; "propriedade", "riqueza"). Mas esse não é propriamente o problema. A questão é que, usada em conexão com o rei, a palavra era aplicável a praticamente tudo; não apenas às suas terras privadas e seus bens pessoais, mas ao país como um todo, toda a terra e água nele contidas e todas as pessoas. O reino em sua totalidade era em certo sentido sua "posse", sua "propriedade", "pertencia a ele". É o "em certo sentido" que encerra as complexidades e que engendrou os debates.

A discussão longa, centenária, entre aqueles que, confundindo idioma e direito, viam toda a terra, água, florestas, e assim por diante, nos Estados índicos da Indonésia como propriedade pessoal do rei e aqueles que, confundindo com ele o costume camponês, encaravam as reivindicações de domínio como mero simulacro e usurpação, estava essencialmente mal orientada. Ela se baseava, de ambos os lados, na suposição jurídica de que "propriedade" é uma questão de "sim ou não", algo com uma definição fixa e uniforme; e na ideia de que, embora proprietários possam ser pessoas, grupos de pessoas ou até instituições, só pode haver, em última instância, uma reivindicação legítima a um direito particular em uma propriedade particular. A necessidade de uma concepção menos elementar de "posse" torna-se clara quando se considera que não somente os reis, mas também "deuses", "aldeias", "famílias" e "indivíduos" possuíam "tudo" – o mesmo "tudo". Em particular, para que as relações entre soberano e reino sejam propriamente compreendidas, deve-se abandonar a ideia de que druwé, como quer que a palavra fosse traduzida, tinha a ver com o uso de recursos (isto é, com sua apropriação e seu usufruto). Ela tinha a ver com o papel desse uso na simbologia do poder.

Considerada dessa maneira, a questão de quem "possuía" Bali assume uma forma menos lockiana, e nos defrontamos novamente com uma sociedade tensionada entre paradigmas culturais concebidos como descendentes e arranjos práticos concebidos como ascendentes. As regras que governavam o controle e a disposição imediata dos recursos eram, como vimos, complexas e irregulares, um emaranhado de particularidades entrecruzadas. Como também vimos, elas eram mais o produto do pequeno povoado, da sociedade de irrigação e do lar que (exceção feita a certas matérias cuidadosamente especificadas) do negara. Mas a qualidade e abundância desses recursos, e a prosperidade do mundo, provinham de realidades menos mundanas; e era para estas que druwé apontava. A palavra assinalava outra hierarquia de exemplares, cada um dos inferiores sendo uma versão mais grosseira do próximo, situado acima, cada um dos superiores uma versão mais refinada do próximo, situado abaixo, formulada desta vez em termos do proprietário. A "propriedade" do reino pelo rei aproximava-se da "propriedade" do reino pelos deuses, tanto quanto o rei estava capacitado para isso; a propriedade do senhor aproximava-se da propriedade do rei; a dos camponeses aproximava-se da do senhor. Não somente essas "posses" podiam existir juntas como tinham de existir juntas para que qualquer delas fizesse sentido. O rei possuía o país quando o administrava de maneira mimética, compondo e construindo a própria coisa que imitava.

Em termos concretos, o rei era não somente o supremo pungawa, no ápice da hierarquia de status, mas estava também, por essa razão, no centro do que, ao debater as dimensões "espirituais" da comunidade local, chamamos de "espaço sagrado". Ele fundia em sua pessoa a dupla representação de poder que vimos atravessar toda a estrutura da vida pública balinesa: como uma gradação de excelência espalhando-se para baixo a partir de uma unidade divina e como uma radiação dispersando-se para fora dela a partir de um núcleo divino. Estas são apenas duas expressões da mesma realidade, como

Geertz e a dimensão simbólica do poder

a altura de uma torre e o comprimento de sua sombra. Mas onde a relação rei-sacerdote modelou a primeira, a ascendência como tal, a relação rei-reino modelou a segunda, seu alcance.

Além do grande número de "comunidades de costume" locais, o *desa adat*, o reino como um todo, era ele mesmo concebido como uma comunidade de costume semelhante, um *negara adat*. Como o *desa adat*, o *negara adat* era um trecho de espaço sagrado: "A terra com tudo que cresce nela, a água que flui através dela, o ar que a envolve, a rocha que a mantém em seu útero." Como o *desa adat*, todos aqueles que vivem dentro dos seus limites, beneficiando-se portanto de suas energias, eram coletivamente responsáveis por cumprir as obrigações rituais e morais que essas energias acarretavam. E, como o *desa adat*, o *negara adat* não era originalmente uma unidade social, política ou econômica, mas uma unidade religiosa, uma reunião de celebrantes. Da mesma maneira que as populações locais asseguravam o bem-estar local, as populações regionais asseguravam o bem-estar regional, e, onde possível, as suprarregionais asseguravam o suprarregional – por meio de cerimônia coletiva grandiosamente montada.

Era como chefe do *negara adat*, portanto, que o rei "possuía" o reino. Como os deuses, e como um deus, ele assegurava sua prosperidade: a produtividade de sua terra; a fertilidade de suas mulheres; a saúde de seus habitantes; que o reino estivesse livre de secas, terremotos, inundações, pragas ou erupções vulcânicas; sua tranquilidade social; e até (domado como era num vasto e bem-cuidado parque de caminhos inclinados, pátios retangulares e terraços quadrados) sua beleza física. Fosse nas cerimônias de Abertura da Água em lagos sagrados, nos ritos de primeiros frutos em santuários nas montanhas, ritos de exorcismos de demônios em santuários à beira-mar, ou nas celebrações reais em seu palácio, o rei era representado como o principal "guardião", "zelador", ou "protetor", *ngurah*, da terra e de sua vida, protegendo-a como a abóbada do céu protegia o rei e o reino. Nessa condição e nesses termos, termos tutelares, e não de posse, o reino era literalmente sua "propriedade", *druwé raja*.

E o motor, mais uma vez, era a cerimônia oficial. A pródiga exuberância dessa cerimônia, a sensação generalizada de abundância material que observamos repetidamente, era tanto a imagem da prosperidade do reino quanto, de acordo com a concepção "tire o molde e copie" das coisas, sua autora. O esplendor cerimonial retratava a centralidade do rei ao convergir sobre ele como seu foco; retratava os poderes que se encerravam nessa centralidade representando-os em termos de riqueza reunida; e retratava o campo social sobre o qual esses poderes se estendiam em termos da população a partir da qual a riqueza era reunida. A extravagância dos rituais estatais não era apenas a medida da divindade do rei, como já vimos; era também a medida do bem-estar do reino. Mais importante, era uma demonstração de que ambas eram a mesma coisa.

A relação do rei consigo mesmo, como a própria formulação paradoxal sugere, é o mais elusivo dos paradigmas sociais da autoridade real, o mais difícil de traduzir em outros modos de expressão que não aqueles em que ela estava engastada. É o mais difícil pela sua natureza estranhamente despersonalizada, como a veríamos: o aparente abandono da identidade e da vontade individuais em favor da existência de uma espécie de ideograma humano. A cerimônia que retratava o sacerdote como a joia do rei, e o reino como o parque do rei, retratava o rei como o ícone do rei: uma semelhança sagrada de... bem, realeza.

No esforço para caracterizar o papel do rei nesse aspecto, a expressão que vem de imediato à mente é a de T.S. Eliot: "Ponto imóvel do mundo que gira"; pois, na medida em que ele era um ator em cerimônias da corte, sua tarefa era projetar uma enorme calma no centro de uma enorme atividade tornando-se palpavelmente imóvel. Sentado por longas horas seguidas numa pose estritamente formal, o rosto inexpressivo, olhos ainda mais inexpressivos, mexendo-se quando tinha de fazê-lo com a lenta formalidade de uma graça delicada, e falando quando tinha de fazê-lo num murmúrio de frases reticentes, enquanto por toda parte à sua volta as pessoas trabalhavam intensamente para construir um grande espetáculo em sua honra, o rei era O Grande Imperturbável, o silêncio divino no centro das coisas: "O Eu Vazio... inativo... desprovido de forma."

No entanto, mesmo a imobilidade, a impassibilidade e a placidez, os materiais do ícone, eram eles próprios paradoxais: como o repouso do Buda agachado ou o equilíbrio de Shiva dançando, eles resultavam de um árduo atletismo do espírito. A capacidade do rei de projetar a si mesmo (ou melhor, a sua realeza) como eixo estacionário do mundo repousava na habilidade para disciplinar suas emoções e seu comportamento com meticuloso rigor; de treinar sua mente nas profundezas, num transe prolongado, intenso, reflexivo; e de formar nessas profundezas imagens exatas e elaboradas dos deuses. A longa e libertadora cadeia de exibição exemplar, ligando o "Supremo Brama corporificado no som primevo" à "totalidade do ... país ... desamparado, oprimido, humilhado", assinalava com uma seta sobre o rei a junção crítica entre o que os homens podiam conceber e o que, ao concebê-lo, eles podiam ser.

Centro exemplar dentro do centro exemplar, o ícone rei representava externamente para seus súditos o que representava internamente para si próprio: a beleza equânime da divindade. Dita dessa maneira, a coisa soa um

Geertz e a dimensão simbólica do poder

pouco como prestidigitação, a mão de Steinberg desenhando a si mesma. Mas como a imaginação para os balineses não era um modo de fantasia, de faz de conta nocional, mas um modo de percepção, representação e realização, ela não aparecia dessa maneira para eles. Visualizar era ver, ver para imitar e imitar para corporificar. Qualquer que fosse a validade objetiva da concepção segundo a qual a realidade consiste numa hierarquia estética, tipo modelo e ocorrência, de expressões sensuais na qual aquelas situadas mais abaixo não são menos reais, só menos requintadas, menos deslumbrantes e menos potentes (e quem deve se pronunciar sobre isso?), em Bali ela é verdade pétrea. Como um sinal num sistema de sinais, uma imagem num campo de imagens – que era aquilo em que ele se transformava tenazmente em cerimônias da corte –, o rei era diferente na medida em que, "sentando-se" no ponto acima do qual a hierarquia era incorpórea, ele marcava o limiar do puro ideal.

Mas o paradoxo de uma passividade ativa, uma vigorosa permanência na imobilidade, estendia-se ainda mais; porque o rei como signo transmitia não apenas a silenciosa suavidade de um espírito tranquilo, mas também a inexpressiva soberania de um espírito justo. A benevolência impassível em relação à bondade era igualada por violência impassível em relação ao mal; a guerra (ou, de maneira menos grandiosa, a punição real) era, à sua maneira, uma atividade ritual tanto quanto a Abertura da Água. ... Cruel como o calor do sol e sereno como o brilho da lua, a mente treinada em visões fortalecedoras, o rei era apresentado nos grandes dramas do teatro estatal como uma figuração fixa de autoridade, "um [homem] abstrato e anônimo que se comporta de maneira totalmente previsível dentro da lógica da imagem em que [ele] foi formado". Com água benta, hinos, assentos de lótus e punhais, ele era um objeto ritual.

O rei era também, contudo, um ator político, o poder entre poderes e o signo entre signos. Era o culto do rei que o criava, elevava-o de senhor a ícone; pois, sem os dramas do Estado teatral, a imagem da divindade composta não poderia sequer tomar forma. No entanto, a frequência, a riqueza e a escala desses dramas, e a extensão da marca que imprimiam no mundo, dependiam por sua vez da medida e da diversidade das lealdades políticas que podiam ser mobilizadas para encená-los. E, fechando o círculo, essa mobilização de homens, habilidades, bens e conhecimento era a principal tarefa e a arte primordial da estadística, a capacidade da qual, sob o aspecto material, derivava a supremacia. Não era suficiente apenas permanecer imóvel, até apaixonadamente imóvel. Para ser a representação suprema do poder era necessário também traficar com o poder.

Os mecanismos sociais pelos quais esse tráfico era mediado – laços de descendência, clientelismo, aliança, sistema de perbekels, aluguel, tributação, comércio – já foi descrito, e sua tendência centrífuga à heterogeneidade foi enfatizada. O que era elevada centralização em termos de representação tornava-se, institucionalmente, enorme dispersão, de modo que uma política muito competitiva, oriunda das especificidades da paisagem, do costume e da história local, ocorria num idioma de ordem estática que emergia da simbologia universalizante de mito, rito e sonho político. Afora as dificuldades práticas que representava para qualquer pessoa que desejasse abrir caminho em direção ao ápice brilhante e ao centro das coisas (isto é, para quase qualquer pessoa com alguma esperança de fazê-lo), essa situação introduzia um paradoxo na política do negara, um paradoxo que nem a arte de governar nem seus praticantes podiam jamais resolver por completo, e que se tornava, em consequência, a dinâmica política central: quanto mais alguém chegava perto de imaginar o poder, mais tendia a se distanciar da maquinaria que o controlava.

Não se tratava apenas da "solidão no topo" característica talvez de todos os sistemas políticos complexos e certamente de todas as autocracias. Porque o problema aqui não era que os funcionários ocultassem do rei, por medo ou prudência, a verdade das coisas; como não havia quase nenhum staff, não havia praticamente nenhum funcionário. Nem que os planos de ação reais tivessem de ser formulados em termos tão gerais que o rei perdia contato com as realidades concretas; como não havia quase nenhuma administração, não havia praticamente nenhum plano de ação. O problema era que o negara mudava de caráter das regiões inferiores para as mais elevadas. Nas inferiores, ele envolvia as centenas de aldeias como entidades políticas entrecruzadas, arrancando delas, com uma nuvem de perbekels, sedahans e subandars, os corpos e recursos para encenar as óperas da corte. Nas regiões mais elevadas, progressivamente afastadas do contato com essas entidades políticas e a crueza a elas associada, o negara se voltava para a atividade central da mimese exemplar, para a encenação das óperas. Funcional ou, como diriam os balineses, "grosseiro" em direção à base, o negara era estético, "refinado" e se dirigia ao topo – o que em si mesmo era um modelo da natureza da hierarquia.

O resultado era que em qualquer ponto da hierarquia, embora de maneira mais intensa e inescapável perto do topo, onde a "chama intensamente radiante da majestade" consumia uma quantidade tão maior de combustível, a necessidade de demonstrar status guerreava com a necessidade de reunir apoio para tornar a demonstração possível. Em particular, os associados mais imediatos do rei, os outros grandes punggawas, parentes invejosos, lugares-

Geertz e a dimensão simbólica do poder

tenentes relutantes, quase iguais e rivais implícitos, estavam interessados em assegurar que a desativação do ritual do rei fosse literal também, em que ele ficasse tão aprisionado na cerimônia do governo que sua dependência prática deles fosse maximizada, e suas próprias possibilidades de exibição se ampliassem. A política do espetáculo competitivo era cronicamente agitada, porque o sucesso de um senhor era a oportunidade de outro; mas era também basicamente estável, porque essa oportunidade era por sua vez inerentemente autolimitadora.

Agora que primeiro a burocracia colonial e depois dela a republicana trancaram o negara na gaiola de ferro de Weber,* é difícil recuperar o caráter da luta política da época em que suas energias eram paroquiais e suas ambições eram cósmicas; mas parece claro que ela era uma maravilhosa mistura de movimento e fixidez. Cada senhor, em qualquer nível e em qualquer escala, procurava se distanciar de seus rivais mais próximos expandindo sua atividade cerimonial, transformando sua corte num Majapahit mais aproximado, e ele mesmo mais próximo de um deus. Ao fazer isso, porém, ficava sujeito a se tornar um rei do xadrez preso, separado das complexidades do tráfico de poder pelas exigências de suas próprias pretensões: um puro signo.

Em consequência, apesar das intensas e intermináveis manobras, embora ocorresse o movimento rápido de ascensão na estatura política, ele era raro. Como uma parte tão grande da disputa por prestígio que marca a sociedade balinesa em praticamente todos os aspectos, o resultado costumeiro era comoção local e paralisação geral, uma manutenção global das relações de status em meio a um esforço repetitivo e com frequência muito vigoroso para alterá-las. A esfera dentro da qual qualquer senhor particular podia realmente jogar o jogo do rei divino estava circunscrita pelos pontos em que ele perdia contato com sua base social caso se tornasse demasiado grandioso; no entanto, a ameaça de ficar para trás na corrida do espetáculo caso deixasse de ser grandioso o bastante o mantinha pressionando esses limites. Como sua trama e cenário, o elenco do Estado teatral não era facilmente alterado. Embora o século XIX tenha sido lacerado por intrigas, disputas e violências praticamente contínuas, e por uma enorme quantidade de pequenas sublevações, o padrão geral de reputação e precedência e a estrutura de reverência eram praticamente os mesmos no começo e no fim. Por mais que a aspiração fosse vasta, havia muito movimento.

A situação que vimos em Tabanan era, portanto, característica: um senhor supremo com um subsupremo em seus calcanhares simbólicos; sub-

---

* Referência à famosa passagem de Max Weber em *A ética protestante e o espírito do capitalismo* na qual menciona a natureza altamente racionalista e burocratizada do capitalismo moderno. (N.O.)

subsupremos nos calcanhares deles; senhores mais importantes nos dos sub-subsupremos; senhores menores nos dos senhores mais importantes; e assim por diante, descendo através das distinções mais refinadas das diferentes casas, cada aspirante tentando reduzir a distância do lado superior e alargá-la do lado inferior. Como o controle efetivo sobre homens e recursos (o centro de gravidade político, por assim dizer) situava-se muito baixo no sistema, e como as ligações concretas eram múltiplas, frágeis, sobrepostas e pessoais, um sistema complexo e cambiante de alianças e oposições emergia à medida que os senhores tentavam imobilizar seus rivais imediatos acima (torná-los dependentes) e manter o apoio de seus rivais imediatos abaixo (mantê-los deferentes). E embora importantes ruídos pudessem ser ouvidos vez por outra, quando um galho se partia ou uma casa era nivelada, o som dominante era um zumbido de intriga constante, difusa e sem direção.

Em períodos de tempo maiores, ou em extensões maiores de espaço, podiam acontecer e aconteciam mudanças mais consideráveis na sorte política. Majapahit desmoronava, Gèlgèl aparecia; Gèlgèl desmoronava, Klungkung aparecia. Mas, apesar de tudo isso, a forma característica parece ter se reconstruído continuamente, como afirmava a teoria balinesa; novas cortes se modelavam em cortes desaparecidas, reemergindo sob nomes diferentes e em lugares diferentes, como se não passassem de novas transcrições de um ideal fixo. Como os reis particulares, os Estados particulares eram mortais; mas, como os reis, sua mortalidade não parece ter feito muita diferença. A escala das coisas variava, assim como seu esplendor e os detalhes de sua expressão imediata. Mas aquilo em que eles consistiam essencialmente não variava, até onde posso ver, entre, digamos, 1343 e 1906.

O poder, definido como a capacidade de tomar decisões às quais os outros estão sujeitos, sendo a coerção sua expressão, a violência seu fundamento e a dominação seu objetivo, é a rocha a que se aferra, herdeira do século XVI apesar de si mesmo, a maior parte da teoria política – o "grande simples" que permanece através de todas as sofisticações e ao qual devem afinal retornar todos os raciocínios, sejam eles de justiça, liberdade, virtude ou ordem. Esse ciclo de termos, e termos correlatos como controle, comando, força e sujeição, define a política como um domínio de ação social. A política, em última instância, é uma questão de mestria: "Mulheres e Cavalos e Poder e Guerra."

Essa concepção não está errada, mesmo em lugares onde os cavalos são dóceis. Mas, como a evocação de Kipling sugere, ela é uma concepção, e, como todas as concepções, é parcial e brota de uma tradição específica de interpretação da experiência histórica. Ela não está dada na pura natureza das coisas (seja lá o que isso for), não é um fato bruto rudemente apreendido,

Geertz e a dimensão simbólica do poder

mas uma glosa extensa, socialmente construída, uma representação coletiva. Outras tradições de interpretação, em geral menos autoconscientes, produzem outras glosas, diferentes representações. O argumento central dessa obra, exibida nas próprias divisões de seu conteúdo e servindo como diretriz por todo o seu desdobramento, foi que a vida girando em torno de punggawas, perbekels, puris e jeros da Bali clássica compreendiam uma concepção alternativa acerca daquilo em que consiste a política e daquilo a que equivale o poder. Estrutura de ação, ora sangrenta, ora cerimoniosa, o negara era também, e como tal, uma estrutura de pensamento. Descrevê-lo é descrever uma constelação de ideias cultuadas.

Não deveria ser necessário, depois de Wittgenstein, insistir explicitamente em que uma afirmação como essa não envolve nenhum compromisso com o idealismo, com uma concepção subjetivista da realidade social ou com uma negação da força de ambição, poderio, acaso, inteligência e interesse material na determinação das oportunidades de vida dos homens. Mas como as ciências sociais, apesar de sua modernidade tópica e prática, vivem filosoficamente não neste século, mas no século passado, possuídas por medos de fantasmas metafísicos, isso infelizmente se torna necessário. Ideias não são e não têm sido há algum tempo substância mental não observável. Elas são significados veiculados, sendo que os veículos são símbolos (ou, segundo alguns costumes, signos), e um símbolo é qualquer coisa que denota, descreve, representa, exemplifica, rotula, indica, evoca, ilustra, expressa – qualquer coisa que significa de uma maneira ou de outra. E qualquer coisa que significa de uma maneira ou de outra é intersubjetiva, portanto pública, portanto acessível a explicação aberta e corrigível *en plein air*. Argumentos, melodias, fórmulas, mapas e imagens não são idealidades para serem contempladas, mas textos para serem lidos; assim também são os rituais, palácios, tecnologias e formações sociais.

Toda a descrição do negara desenvolvida nas páginas precedentes pretende ser uma leitura desse tipo: a parte dela dedicada a irrigação, organização da aldeia, paisagem ou tributação, assim como a que se refere a mito, iconografia, cerimônia ou realeza divina; a parte dedicada a tratados como a dedicada a templos; aquela que se aplica ao comércio assim como às habilidades exigidas pelo sacerdócio; e a parte dedicada à estrutura assim como a genealogias, clientela, pátios e cremações. O confinamento da análise interpretativa, na maior parte da antropologia contemporânea, ao aspecto supostamente mais "simbólico" da cultura é um preconceito nascido da noção, também dádiva do século XIX, de que o simbólico se opõe ao real assim como fantasioso a sóbrio, figurativo a literal, obscuro a claro, estético a prático, místico a mundano e decorativo a substancial. Para interpretar as expressões do Estado teatral, para apreendê-las como teoria, esse preconceito – juntamente com seu correlato, de que a dramaturgia do poder é externa a seu funcionamento – deve ser posto de lado. O real é tão imaginado quanto o imaginário.

O fato de que a política balinesa, como todas as demais, era ação simbólica não implica, portanto, que ela estava toda na mente ou consistia inteiramente em danças e incensos. Os aspectos dessa política aqui analisados – cerimônia exemplar, hierarquia do tipo "tire o molde e copie", competição expressiva e realeza icônica; pluralismo organizacional, lealdade particulada, autoridade dispersiva e governo confederado – configuravam uma realidade tão densa e imediata quanto a própria ilha. Os homens (e as mulheres, como consortes, maquinadoras e indicadoras de lugar) que abriam caminho através dessa realidade – ao construir palácios, minutar tratados, coletar aluguéis, arrendar bens, casar, liquidar rivais, decorar templos, erigir piras, dar banquetes e imaginar deuses – estavam perseguindo os fins que podiam conceber segundo os meios que possuíam. Os dramas do Estado teatral, imitativos de si mesmos, não eram, afinal, nem ilusões nem mentiras, nem prestidigitação nem faz de conta. Eles eram o que eram. 🙶

QUESTÕES E TEMAS PARA DISCUSSÃO

1. Pense nos aspectos simbólicos do poder na sociedade contemporânea, a partir da interpretação de Geertz.
2. Discuta o que Geertz quis dizer com a última frase do livro: "Os dramas do Estado teatral, imitativos de si mesmos, não eram, afinal, nem ilusões nem mentiras, nem prestidigitação nem faz de conta. Eles eram o que eram."

LEITURAS SUGERIDAS

Geertz, Clifford. "Centros, reis e carisma: reflexões sobre o simbolismo do poder." In: *O saber local: novos ensaios em antropologia interpretativa.* Petrópolis, Vozes, 2013.

_____. *Nova luz sobre a antropologia.* Rio de Janeiro, Zahar, 2001.

_____. *A interpretação das culturas.* Rio de Janeiro, LTC, 2008.

Clifford Geertz interviewed by Alan Macfarlane. University of Cambridge, 2004. 59 min. Vídeo disponível em inglês em: http://sms.cam.ac.uk/media/10 92398

15. Cultura e razão prática, segundo Sahlins

Marshall Sahlins, nascido em Chicago em 1930, possui uma obra múltipla, com diferentes fases e um lugar importante na tradição antropológica por livros como *Cultura e razão prática* (1976), *Ilhas de história* (1985) e *História e cultura: apologias a Tucídides* (2004), todos publicados no Brasil pela Zahar.

No pequeno texto a seguir, retirado de *Cultura e razão prática*, Sahlins analisa as preferências alimentares e o tabu dos animais domésticos nos Estados Unidos. O tema, aparentemente trivial, coloca de forma clara e contundente sua crítica ao materialismo histórico. Sahlins afirma que a cultura não é um fenômeno "superestrutural", externo e determinado pelas relações de produção, vistas como as únicas formas "reais" pelas quais os homens vivem.

A essa "razão prática", Sahlins contrapõe uma "razão cultural", mostrando que os efeitos das forças materiais dependem dos modos como elas são mediadas em esquemas culturais. O materialismo histórico não é, em sua visão, algo errado, mas um "autoconhecimento da sociedade burguesa", dentro dos próprios termos da sociedade capitalista. Nessa "concepção nativa" da *pensée bourgeoise* (o "pensamento burguês"), a economia seria uma arena de ação pragmática, utilitária e racional. A análise de Sahlins, por outro lado, a revela enquanto sistema cultural.

LA PENSÉE BOURGEOISE: A SOCIEDADE OCIDENTAL ENQUANTO CULTURA

Marshall Sahlins

> O campo da economia política, construído exclusivamente sobre os dois valores de troca e de uso, se desfaz e necessita ser inteiramente reanalisado sob a forma de uma *Economia política generalizada*, o que vai sugerir a produção do valor de troca simbólico [*valeur d'echange/ signe*] como a mesma coisa e no mesmo movimento que a produção de bens materiais e do valor de troca econômico. Portanto, a análise da produção de símbolos e cultura não se mostra externa, ulterior ou "superestrutural" em relação à produção material; ela se mostra como uma *revolução da própria economia política*, generalizada pela intervenção teórica e prática do valor de troca simbólico.
>
> *Jean Baudrillard*

" O materialismo histórico é verdadeiramente um autoconhecimento da sociedade burguesa – no entanto, um conhecimento, assim parece, dentro dos termos daquela sociedade. Ao tratar a produção como um processo natural-pragmático de satisfação de necessidades, ele corre o risco de fazer uma aliança com a economia burguesa no trabalho de aumentar a alienação de pessoas e coisas para um poder cognitivo maior. Os dois se uniriam para esconder o sistema significativo na práxis pela explicação prática do sistema. Se esse esconder é permitido, ou introduzido clandestinamente como premissa, tudo aconteceria em uma antropologia marxista como acontece na economia ortodoxa, como se o analista fosse logrado pelo mesmo fetichismo da mercadoria que fascina os participantes no processo. Concebendo-se a criação e o movimento de bens somente a partir de suas quantidades pecuniárias (valor de troca), ignora-se o código cultural de propriedades concretas que governa a "utilidade", e, assim, continua-se incapaz de dar conta do que é de fato produzido. A explicação se satisfaz em recriar a autoilusão da sociedade para a qual se dirige, onde o sistema lógico dos objetos e relações sociais segue em um plano inconsciente, manifestado somente através de decisões de mercado baseadas no preço, deixando a impressão de que a produção não passa do precipitado de uma racionalidade esclarecida. A estrutura da economia aparece como a consequência objetivizada do comportamento prático, e não de uma organização social de coisas, pelos meios institucionais do mercado, mas de acordo com um projeto cultural de pessoas e bens.

Cultura e razão prática, segundo Sahlins

O utilitarismo, entretanto, é a maneira pela qual a economia ocidental, na realidade toda a sociedade, se experimenta: a maneira como é vivida pelo sujeito participante, pensada pelo economista. Sob qualquer ponto de vista, o processo parece ser de maximização material: a famosa alocação de meios escassos entre fins alternativos para obter a maior satisfação possível – ou, como disse Veblen, obter alguma coisa contra nada às expensas de quem possa interessar. No lado produtivo, a vantagem material toma a forma de um valor pecuniário acrescido. Para o consumidor, é mais vagamente entendido como o retorno em "utilidade" da despesa monetária: mesmo aqui, porém, o apelo do produto está em sua pretensa superioridade funcional em relação a todas as possíveis alternativas. O carro último tipo – ou o refrigerador, o estilo de roupa, ou a marca de dentifrício – é, por uma nova característica ou outra mais conveniente, mais bem-adaptado às necessidades da vida moderna, mais confortável, tem mais saúde, é mais *sexy*, mais durável ou mais atraente que qualquer produto competidor. Na concepção nativa, a economia é uma arena de ação pragmática. E a sociedade é o resultado formal. As principais relações de classe e políticas, assim como as concepções que os homens têm da natureza e de si mesmos, são geradas por essa busca racional de felicidade material. Assim, a ordem cultural é sedimentada a partir da influência recíproca de homens e grupos agindo diferentemente na lógica objetiva de suas situações materiais. ...

Assim é o modo como aparece nossa sociedade burguesa, e sua mediana e comum sabedoria sociológica. Por outro lado, é também conhecimento comum antropológico o fato de que o esquema "racional" e "objetivo" de qualquer grupo humano nunca é o único possível. Mesmo em condições materiais muito semelhantes, as ordens e finalidades culturais podem ser muito diferentes. Porque as condições materiais, se indispensáveis, são potencialmente "objetivas" e "necessárias" de muitas maneiras diferentes, de acordo com a seleção cultural pelas quais elas se tornam "forças" efetivas. Claro que, em certo sentido, a natureza é sempre suprema. Nenhuma sociedade pode viver de milagres, enganando-se com ilusões. Nenhuma sociedade pode deixar de prover meios para a continuação biológica da população ao determiná-la culturalmente – não pode negligenciar a obtenção de abrigo na construção de casas, ou de alimentação ao distinguir produtos comestíveis de não comestíveis. No entanto, os homens não "sobrevivem" simplesmente. Eles sobrevivem de uma maneira específica. Eles se reproduzem como certos tipos de homens e mulheres, classes sociais e grupos, não como organismos biológicos ou agregados de organismos ("populações"). É verdade que, produzindo assim uma existência cultural, a sociedade precisa continuar dentro dos limites da necessidade físico-natural. Mas isso tem sido considerado axiomático pelo menos desde Boas, e nem a mais biológica das ecologias culturais pode pedir mais: "limites de viabilidade" são o modo de intervenção prática da natureza na cultura. Dentro desses limites, qualquer grupo tem a possibilidade de muitas intenções econômicas "racionais", sem falar nas opções de estratégia de produção que podem ser concebidas a partir da diversidade de técnicas existentes, do exemplo das sociedades vizinhas ou da negação de ambas.

A razão prática é uma explicação indeterminada da forma cultural; para ser mais que isso, teria de assumir o que pretende explicar – a forma cultural. Mas permitam-me um "nervosismo" justificável. Na medida em que isso se aplica ao materialismo histórico, é Marx quem aqui critica Marx por meio de uma antropologia posterior. O ponto principal dessas objeções já tinha sido previsto na compreensão de Marx da produção como devotada não simplesmente à reprodução dos produtores, mas também às relações sociais sob as quais ela se dá. Além disso, o princípio é interior à obra de Marx de uma maneira ainda mais geral. Repito uma passagem seminal de *A ideologia alemã*: "Esse modo de produção não deve ser considerado como simplesmente a reprodução da existência física de indivíduos. Ele é uma forma definida de atividade desses indivíduos, uma forma definida de expressar suas vidas, um *modo de vida* definido por parte deles." Assim, foi Marx quem ensinou que os homens nunca produzem absolutamente, isto é, como seres biológicos em um universo de necessidade física. Os homens produzem objetos para sujeitos *sociais* específicos, no processo de reprodução de sujeitos por objetos *sociais*.

Nem o capitalismo, apesar de sua organização ostensiva por e para a vantagem pragmática, pode escapar dessa constituição cultural de uma práxis aparentemente objetiva. Porque, como Marx também ensinou, toda produção, mesmo onde ela é governada pela forma-mercadoria e pelo valor de troca, continua como produção de valores de uso. Sem o consumo, o objeto não se completa como um produto: uma casa desocupada não é uma casa. Entretanto, o valor de uso não pode ser compreendido especificamente no nível natural de "necessidades" e "desejos" – precisamente porque os homens não produzem simplesmente "habitação" ou "abrigo", eles produzem unidades de tipos definidos, como uma cabana de camponês ou o castelo de um nobre. Essa determinação de valores de uso, um tipo específico de construção habitacional como um tipo específico de lar, representa um processo contínuo de vida social na qual os homens reciprocamente definem os objetos em termos deles mesmos e definem-se em termos de objetos.

A produção, portanto, é algo maior e diferente de uma prática lógica de eficiência material. Ela é uma intenção cultural. O processo material de existência física é organizado como um processo significativo do ser social – o qual é para os homens, uma vez que eles são sempre definidos culturalmente de maneiras determinadas, o único modo de sua existência. Se foi Saussure quem previu o desenvolvimento de uma semiologia geral devotada ao "papel dos signos da vida social", foi Marx quem supriu a *mise-en-scène*. Situando a sociedade na história, e a produção na sociedade, Marx estabeleceu a problemática de uma ciência antropológica ainda não nascida. A pergunta que fez contém sua própria resposta, na medida em que a pergunta é ela mesma a definição do símbolo: como podemos dar conta da existência de pessoas e coisas que não podem ser reconhecidas em sua natureza física?

Já vimos que Marx, apesar disso, reservou a qualidade simbólica ao objeto em sua forma-mercadoria (fetichismo). Admitindo que os valores de uso claramente servem às necessidades humanas por suas propriedades evidentes, ele deixou de lado as relações significativas entre homens e objetos, que são essenciais para compreender a produção em qualquer forma histórica. Marx deixou a pergunta sem resposta: "Sobre o *sistema de necessidades e o sistema de trabalhos* – quando se lidará com eles?"

De maneira a situar uma resposta, a dar uma explicação cultural da produção, é crucial notar que o significado social de um objeto, o que o faz útil a uma certa categoria de pessoas, é menos visível por suas propriedades físicas que pelo valor que pode ter na troca. O valor de uso não é menos simbólico ou menos arbitrário que o valor-mercadoria. Porque a "utilidade" não é uma qualidade do objeto, mas uma significação das qualidades objetivas. A razão pela qual os americanos determinam que a carne de cachorro não é comestível enquanto a de boi o é não é mais perceptível aos sentidos do que o preço da carne. Da mesma forma, o que determina que as calças sejam de uso masculino e as saias de uso feminino não tem necessariamente conexão com as características físicas ou com as relações que advêm dessas características. É por sua correlação em um sistema simbólico que as calças são produzidas para os homens e as saias para as mulheres, e não pela natureza do objeto em si nem por sua capacidade de satisfazer uma necessidade material – assim como é pelos valores culturais de homens e mulheres que os primeiros normalmente se incumbem dessa produção, e as mulheres, não. Nenhum objeto, nenhuma coisa, é ou tem movimento na sociedade humana, exceto pela significação que os homens lhe atribuem.

A produção é um momento funcional de uma estrutura cultural. Isso entendido, a racionalidade do mercado e da sociedade burguesa é vista sob outra luz. A famosa lógica da maximização é somente a aparência manifesta de uma outra Razão, frequentemente não notada e de um tipo inteiramente diferente. Também temos nossos antepassados. Não é como se não tivéssemos uma cultura, um código simbólico de objetos em relação ao qual o mecanismo de oferta-demanda-preço, ostensivamente no comando, é em realidade o servo. Consideremos a seguir o que os americanos produzem para satisfazer necessidades básicas de comida.

A preferência de comida e o tabu nos animais domésticos americanos

O objetivo destes comentários sobre os usos americanos de animais domésticos comuns será modesto: simplesmente para sugerir a presença de uma razão cultural em nossos hábitos alimentares, algumas das conexões significativas nas distinções categóricas de comestibilidade entre cavalos, cachorros, porcos e bois. Entretanto, o ponto principal não é somente de interesse do consumo; a relação produtiva da sociedade norte-americana com seu próprio meio ambiente e com o do mundo é estabelecida por avaliações específicas de comestibilidade e não comestibilidade, elas mesmas qualitativas e de maneira alguma justificáveis por vantagens biológicas, ecológicas ou econômicas. As consequências funcionais estendem-se desde a "adaptação" da agricultura até o comércio internacional e as relações políticas mundiais. A exploração do meio ambiente americano e a forma de relação com a terra dependem do modelo de uma refeição que inclui a carne como elemento central, com o apoio periférico de carboidratos e legumes – enquanto a centralidade da carne, que é também a indicação de sua "força", evoca o polo masculino de um código sexual da comida, o qual deve originar-se na identificação indo-europeia do boi ou da riqueza crescente com a virilidade. A indispensabilidade da carne como "força", e do filé como a síntese das carnes viris, continua a condição básica da dieta americana (observem-se as refeições das equipes de futebol americano).

Daí também uma estrutura correspondente para a produção agrícola de ração e em consequência uma articulação específica com o mercado mundial, que se modificaria da noite para o dia se comêssemos cachorros. Em comparação com esse cálculo significativo da preferência de comida, a oferta, a demanda e o preço justificam o interesse dos meios institucionais de um sistema que não inclui os custos de produção em seus próprios princípios de hierarquia. Os "custos de oportunidade" da nossa racionalidade econômica são uma formação secundária, uma expressão de relacionamentos já estabelecidos por outro tipo de pensamento, calculados a posteriori dentro dos limites de uma lógica de ordem significativa. O tabu sobre cavalos e cachorros, portanto, apresenta como inimaginável o consumo de animais cuja produção é praticamente possível e que não devem ser desprezados do ponto de vista nutricional. Certamente é possível criar *alguns* cavalos e cachorros para servir de alimento, juntamente com porcos e bois. Há inclusive uma indústria enorme de criação de cavalos cuja carne é utilizada para alimento de cachorros. Mas os Estados Unidos são a terra do cão sagrado.

Um índio tradicional das planícies ou um havaiano (sem mencionar um hindu) ficaria desconcertado em ver como nós permitimos que os cachorros se reproduzam com tão severas restrições ao seu consumo. Eles vagam pelas ruas das maiores cidades americanas levando seus donos pela guia e depositando excrementos nas calçadas a seu bel-prazer. Todo um sistema de métodos de limpeza teve de ser utilizado para se desfazer da sujeira – a qual, no pensamento nativo, apesar do respeito que os cachorros merecem, é considerada "poluição". (Apesar disso, uma excursão a pé pelas ruas de Nova York faz uma caminhada pelos pastos bovinos do Meio-Oeste parecer um passeio idílico pelo campo.) Dentro das casas e dos apartamentos, os cães sobem nas cadeiras que foram feitas para seres humanos, dormem na cama das pessoas e sentam-se à mesa como bem querem, à espera de sua porção da refeição da família. Tudo isso com a calma certeza de que nunca serão sacrificados por necessidade ou como oferta às divindades, nem serão comidos em caso de morte acidental. Em relação aos cavalos, os americanos têm alguma razão para suspeitar que eles sejam comestíveis. Há o boato de que os franceses comem cavalos. Mas a simples menção desse fato já é suficiente para evocar os sentimentos totêmicos de que os franceses estão para os americanos assim como as "rãs" estão para as pessoas.*

Em uma crise, as contradições do sistema se revelam. Durante a meteórica inflação nos custos da alimentação na primavera de 1973, o capitalismo não se destruiu – exatamente o contrário; mas as rachaduras no sistema da alimentação vieram à tona. Autoridades governamentais responsáveis sugeriram que as pessoas poderiam comprar os pesos de carne mais baratos, como rim, coração e vísceras – afinal de contas, são tão nutritivos quanto um hambúrguer. Para os norte-americanos, essa sugestão específica faz Maria Antonieta parecer um exemplo de compaixão. A razão para a repulsa parece pertencer à mesma lógica que recebeu com desagrado algumas tentativas de se substituir a carne bovina por carne de cavalo durante o mesmo período. ...

---

* Os americanos referem-se aos franceses como *frogs*, ou seja, rãs. (N.T.)

A razão principal postulada no sistema norte-americano da carne é a relação das espécies com a sociedade humana. "Cavalos recebem afeto, enquanto o gado de corte ... Eles nunca tiveram alguém afagando-os, escovando-os ou algo assim." Vamos examinar mais detalhadamente a série dos domésticos: bois-porcos-cavalos-cachorros. Todos estão, em alguma medida, integrados à sociedade americana, mas claramente com status diferentes, os quais correspondem aos graus de comestibilidade. A série é divisível, primeiro nas duas classes de comestíveis (bois-porcos) e não comestíveis (cavalos-cachorros), e, dentro de cada classe, entre categorias de carne mais e menos preferidas (bovina versus suína) e categorias mais e menos rigorosas de tabu (cachorros versus cavalos). A diferenciação parece estar na participação como sujeito ou objeto quando em companhia do homem. Além disso, a mesma lógica também diferencia os animais comestíveis em "carne" e os "órgãos" internos ou "vísceras". Adotando as palavras mágicas convencionais do estruturalismo, "tudo acontece como se" o sistema de alimento fosse todo flexionado por um princípio de metonímia, de tal forma que, tomado como um todo, compõe uma constante metáfora do canibalismo.

Cachorros e cavalos participam da sociedade americana na condição de sujeitos. Têm nomes próprios, e realmente temos o hábito de conversar com eles, assim como não conversamos com porcos e bois. Portanto, cachorros e cavalos são julgados não comestíveis porque, como disse a Rainha de Copas, "Não é fino mandar decapitar alguém a quem você foi apresentado". Como coabitantes domésticos, os cachorros são mais próximos do homem que os cavalos, e seu consumo, portanto, é mais inimaginável: eles são "um membro da família". Tradicionalmente os cavalos têm com as pessoas uma relação mais de trabalho e mais servil; se os cachorros são como parentes do homem, os cavalos são como empregados e não aparentados. Daí o consumo de cavalos ser pelo menos concebível, embora não generalizado, enquanto a noção de comer cachorros compreensivelmente evoca alguma repulsa do tabu do incesto. Por outro lado, os animais comestíveis, como porcos e bois, geralmente têm o status de objetos para os sujeitos humanos, vivendo suas vidas à parte, nem como complemento direto nem como instrumento de trabalho das atividades humanas. Normalmente, portanto, eles são anônimos, ou, se têm nomes, como algumas vacas leiteiras, são para servir de referência na conversa dos homens. Entretanto, como animais de curral e comedores de restos de comida humana, os porcos estão mais próximos da sociedade humana que os bois. De modo correspondente, peso por peso, a carne de porco tem menos prestígio que a carne bovina. A carne bovina é a comida de maior prestígio social, é consumida nas ocasiões sociais mais importantes.

Um assado de carne de porco não é tão solene como um corte de primeira de carne de boi, nem parte alguma do porco se pode comparar a um filé de carne de boi.

A comestibilidade está inversamente relacionada à humanidade. O mesmo se aplica às preferências e designações mais comuns das partes comestíveis do animal. ... As partes internas e externas são respectivamente assimiladas e distinguidas de partes do corpo humano – no mesmo modelo que nós concebemos nosso "ser mais íntimo" como nosso "ser verdadeiro" –, e as duas categorias são correspondentemente caracterizadas como mais ou menos apropriadas para o consumo humano. A distinção entre "interior" e "exterior", portanto, duplica no animal a diferenciação estabelecida entre espécies comestíveis e espécies tabus, o todo construindo uma lógica única em dois níveis com a implicação consistente da proibição do canibalismo.

É essa lógica simbólica que organiza a demanda. O valor social do filé ou alcatra, comparado com o da tripa ou língua, é o que estabelece a diferença em seu valor econômico. Do ponto de vista nutritivo, tal noção de "melhor" e "inferior" seria uma posição difícil de defender. Além disso, filé continua a ser o peso mais caro, apesar de a oferta absoluta de filé ser muito maior que a de língua; há muito mais filé em uma vaca do que língua. E, ainda mais, o esquema simbólico de comestibilidade se junta com aquele que organiza as relações de produção para precipitar, pela distribuição da renda e a demanda, toda uma ordem totêmica, unindo em uma série paralela de diferenças o status das pessoas e o que elas comem. As pessoas mais pobres compram os pesos mais baratos, mais baratos porque socialmente são pesos de carne de qualidade inferior. Mas a pobreza é, antes de tudo, codificada étnica e racialmente. Pretos e brancos entram diferentemente no mercado de trabalho norte-americano, sua participação é determinada por uma odiosa distinção de "civilização" relativa. O preto é na sociedade americana como o selvagem entre nós, natureza objetiva na própria cultura. Entretanto, em virtude da consequente distribuição de renda, a "inferioridade" dos negros também é percebida como uma profanação culinária. *Soul food** pode se tornar uma virtude. Mas somente como a negação de uma lógica geral na qual a degradação cultural é confirmada por preferências alimentares próximas do canibalismo, mesmo quando esse atributo metafórico da comida é confirmado pelo status daqueles que a preferem.

Eu não invocaria o "chamado totemismo" simplesmente em analogia casual com o *pensée sauvage* [pensamento selvagem]. É verdade que Lévi-Strauss escreve como se o totemismo se houvesse limitado, em nossa socie-

---

* *Soul food*: nome dado à cozinha do negro americano. (N.T.)

dade, a uns poucos locais marginais ou práticas ocasionais. E com razão – na medida em que o "operador totêmico", articulando diferenças na série cultural com diferenças na espécie natural, não é mais um elemento principal do sistema cultural. Mas deve-se questionar se não foi substituído por espécies e variedades de objetos manufaturados, os quais, como categorias totêmicas, têm o poder de fazer mesmo da demarcação de seus proprietários individuais um procedimento de classificação social. (Meu colega Milton Singer sugere que o que Freud disse sobre a diferenciação nacional pode muito bem englobar o capitalismo, ou seja, que é narcisismo a respeito de diferenças mínimas.) E ainda mais fundamental: será que os operadores totêmicos e os de produtos não têm a mesma base no código cultural de características naturais, a significação atribuída aos contrastes em forma, linha, cor e outras propriedades do objeto apresentadas pela natureza? O "desenvolvimento" que é efetuado pelo *pensée bourgeoise* pode consistir, principalmente, na capacidade de duplicar e combinar tais variações à vontade, e dentro da própria sociedade. Mas nesse caso a produção capitalista fica como uma expansão exponencial do mesmo tipo de pensamento, com a troca e o consumo como seu meio de comunicação.

Pois, como Baudrillard escreve, o próprio consumo é uma troca (de significados), um discurso – ao qual virtudes práticas, "utilidades", são agregadas somente *post facto*:

> Assim como é verdade da comunicação do discurso, também é verdade dos bens e produtos: o consumo é troca. Um consumidor nunca está isolado, como um orador. É nesse sentido que precisamos fazer uma total revolução na análise do consumo. Da mesma maneira que não há uma linguagem simplesmente por causa da necessidade individual de falar, mas antes de tudo a linguagem – não como um sistema absoluto, autônomo, mas como uma estrutura contemporânea de troca de significado, ao qual é articulada a interação individual da fala –, no mesmo sentido, também não há consumo por causa de uma necessidade objetiva de consumir, uma intenção final do sujeito em relação ao objeto. Há uma produção social, um sistema de troca, de materiais diferenciados, de um código de significados e valores constituídos. A funcionalidade dos bens vem depois, se autoajustando, racionalizando e ao mesmo tempo reprimindo esses mecanismos estruturais fundamentais.[1]

O totemismo moderno não é negado por uma racionalidade de mercado. Ao contrário, é promovido precisamente na medida em que valor de troca e

---

1. Jean Baudrillard, *Pour une critique de l'économie politique du signe*, Paris, Gallimard, 1972, p.76-7.

Cultura e razão prática, segundo Sahlins

o consumo dependem de decisões de "utilidade". Pois essas decisões giram em torno da significação social de contrastes concretos entre produtos. É por suas diferenças significativas em relação a outros bens que os objetos se tornam trocáveis: portanto, tornam-se valores de uso para algumas pessoas, que são correspondentemente diferenciadas de outros sujeitos. Ao mesmo tempo, como uma construção modular de elementos concretos combinados pela invenção humana, bens manufaturados prestam-se singularmente a esse tipo de discurso. Ao dar feitio ao produto, o homem não aliena seu trabalho simplesmente, congelado em forma objetiva, mas, pelas modificações físicas que efetua, ele sedimenta um pensamento. O objeto fica como um conceito humano fora de si mesmo, como se fosse homem falando com homem usando as coisas como meio de comunicação. E a variação sistemática das características objetivas é capaz de servir, até melhor que as diferenças entre espécies naturais, como o meio de um vasto e dinâmico esquema de pensamento: porque, nos objetos manufaturados, muitas diferenças podem variar ao mesmo tempo, e por uma manipulação de aparência divina – quanto maior o controle técnico, mais precisa e diversificada é essa manipulação; e porque cada diferença assim desenvolvida pela intervenção humana com vistas à "utilidade" necessita ter uma significação, e não somente aquelas características, existindo dentro da natureza por suas próprias razões, que se prestam a ser notadas culturalmente. O totemismo burguês, em outras palavras, é potencialmente mais elaborado que qualquer variedade "selvagem" (*sauvage*), não porque tenha sido liberado de uma base material-natural, mas precisamente porque a natureza foi domesticada. Como Marx disse: "Os animais só produzem a si mesmos, enquanto os homens reproduzem o todo da natureza."

Ainda assim, se não é mera existência o que os homens produzem, mas um "*modo de vida* definido à sua maneira", essa reprodução do todo da natureza constitui uma objetificação do todo da cultura. Pelo arranjo sistemático das diferenças significativas atribuídas ao concreto, a ordem cultural se realiza também como uma ordem de bens. Os bens ficam como um código-objeto para a significação e avaliação de pessoas e ocasiões, funções e situações. Operando em uma lógica específica de correspondência entre contrastes materiais e sociais, a produção é, portanto, a reprodução da cultura em um sistema de objetos.

QUESTÕES E TEMAS PARA DISCUSSÃO

1. Comente a seguinte frase de Sahlins, retirada de *Cultura e razão prática*, p.211: "Na sociedade burguesa, a produção material é o lugar dominante da produção simbólica; na sociedade primitiva, são as relações sociais (de parentesco)."
2. Discuta os hábitos alimentares brasileiros a partir da leitura de "Feijão com arroz e arroz com feijão: o Brasil no prato dos brasileiros", de Lívia Barbosa (in *Horizontes antropológicos*, vol.13, n.28, p.87-116, Porto Alegre, jul-dez 2007. Disponível em: http://dx.doi.org/10.1590/S0104-71832 007000200005).
3. Discuta as relações entre alimentação, animais e humanidade a partir da leitura de "A lição de sabedoria das vacas loucas", de Claude Lévi-Strauss (in *Estudos avançados*, vol.23, n.67, p.211-6, São Paulo, 2009. Disponível em: http://dx.doi.org/10.1590/S0103-40142009000300025).

SUGESTÕES DE LEITURA

Douglas, Mary. "As abominações do Levítico". In: *Pureza e perigo*. São Paulo, Perspectiva, 2ª ed., 2014.

Mintz, Sidney W. "Comida e antropologia: uma breve revisão", *Revista Brasileira de Ciências Sociais*, vol.16, n.47, p.31-41, out 2001. Disponível em: http://www.scielo.br/pdf/rbcsoc/v16n47/7718.pdf

Sahlins, Marshall. *Ilhas de história*. Rio de Janeiro, Zahar, 2ª ed., 2011.

_____. "O 'pessimismo sentimental' e a experiência etnográfica: por que a cultura não é um 'objeto' em via de extinção", *Mana*, vol.3, n.1 e 2, Rio de Janeiro, 1997. Disponível em: http://dx.doi.org/10.1590/S0104-93131997000 100002 (Parte I) e http://dx.doi.org/10.1590/S0104-93131997000200004 (Parte II).

Marshall Sahlins: Anthropology. 25th Anniversary Chicago Humanities Festival, 2014. Vídeo disponível em inglês em: www.youtube.com/watch?v=O0S0 jN1wb3Q

Referências dos textos e traduções

1. A evolução da sociedade humana, segundo Morgan

A sociedade antiga ou investigações sobre as linhas do progresso humano desde a selvageria, através da barbárie, até a civilização: in Celso Castro (org.), *Evolucionismo cultural: textos de Morgan, Tylor e Frazer*. Rio de Janeiro, Zahar, 2005, p.41-65, tradução de Maria Lúcia de Oliveira.

2. A "escola" difusionista

A difusão da cultura: in G. Elliot Smith, Bronislaw Malinowski, Herbert J. Spiden e Alexander Goldenwiser, *Culture: The Diffusion Controversy*. Nova York, Norton, 1927, p.9-25, tradução de Maria Luiza X. de A. Borges.

3. Franz Boas e o novo método da antropologia

As limitações do método comparativo da antropologia: in Franz Boas, *Antropologia cultural*. Rio de Janeiro, Zahar, 2004, p.25-39, organização, apresentação e tradução de Celso Castro.

4. Durkheim e as formas elementares da vida social

Os ritos representativos ou comemorativos: in Émile Durkheim, *As formas elementares da vida religiosa: o sistema totêmico na Austrália*. São Paulo, Martins Fontes, 2003, p.403-23, tradução de Paulo Neves.

5. A função social dos costumes: Radcliffe-Brown e os ilhéus andamaneses

A interpretação dos costumes e crenças andamaneses: in A.R. Radcliffe-Brown, *The Andaman Islanders*. Nova York, Free Press, 1964, p.229-46 e p.400-6, tradução de Maria Luiza X. de A. Borges. *(Reprodução autorizada por Cambridge University Press © Cambridge University Press, 1933.)*

6. Mauss, a dáviva e a obrigação de retribuí-la

Ensaio sobre a dádiva: in Marcel Mauss, *Sociologia e antropologia*. São Paulo, Cosac
Naify, 2003, p.186-203, tradução de Paulo Neves.

7. Malinowski e a mágica da pesquisa de campo antropológica

Argonautas do Pacífico ocidental: in Bronislaw Malinowski, *Argonauts of the Western Pacific: An Account of Native Enterprise and Adventure in the Archipelagoes
of Melanesian New Guinea*. Nova York, E.P. Dutton & Co., 1922, tradução de
Maria Luiza X. de A. Borges.

Confissões de ignorância e fracasso: in Bronislaw Malinowski, *Coral Gardens and
Their Magic: Soil-Tilling and Agricultural Rites in the Trobriand Islands*, vol.I. Bloo-
mington, Indiana University Press, p.452-63, tradução de Maria Luiza X. de A.
Borges.

8. Ruth Benedict e os padrões de cultura

Configurações de cultura na América do Norte: in Ruth Benedict, Margaret Mead
e Edward Sapir, *Cultura e personalidade*. Rio de Janeiro, Zahar, 2015, p.66-109,
organização de Celso Castro, tradução de Maria Luiza X. de Borges.

9. Bruxaria, lógica e racionalidade: Evans-Pritchard entre os Azande

A noção de bruxaria como explicação de infortúnios: in Evans-Pritchard, E.E. *Bruxaria, oráculos e magia entre os Azande*. Rio de Janeiro, Zahar, 2004, p.49-61,
tradução de Eduardo Viveiros de Castro. *(Reprodução autorizada por Oxford
University Press © Oxford University Press, 1976.)*

10. Raymond Firth: estrutura e organização social

O significado da antropologia social: in Raymond Firth, *Elementos de organização
social*. Rio de Janeiro, Zahar, 1974, p.44-57, tradução de Dora Rocha e Sérgio
Flaksman. *(Reprodução autorizada por Taylor & Francis Books UK.)*

11. Lévi-Strauss e os princípios universais do parentesco

Os princípios do parentesco: in Claude Lévi-Strauss, *Les structures élémentaires de la
parenté*. Mouton, The Hague, 2ª ed., 1967, p.548-70, tradução de André Telles.
(© Walter de Gruyter GmbH, 2009.)

12. A universalidade da hierarquia, segundo Dumont

Homo hierarchicus: in Louis Dumont, *Homo hierarchicus: o sistema das castas e suas
implicações*. São Paulo, Edusp, 1997, 2ª ed., p.49-59, tradução de Carlos Alberto
da Fonseca. *(Reprodução autorizada por Gallimard © Éditions Gallimard, 1967.)*

Referências dos textos e traduções

13. Estrutura e communitas na obra de Victor Turner

Passagens, margens e pobreza: símbolos religiosos da communitas: in Victor Turner, *Dramas, Fields, and Metaphors: Symbolic Action in Human Society*. Ithaca, Cornell University Press, 1975, p.231-70, tradução de Maria Luiza X. de A. Borges. *(Reprodução autorizada por Cornell University Press © Cornell University Press, 1974.)*

14. Geertz e a dimensão simbólica do poder

Negara: o Estado-teatro balinês no século XIX: in Clifford Geertz, *Negara: The Theatre State in Nineteenth-Century Bali*. Nova Jersey: Princeton University Press, 1980, p.98-104 e 117-36, tradução de Maria Luiza X. de A. Borges. *(Reprodução autorizada por Princeton University Press © Princeton University Press, 1980.)*

15. Cultura e razão prática, segundo Sahlins

La pensée bourgeoise: a sociedade ocidental enquanto cultura: in Marshall Sahlins, *Cultura e razão prática*. Rio de Janeiro, Zahar, 2003, p.166-78, tradução de Sérgio Tadeu de Niemayer Lamarão.

1ª EDIÇÃO [2016] 4 reimpressões

ESTA OBRA FOI COMPOSTA POR MARI TABOADA
EM MINISTER E FRUTIGER E IMPRESSA EM OFSETE PELA
GRÁFICA BARTIRA SOBRE PAPEL ALTA ALVURA DA SUZANO S.A.
PARA A EDITORA SCHWARCZ EM MARÇO DE 2023

A marca FSC® é a garantia de que a madeira utilizada na fabricação do papel deste livro provém de florestas que foram gerenciadas de maneira ambientalmente correta, socialmente justa e economicamente viável, além de outras fontes de origem controlada.